외국어로서의 한국어교육을 위한

한국문화교육론

저자 임경순(林敬淳, Lim, Kyung-soon)

　　한국외국어대학교 교수
　　교육학 박사
　　한중인문학회 회장
　　김유정학회 회장
　　한국독서학회 이사
　　한국현대소설학회 이사
　　주요 논저 『한국어문화교육을 위한 한국문화의 이해』, 『서사, 연대성 그리고 문학교육』,
　　　　　　『문학의 해석과 문학교육』, 『국어교육학과 서사교육론』, 『서사표현교육론 연구』 등.
　　e-mail : wizkorean@hanmail.net

외국어로서의 한국어교육을 위한
한국문화교육론

초판 1쇄 발행 2015년 2월 27일
재판 1쇄 발행 2017년 2월 2일
재판 2쇄 발행 2018년 8월 6일
재판 3쇄 발행 2019년 8월 6일
재판 4쇄 발행 2022년 2월 15일

지은이 임경순
펴낸이 이대현
편　집 이태곤 권분옥 문선희 임애정 강윤경
디자인 안혜진 최선주 이경진
마케팅 박태훈 안현진

펴낸곳 도서출판 역락
　　서울시 서초구 동광로 46길 6-6(문창빌딩 2F)
　　전화 02-3409-2058(영업부), 3409-2060(편집부)
　　팩시밀리 02-3409-2059
　　이메일 youkrack@hanmail.net
　　홈페이지 www.youkrackbooks.com
　　등록 1999년 4월 19일 제303-2002-000014호
ISBN 979-11-5686-168-3 93370

■ 이 연구는 2014학년도 한국외국어대학교 교내학술연구비의 지원에 의하여 이루어진 것임.

외국어로서의 한국어교육을 위한

한국문화교육론

임 경 순

역락

머리말

이 책이 나오기 5년 전에 나는 『한국어문화교육을 위한 한국문화의 이해』라는 책을 펴낸 적이 있다. 그 당시 외국어로서의 한국어교육을 전공하는 학부생들을 위하여 한국문화에 대한 개괄적인 내용을 다룬 마땅한 교재가 없던 때, 강의를 하면서 기록해 놓은 초고를 손을 봐 서둘러 책을 내게 되었던 것이다. 그 책이 세상에 나오게 된 것은 내가 순전히 외국어로서의 한국어교육을 위한 한국문화의 이해라는 과목을 담당해야만 했기 때문이다. 지금 돌이켜 보면 참으로 부끄럽기 짝이 없는 노릇이다.

그 때 그 책을 내면서, 조만간 외국어로서의 한국어교육을 위한 한국문화교육론도 출간하기로 마음 먹었다. 그렇게 마음 먹은 것은 그 당시부터 그 과목 강의를 담당하고 있었고 마땅한 교재도 없었기 때문이었다. 그 사이 세월이 흐르면서 마침 여러 연구자들이 협동해서 한국문화교육론이라는 교재도 나왔고, 미흡하게나마 문화교육에 대한 연구도 어느 정도 축적되었다. 그러면서 처음 마음 먹었던 의도와는 달리 문화교육론을 세상에 내놓기가 점점 어려워졌다. 그렇게 된 것은 애초 생각을 갖게 되었던 그 때와 상황이 달라졌기 때문이기도 하고, 무엇보다 설익은 강의록 수준의 내용을 선보인다는 것이 부끄러웠기 때문이다. 그럼에도 불구하고 이번에 이 책을 세상에 내놓게 된 데는 여러 가지 사정이 있겠지만, 무엇보다 더 이상 출간을 미룰 수가 없게 되었기 때문이다. 오프라인과 온라인을 통해 외국어로서의 한국어교육을 위한 문화교육 강의를 담당하면서 언제까지 강의록에만 의존할 수 없어 강의를 위한 교재의 필요성이 절실하기 때문이다. 강의록이 세상에 나오게 된 것은 이런 사정이 있지만, 그래도 그렇게 된 가장 큰 동인은 묵은 원고와 부끄러움을 약간 벗어나고자 하는 부채감 때문이다.

그래서 이 책은 순전히 내가 담당하고 있는 외국어로서의 한국어교육을 위한 한국문화교육론을 가르치면서 작성한 강의록을 손을 봐서 출간하는 정도이다. 나 자신이 이 책의 수준을 논할 겨를이 없는데, 그것은 우선은 이 방면에 대한 나의 우매함과 게으름 때문이기도 하고, 한편으로는 학문적인 수준과도 관련되어 있기 때문이다. 목차에서도 알 수 있듯이 외국어로서의 한국어교육을 위한 한국문화교육(론)의 학문적 틀이 무엇인지 아직 오리무중이기만 하다. 그래서 '론'을 붙이는데 주저하게 되는데 강좌명을 따라 붙이기로 한 것이 마음에 걸린다. 이는 이 분야에만 해당되는 것이 아니어서 조금은 위로를 받을 수도 있겠지만, 학문 발전을 위해서는 더욱 분발해야 하겠다고 스스로 자문해 본다.

그럼에도 불구하고 우선 이 책을 세상에 내놓고 학문적으로 충실한 저술이 후속해서 출간되기를 고대해 본다.

이 책이 나오기까지 빚진 사람들이 너무도 많다. 소중한 연구 업적들에 힘입은 바가 크며, 그것 없이 이 책은 빛을 보기 어려웠을 것이다. 인용할 수 있었던 선행 연구자들에게 감사의 마음을 전한다.

무엇보다 이 책이 나오도록 흔쾌히 출판을 허락해 주신 역락출판사의 이대현 사장님과 꼼꼼하게 편집과 교정에 힘을 쏟으신 편집진에게 감사를 드린다.

2015년 새해에
이문동 연구실에서
임경순

차례

제1장 | 한국문화교육의 이해

　　한국문화에 대한 폭넓은 이해를 바탕으로 이 장에서는 한국문화교육에 대한 관점과 방향을 살펴보고자 한다. 아무리 훌륭한 지식을 갖고 있다 하여도 그것을 어떠한 관점에서 가르칠 것인지를 모른다면 등대를 잃은 배와 같다. 또한 그것을 효과적으로 가르치고 배우지 못한다면, 그것은 반감될 수밖에 없을 것이다. 그러므로 한국문화교육에 대한 철학을 탐색해 보고, 방법적인 측면에서 다양한 방안들을 찾을 수 있도록 목표와 방향을 분명히 해야 한다.

　　왜 문화교육인가? 한국문화교육의 방안을 구체화하기 전에 이러한 질문에 답을 해봐야 한다. 한국문화교육을 학습하는 출발 선상에서 문화교육의 필요성을 생각해 보고, 이 책이 끝나는 시점에서 다시 왜 문화교육인지를 질문해 보도록 하는 것은 매우 의미 있는 일이다.

1. 한국문화교육의 관점

문화라는 개념을 넓게 보아 인간의 삶의 방식으로 본다면, 여기에는 태도, 신념, 관념, 행위 그리고 문학, 예술 등과 같은 유·무형의 온갖 양식들이 포함된다. 그렇기 때문에 이러한 문화 개념을 문화교육에 도입할 경우, 한국어교육에서 원칙적으로 다루지 못할 내용은 없다 하겠다. 이러한 문화교육이 이루어지는 수업에서는 한국의 정치, 경제, 역사, 예술 등은 물론이고 한국의 시장 체험이나 문화 유산 답사 등도 포함된다. 이로 보면 한국문화교육은 한국어를 교수-학습한다는 차원을 넘어 한국 자체를 체득하는 차원으로 확장되는 듯하다.

그렇기 때문에 한국어교육에서 문화교육을 바라볼 때 언어문화교육이라는 관점을 견지하기도 한다. 그래서 문화교육에서 다루어야 할 내용들도 언어 혹은 언어 사용과 관련된 것들로 한정한다. 여기에는 단어나 구절, 텍스트에 나타난 언어의 용법과 그와 관련된 언어 사용 의식 등이 포함된다.

그런데 언어를 문화로 바라본다고 할 때, 여기에는 어휘, 언어의 용법, 행위, 의식의 차원에만 한정되지는 않는다. 가령 나이가 많은 사람과 그 아래 사람이 대화를 나눈다고 할 때에 언어적인 발화법과 인사법이 알아야 할 문화 내용일 수 있다. 그러나 인간이 외국어를 배워 그것을 사용할 줄 안다고 하는 것은 그러한 차원에만 국한되지 않는다는 것은 누구나 인정하는 바이다. 목표 언어 국가의 문학 작품은 물론이고, 역사, 정치, 경제, 사회 등에 대하여 이해하고 표현하는 일은 그 영역에 대한 지식이 없으면 불가능하다. 그럴 수밖에 없는 것은 언어야말로 그것이 발화되는 세상만사와 관련되어 있기 때문이다. 그러므로 문화는 확대된 문화 개념과 의사소통으로서의 문화 개념이 융합된 개념에 해당한다.[1] 따라서 한국어교육에서 문화교육은 매우 포괄적이면서도

---

1) 권오현(2003)은 문화 개념을 인문적 문화 개념, 확대된 문화 개념, 의사소통 차원의 문화 개념으로 분류한 바 있다. 인문적 문화 개념은 예술적 표현 혹은 정신적 가치의 산물을 지칭하고, 확대된 문

통합적으로 이루어져야 하는 것이다. 이는 "학습의 대상이 되는 한국 문화는 한국을 이해하기 위해 제공되는 문화 요소(culture component)나 의사 소통 능력을 함양하기 위한 수단의 역할을 넘어서"(윤여탁, 2002 : 194)는 일이기도 하다.

이 같은 관점은 자국어교육과 외국어교육의 방향을 검토해볼 때 보다 분명해진다. 영국은 자국어(영어)교육의 목표를 개인적 성장, 범교과, 성인적 필요, 문화 유산, 문화 분석 등에 두고 있으며,[2] 우리의 경우 자국어(국어)교육의 목표를 창의적인 국어사용 능력의 신장(교육인적자원부, 1997) 혹은 국어능력의 신장에 두고 있다(김대행 외, 2000). 또한 문학(문화)교육의 목표를 언어능력의 증진, 개인의 정신적 성장, 개인적 주체성 확립, 문화 계승과 창조 능력 증진, 전인적 인간성 함양(김대행 외, 2000) 등으로 설정하고 있다. 이로 보면 자국어교육의 목표는 폭과 깊이를 확보하고 있을 뿐 아니라, 적어도 그것을 반영하고자 하는 것을 알 수 있다.

한편 외국어교육을 보면, 미국은 외국어 학습의 기준으로 5C 즉 의사 소통(Communication), 문화(Cultures), 다른 학과목과의 연계(Connections), 비교(Comparisons), 공동체(Communities) 등을 제시한 바 있다.[3]

외국어 학습을 위한 기준―21세기를 준비하기

Communication(의사소통)―영어 이외의 다른 언어의 의사소통

기준 1.1 대화를 할 수 있고, 정보를 주고받고 감정을 표현할 수 있고, 감정과 정서를 표현하고, 의견을 교환할 수 있을 것.

기준 1.2 다양한 화제에 대한 구어와 문어를 이해하고 해석할 수 있을 것.

기준 1.3 다양한 화제에 관한 정보, 개념, 생각을 청중 또는 독자에게 제시할 수 있을 것.

화 개념은 사회 물적 요소 및 정치 경제적 측면까지도 포괄적으로 포함하는 개념이다. 의사소통 차원의 문화는 인간의 의사 소통 행위 자체를 문화적 측면에서 본 개념이다.

2) 여기에 대한 자세한 검토는 김대행(1997) 참조.

3) 이를 5C라 하는데, 5C를 한국어교육에서 문학교육에 적용한 논의는 다음 참조. 김대행(2001). 5C에 대한 소개는 다음 참조. 박영순(2002 : 83).

▌Cultures(문화)—다른 문화에 대한 이해와 지식을 터득할 것.

　기준 2.1 행위와 학습된 문화 사이의 관계 이해할 것.

　기준 2.2 산물과 학습한 문화의 시각 사이의 관계를 이해할 것.

▌Connections(연계)—다른 학과목과 연결시키고 정보를 획득할 것.

　기준 3.1 외국어를 통해 다른 학과에 대한 지식을 강화하고 발전시킬 것.

　기준 3.2 외국어와 문화를 통해서만 이해할 수 있는 정보를 학습하고, 다른
　　　　　관점을 인식할 것.

▌Comparison(비교)—언어와 문화의 본질을 통찰할 것.

　기준 4.1 학습한 언어와 모국어를 비교함으로써 언어의 본성을 이해할 것.

　기준 4.2 학습한 문화와 자국 문화의 비교를 통하여 문화의 개념을 이해할
　　　　　것.

▌Communities(공동체)—국내와 세계의 다언어 공동체에 참여할 것.

　기준 5.1 학교 내외에서 언어를 사용할 것.

　기준 5.2 개인적인 만족과 발전을 위해 언어를 사용함으로써 평생학습자가 되
　　　　　도록 할 것.

■ STANDARDS FOR FOREIGN LANGUAGE LEARNING—Preparing for the
21st C[4)]

▌Communication—Communicate in Languages Other Than English

　Standard 1.1: Students engage in conversations, provide and obtain
　　　　　　　information, express feelings and emotions, and exchange
　　　　　　　opinions.

　Standard 1.2: Students understand and interpret written and spoken
　　　　　　　language on a variety of topics.

　Standard 1.3: Students present information, concepts, and ideas to an
　　　　　　　audience of listeners or readers on a variety of topics.

▌Cultures—Gain Knowledge and Understanding of Other Cultures

　Standard 2.1: Students demonstrate an understanding of the relationship
　　　　　　　between the practices and perspectives of the culture

---

4) http://www.actfl.org/sites/default/files/pdfs/public/StandardsforFLLexecsumm_rev.pdf

studied.

Standard 2.2: Students demonstrate an understanding of the relationship between the products and perspectives of the culture studied.

▌Connections—Connect with Other Disciplines and Acquire Information

Standard 3.1: Students reinforce and further their knowledge of other disciplines through the foreign language.

Standard 3.2: Students acquire information and recognize the distinctive viewpoints that are only available through the foreign language and its cultures.

▌Comparisons—Develop Insight into the Nature of Language and Culture Standard

Standard 4.1: Students demonstrate understanding of the nature of language through comparisons of the language studied and their own.

Standard 4.2: Students demonstrate understanding of the concept of culture through comparisons of the cultures studied and their own.

▌Communities—Participate in Multilingual Communities at Home & Around the World

Standard 5.1: Students use the language both within and beyond the school setting.

Standard 5.2: Students show evidence of becoming life-long learners by using the language for personal enjoyment and enrichment.

이는 외국어교육의 목표와 밀접하게 관련되어 있으며, C1~C5의 각 목표에는 장기간 학습을 통해 도달해야 하는 능력의 기준을 제시하고 있다.

R. Carter & M. N. Long에 의해 외국어 교육에서 문학의 효용이 문화 모형, 언어 모형, 개인의 성장 모형으로 제시되기도 했다(R. Carter & M. N. Long, 1991).

- 문화적 모형(the cultural model) : 문학을 축적된 지혜의 총체에서 그 가치를 찾는다. 이 모형은 학생들이 자신들의 것과는 다른 문화와 이데올로기를 이해, 감상하게 하고, 그러한 문학이 부여한 유산 내에서 사고, 느낌, 예술적 형식의 전통을 지각하게 해준다. 세계 여러 곳에서 문학을 인간성 연구, 인간성 교육의 중심에 두는 것도 이러한 '인간적' 의미 때문이다.
- 언어 모형(the language model) : 문학은 언어 발달에 도움을 준다. 이는 단지 문학이 기계적이고 도구적인 측면과 관련되는 것이 아니라 좀더 미묘하고 다양하게 창조적인 언어 사용과 접할 수 있게 해주며, 그것을 통해 자율적으로 텍스트 세계로 인도되는 길을 발견하도록 돕는다.
- 개인의 성장 모형(the personal growth model) : 학생들은 문학 텍스트와의 만남을 통해 인격적으로 성장한다. 읽기 과정에서 지속적인 즐거움과 심화되는 이해 속에서 깊은 만족감을 느낀다. 이는 복잡한 문화적 산물을 감상, 평가하는 방법을 배우는 데서 비롯하는 것이기에 가치가 있다. 또한 우리의 문화와 사회, 그 속에서의 자신을 이해하는 데서 촉진되는 것이기에 충족적이다.

이러한 모형들은 교육의 고유한 방향을 지니고 있을 뿐 아니라, 서로 관련되어 있으며 상보적이기도 하다.

자국어교육 혹은 외국어교육에서의 이러한 지표들은 언어교육의 방향이 의사 소통이나 사회적인 필요를 위한 수단을 넘어서 문화 분석 능력과 개인의 성장 등을 도모하는 일에 이르고 있음을 말해준다. 미국이 제시한 외국어교육의 방향은 의사소통뿐 아니라 외국의 문화에 대한 이해와 지식을 터득하고, 다른 학과목의 지식을 습득하고, 언어와 문화의 본질을 통찰하고, 나아가 적극적인 참여와 평생 학습의 태도까지를 망라하고 있다는 점에서 주목된다. R. Carter & M. N. Long에 따르면 문화, 언어, 인격적인 성장 등과도 관련되어 있음을 주목할 필요가 있다.

따라서 한국문화교육은 이러한 지표들을 포괄하는 방향에서 이루어져야 하며, 그 구체적인 목표, 내용, 방법 등이 모색되어야 한다.

2. 한국문화교육의 목표

내·외국인을 대상으로 한국문화를 가르치는 일은 간단치 않다. 특히 외국인에게는 상황에 따라서 한국어로 된 간단한 대화를 익히게 한다거나 초보적인 문식성을 갖추게 한다거나, 최소한의 문법 및 문화를 익히게 하면 된다고 생각할 수도 있다. 그러나 이러한 생각은 학문적 체계뿐 아니라 깊이를 갖춘 교육이라 할 수 없는 발상이라 할 수 있다.

여기에서 교육이라고 말을 할 때는 어떤 이념(목적) 하에 계획적·의도적·체계적으로 이루어지는 행위를 일컫는다. 따라서 교육이 이루어지는 대상과 상황에 걸맞은 교육과정이 있어야 하고, 또한 이를 가르칠 수 있는 전문가를 양성하는 교육과정이 마련되어야 한다.

문화교육의 지향에 대해서는 여러 논자들이 언급한바 있다. 문화교육의 방향에 대해서 김정숙(1997)은 문화교육이 정보 전달 중심에서 과정 중심으로 전환되어야 하며, 언어 학습은 언어와 문화의 상호 교육과정이므로, 언어교육도 언어와 문화를 통합해 실시되어야 하며, 초기 교육 단계에서부터 문화교육을 실시해야 한다고 보았다. 그리고 사진, 음성 자료, 비디오 자료, 실물 등의 다양하고 실제적인 자료들을 사용해 객관적인 정보를 제시해야 한다고 지적한바 있다. 윤여탁(2002)은 한국어교육의 목표는 의사소통 능력의 함양을 넘어서 문화능력의 함양으로 확장되어야 한다고 주장하였다. 아울러 문화 관련 제재가 의사 소통 능력 함양과 문화 능력 함양을 위한 내용, 수단 등을 풍부하게 제공해준다고 하였다. 민현식(2003)은 한국어문화교육이 나가야 할 방향으로 문화형 교육과정의 교수 요목 개발, 문화중심 교육과정의 교육 실시, 교수법 차원에서의 요구 분석과 사후 평가 실시 등을 제안한 바 있다.[5] 이와 같이 연

---

5) 민현식은 국어교육과 한국어교육에서의 문화교육을 필요성, 목표, 내용, 방법 등으로 나누어 폭넓게 제안하고 있다. 그는 한국어문화교육의 필요성을 첫째 한국문화의 체계적 이해, 둘째 한국어 능력의 향상, 셋째 한국문화에 대한 오해와 편견 제거 등으로 제시하였는데, 이로 보면 문화교육의

구자들은 한결같이 문화교육의 중요성을 강조하고 문화교육을 강화할 것을 주장하고 있다는 점에서 문화교육을 강화하는 방향으로 나가는 데는 이의가 없는 듯하다.

여기에서 주목하고자 하는 것은 언어문화교육이 교육을 통해서 어떤 인간을 길러낼 것인가 하는 점이다. 이는 교육의 이념이나 목적과 관련되어 있는데, 이로부터 모든 교육적인 내용과 방법이 결정되는 것이다.

한국문화교육이 지향하는 교육적 목적을 문화능력의 신장이라 보고, 바람직한 문화능력을 갖춘 인간을 그 지향하는 인간상으로 삼고자 한다. 문화 능력을 목적으로 제시하는 것은 문화를 인간 삶의 양식으로서 의미의 생산과 유통, 향유의 과정과 결과로 폭넓게 보기 때문이며, 그러한 문화와 관련된 능력을 문제 삼기 때문이다. 따라서 문화에는 인간의 소통행위뿐 아니라 관념, 산물 등이 모두 포함된다.6)

중요성을 어느 정도 가늠할 수 있다.
6) 문화의 개념은 대단히 다양하고 복합적이다. 그것을 여러 측면에서 정리하면 다음과 같다(J. H. Bodley : 1994. 최용재(「영어권 문화의 교육」, 영어교수·학습방법론, 한국문화사, 1999, p.15)에서 재인용)

Topical	Culture consists of everything on a list of topics, or categories, such as social organization, religion, or economy
Historical	Culture is social heritage, or tradition, that is passed on to future generations.
Behavioral	Culture is shared, learned human behavior, a way of life.
Normative	Culture is ideals, values, or rules for living.
Functional	Culture is the way humans solve problems of adapting to the environment or living together.
Mental	Culture is complex of ideas, or learned habits, that inhibit impulses and distinguish people from animals.
Structural	Culture consists of patterned and interrelated ideas, symbols, or behaviors.
Symbolic	Culture is based on arbitrarily assigned meanings that are shared by a society.

Diverse Definitions of Culture

이상에 따르면 문화는 대단히 복합적인데, 다만 인간의 삶이 풍부한 의미를 지니는 것은 복잡다양한 문화에서 수백만 가지 가능한 결합을 이끌어낸 과정과 결과라는 점을 상기하고자 한다(Edward T. Hall(1976), 최효선 역(2000 : 254)).

문화능력을 외국어교육의 목표로서 제시한 바 있는 권오현(2003 : 255~256)은 문화능력을 "목표어 국가의 지역적 사실에서 출발하여 여기에 필요한 언어를 상황맥락에 맞게 구사할 수 있는 상태"라 정의하였다. 이는 문화능력을 언어를 통해 문화를 이해하는 안목이 아니라 문화 속에 스며든 언어를 구사하는 자질로 본 것이다. 이는 언어적 대상이나 사실과 더불어 언어 운영의 측면을 강조한 견해라 할 수 있다. 물론 여기에는 상호문화적 의사소통능력이 전제되어 있다.

그러나 문화능력을 좀더 목표 차원으로 구체화할 필요가 있겠는데, 일차적으로 문화능력이란 자신의 언어문화와 이언어문화(異言語文化)에 대한 지식과 태도에 기초하여 다양한 상황맥락에 따라 정확하고, 적절하고, 효과적이고, 창의적으로 의사소통행위를 할 수 있는 능력이라 할 수 있다. 여기에서 지식은 개념적·방법적·조건적 지식을 포괄하는 용어이고, 태도는 문화에 대한 모든 정의적인 측면들을 포괄하는 용어이다. 또한 정확성, 적절성, 효과성, 창의성은 정확성과 창의성을 양 극단으로 적절성과 효과성이 배치되어 있는 언어 수행의 다양한 특성을 반영한 것이다. 또한 의사소통 행위는 언어적·비언어적인 것들을 포함한 수행적 차원을 의미한다. 이는 사고, 언어 수행에 수반되는 표정이나 몸짓 등을 포괄하는 개념이다.

H. N. Seelye(1993)는 문화교육의 목표를 다음과 같이 제시한 바 있다. 여기에서 ③, ④는 소문화에 해당하는 것으로 외국어 교육의 기본이 되어야 한다고 하였다.

① 학생들에게 양 문화간 차이를 인식시키는 데 있다.
② 연령, 신분, 성별, 거주 지역과 같은 사회적 변수가 사람들의 말과 행동에 영향을 끼칠 수 있다는 것을 이해하게 하는 데 있다.
③ 일상생활에서 관습적인 행동을 이해하게 하는 데 있다.
④ 어휘의 문화적인 함축적인 의미를 이해시키는 데 있다.
⑤ 목표어 문화에 대해 평가능력을 기르는 데 있다.

⑥ 목표문화의 정보를 연구하는 데 있다.

⑦ 학습자가 목표어 문화에 대한 지적 호기심과 목표어 화자의 사람들을 이해하
　는 데 있다.

　박영순(2002 : 84)은 외국어로서의 한국어교육의 목표를 다음과 같이 제시하
고 있다.

1. 발음 : 모국어화자처럼 혹은 매우 가깝게 발음할 수 있다.
2. 문법 : 비문을 만들지 않고 정문을 생산할 수 있다.
3. 언어기능 : 듣기 말하기 읽기 쓰기를 불편 없이 할 수 있다.
4. 의사소통 : 상황에 맞게 대인관계에서 원활하게 의사소통할 수 있다.
5. 경어법 : 한국어경어법에 맞게 말을 할 수 있다.
6. 문화 : 한국문화를 이해하고 자기의 문화와 어떻게 다른가를 비교할 수 있다.

　그런데 외국 문화를 학습하는 일은 반드시 자국 문화와의 관계 속에서 이
루어진다는 점을 전제로 삼아야 한다. 인간은 오랜 시간을 통해 자신이 속한
문화를 습득한다. 의식적 무의식적 행위를 통해 습득된 문화는 자신의 삶을
규정할 뿐 아니라 다른 문화와의 교류에도 절대적인 영향을 준다. 따라서 자
신의 문화를 이해하고 수행하는 역량은 타 문화를 이해하고 수행하는 데에도
결정적인 영향을 준다. 이런 점에서 모든 이문화교육(異文化敎育)은 자기 문화교
육과 긴밀하게 관련되어 있음을 기억할 필요가 있다. 자신의 언어문화적 능력
을 강조하고 있는 것도 이런 연유이다.

　또한 외국 문화를 이해하는 일이 외국 문화에 융합되기 위한 것이 아니라,
이질적인 문화 이해를 통해 다른 삶의 양식과 조화를 이루고, 자신의 문화적
정체성을 찾아가고, 나아가 다른 문화권의 사람들과 더불어 살아가는 세계인
으로서의 존재 가능성을 확장해가는 과정이라는 점을 인식해야 한다(임경순,
2005 : 13~14).[7] 이 점은 매우 중요한데, 가령 한국문화교육이 유용성의 측면 예

컨대 기업 활동의 이윤 추구 등을 위해서만 존재한다면 그것은 수단 그 이상의 존재 의미를 가질 수 없다. 또한 관광을 위한 언어문화교육이 미지의 세계에 대한 눈요기 코스를 위해 단편적인 지식을 전달하는 데 궁극적인 지향점이 있는 것이 아니라, '나'와는 다른 문화를 통해 삶의 흔적을 읽어 내고 다른 문화를 이해할 뿐 아니라 자신의 삶과 문화를 돌이켜 볼 수 있는 힘을 길러주는 데 있는 것이다.

그리고 문화교육은 궁극적으로 인간을 억압하는 문화를 넘어 새로운 문화 창출에 기여할 수 있어야 한다. 문화는 긍정적으로만 작동되는 것이 아니다. 오히려 문화가 인간성을 말살함으로써 인간을 질곡으로 몰아갈 수 있다. 이런 점에서 보면 문화교육의 지향점은 Edward T. Hall이 말했듯이 인간으로 하여금 부정적인 "문화를 초월하여 고된 여행"을 떠나도록 하는 것이며, 무의식적인 문화의 속박으로부터 점차적으로 자신과 인류를 해방시키는 위대한 과업에 있는 것이다(Edward T. Hall, 최효선 역, 2000).

3. 한국문화교육의 방향

일찍이 Predric Jameson(윤지관 역, 1985)이 구조주의와 형식주의에 대하여 '언어의 감옥'이라는 비유를 통해 비판한 바 있듯이, 언어(문화)의 구조나 기능, 요소 등에 함몰될 때 야기되는 문제를 간과할 수 없다. 언어라는 것은 주체, 맥락, 이데올로기 등과 무관하게 쓰이는 무색투명한 것이 아니기 때문에 언어 그 자체만을 논의할 경우에는 의미가 반감될 수밖에 없다. 문화가 교육에서 문제틀로 설정되는 것은 바로 이러한 국면이다. 문화를 문제 삼는다고 하는 것은 이 모든 것들을 문제 삼으면서, 삶의 국면들을 종합적으로 고려하고 좀

---

7) 임경순(2005)은 한국언어문화교육이 다른 문화권의 사람과 더불어 잘 살아 갈 수 있는 세계인으로 성장하는 일을 도모하는 데에 있다고 보았는데 이는 근래 필자의 관점을 반영한 것이다.

더 나은 새로운 삶을 개척하는 일과 관련되기 때문이다. 이렇게 본다면 언어와 문화의 통합에 있어서 그 중심은 문화에 놓여 있음을 알 수 있다. 이는 문화 교육의 비중이 적어도 언어 자체의 비중을 넘어선다는 것 이상의 의미를 지닌다.

언어문화 교실에서 이루어지는 문화교육은 언어와의 연관성 측면에서 볼 때 어떤 형태로든 언어와의 통합적인 교육이 이루어진다. 그런데 통합의 중심을 어디에 두느냐에 따라 언어 중심의 문화 통합과 문화 중심의 언어 통합으로 나눌 수 있다. 언어와 문화의 통합 유형에 따른 문화교육의 특성을 정리하면 다음과 같다(이미혜, 2004 : 151).

항 목	언어 중심의 문화 통합 교육	문화 중심의 언어 통합 교육
교육의 중심	언어	문화
문화 교육 목표	언어 능력 향상을 위한 보조 역할	이문화에의 적응·동화, 문화 충격 완화, 이문화 학습
문화 교육 방법	의사소통 중심의 언어 교수법을 적용	강의, 관찰, 체험 등
문화 교육 내용	언어 사용 맥락, 언어 사용과 관련된 일상생활 문화, 언어에 함축된 문화, 언어 자료로 학습하는 문화적인 내용(전통, 예술, 사회, 정치, 경제 등)	한국의 사회와 문화를 이해하기 위한 내용들, 개인적인 관심(학습자의 요구)에 따라 달라짐
교 사	언어 교육 전문가	문화 교사 또는 언어 교사와 문화 교사의 협력
평 가	언어 숙달도 평가	문화 인지도 평가

이와 같이 언어와 문화 중 어느 쪽에 통합의 중심이 놓이느냐에 따라 분류한 것은 교육의 현상과 방향을 선명하게 제시해주고 있다는 점에서 의의가 있다. 그러나 늘 그렇듯이 단순화 이면에는 그것으로 표상되지 못하는 문제들이 있다.

문화 중심의 언어 통합 교육의 중심이 문화에 있기는 하나 언어를 소홀히 하는 것이 아니며, 문화 교육의 방법으로 의사소통 접근법도 적극적으로 활용될 수 있다. 또한 교육 내용에 있어서 언어 사용 맥락, 언어 사용과 관련된 일상생활 문화, 언어에 함축된 문화, 언어 자료로 학습하는 문화적인 내용(전통, 예술, 사회, 정치, 경제 등) 등은 문화 중심의 언어 통합 교육에서 중요하게 다룰 수 있다. 특히 언어 자료로 학습하는 문화적인 내용은 언어 중심 문화 통합 교육의 현실을 볼 때 제대로 된 위상을 확보하고 있지 못한 것이 실상이다. 오히려 그것은 문화 중심의 언어 통합 교육에서 다루어질 때 온전하게 교육될 가능성이 있다. 또한 교육을 담당하는 교사에 있어 문화 중심의 언어 통합 교육에서 교사는 문화 교육 전문가가 우선적으로 담당하는 것이 타당하다.[8] 따라서 언어 중심의 문화 통합 교육과 문화 중심의 언어 통합 교육을 이질적인 성격으로 규정할 것이 아니라 다른 관점이 필요하다.

이를 위해서는 언어와 문화의 관계를 분명히 할 필요가 있다. 즉 언어는 그 중요성에 비추어 볼 때 그 고유성이 있음을 전제로 언어 또한 문화의 한 부분임을 인식할 필요가 있다. 여기에서 주의할 것은 언어가 문법, 어휘, 의사소통과 곧바로 등치되지 않는다는 점이다. 문법, 어휘, 의사소통은 언어로 포획될 수 없는 영역이 있으며, 이것들은 문화라는 보다 광범한 틀 속에서 이루어지는 것이다.

〈그림 1〉

---

8) 언어중심에서 문화교육을 볼 때 언어 교사가 문화를 언어의 부차적 차원에서 지도하면 된다고 생각할 수 있다. 그러나 이는 전문적 식견을 몰각하는 생각이다. 특히 외국인에게 문화는 상식 차원에서 가르쳐질 내용이 아니라 전문적으로 가르칠 수 있는 능력이 필요하다. 가령 우리 대중문화를 가르친다고 생각해 보라. 대중문화의 내용에서 무슨 문법이나 기능만을 따질 수는 없는 것이며, 또한 교사의 대중문화에 대한 이해 수준이 교육의 질을 결정한다는 것은 재론의 여지가 없다. 따라서 문화 전문가 과정을 마친 전문가가 문화교육을 담당하는 것은 지극히 당연하다.

<그림 1>에서 볼 수 있듯이 문법/어휘, 의사소통, 문화는 각각 따로 존재하는 것이 아니라, 이들은 긴밀하게 연결되어 있으면서 그것들 사이는 통합적이고 위계적인 관계에 놓여 있다. 따라서 문화는 문법, 어휘, 의사소통을 포괄하고 있으며, 이것들과 긴밀하게 관련되어 있으면서도 그것들을 넘어서는 영역을 갖고 있다. 그러므로 언어 중심의 문화 통합 교육은 문법이나 어휘, 의사소통의 언어적인 것을 중심으로 그와 관련된 문화를 통합적으로 교육하는 것이라 할 수 있다. 반면에 문화 중심 언어 통합 교육이라고 하는 것은 문법이나 어휘, 의사소통의 언어적인 것과 관련된 문화뿐 아니라, 행위, 신념, 가치관 등의 일상의 문화와 문학, 예술, 역사 등의 성취 문화 등을 중심으로 한 언어 통합 교육을 의미한다. 따라서 문화 중심의 언어 통합 교육에서는 문화를 중심에 두고서 언어, 언어 행위, 일상 생활 그리고 인류의 지적 물질적 성취물들의 문화적 의미와 방향 등을 통합적으로 교육하는 데 초점이 놓인다.

이는 문화교육의 차원에서 접근하는 연구들에서도 비슷한 맥락의 논의를 확인할 수 있다. 권오현(2003 : 266)은 기존 외국어교육의 문제점을 지적하고 다음과 같은 내용 체계를 제안한 바 있다.

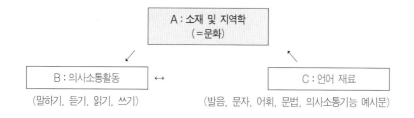

언어 활동은 문화(A)에서 출발하여 의사소통 형태(B)가 설정되고, 언어 재료(C)가 선택적으로 동원된다고 보았다. 아울러 목표어 국가의 언어 문화를 체계화하기 위해서 옥자르(E. Oksaar)의 '문화소-행위소 모델'을 적용할 것도 제안하고 있다(권오현, 2003 : 269~270).[9] 여기에서 문화는 모든 언어 활동의 토대로서

---

9) 문화소란 의사소통의 추상적 단위로서 의사소통 행위에서 서로 다르게 실현된다. 문화소는 어떤

지역학적 개념인 사회적 모든 연관을 포함하고 있다. 이런 점에서 문화가 모든 언어 행위의 출발이자 종착지가 됨을 확인할 수 있다. 따라서 이 논의는 문화를 중심에 놓고 무엇을 어떻게 가르쳐야 하는지에 대한 단서를 제공하고 있다는 점에서 의미 있는 주장이라 할 수 있다.

한편 조항록(2004 : 206)은 외국어교육에서 다룰 문화를 언어 문화, 일상 생활 문화, 성취 문화로 분류한 바 있는데, 이 같은 분류는 문화를 언어 내적인 것뿐 아니라 언어 외적인 것, 일상 생활 문화와 성취 문화 등을 망라한 것이어서 문화를 중심으로 하는 언어 통합 교육 논의와 상통하는 측면이 있다. 그러므로 한국문화교육은 문화라는 큰 틀 속에서 언어를 비롯한 여타의 것들이 통합적으로 다루어지는 것이 바람직하다 하겠다.[10]

집단 내에서 문화 특유적으로 구체화될 수 있는 사회적 행위 범주(인사, 감사 방문 등)을 말한다. 행위소는 추상적 문화소를 실제 행위로 실현시키는 언어적, 비언어적, 초언어적, 부차언어적 수단을 말한다.

10) 임경순(2009)은 한국어교육에서 문화교육을 위한 다양한 유형과 방향을 논의하고 있다.

참고 문헌

권오현(2003), 「의사소통 중심 외국어교육에서의 '문화'」, 국어교육연구 제12집, 서울대국어교육 연구소.

김대행 외(2000), 문학교육원론, 서울대출판부.

김대행(1997), 「국어과교육의 목표와 영역」, 『선청어문』 25집, 서울대국어교육과.

김대행(2001), 「한국어교육과 한국문학」, 『위국인을 위한 한국어교육연구』 제4집, 서울대한국어 교육지도자과정.

김정은(2005), 「문화 교육의 연구사와 변천사」, 『한국어교육론』 2, 한국문화사.

김정숙(1997), 「한국어 숙달도 배양을 위한 한국 문화 교육 방안」, 『교육한글』 10호, 한글학회.

민현식(2001), 『국어교육을 위한 응용국어학 연구』, 서울대출판부.

민현식(2003), 「국어교육과 한국어교육에서의 문화교육」, 『외국어교육』 10-2, 한국외국어교육 학회.

박영순(2002a), 『한국어교육을 위한 한국문화론』, 한국문화사.

박영순(2002), 『외국어로서의 한국어교육론』, 월인.

윤여탁(2002), 「한국어 문화 교수 학습론」, 21세기 한국어교육학의 현황과 과제, 한국문화사.

이미혜(2004), 「한국어와 한국문화의 통합교육」, 『한국언어문화학』 1-1, 국제한국언어문화학회.

이석주(2002), 「한국어 문화의 내용별·단계별 목록 작성 시고」, 『이중언어학』 제21호, 이중언 어학회.

임경순(2006), 「국어능력 향상을 위한 철학적 기반 탐색」, 『국어교육학』 25, 국어교육학회.

임경순(2006), 「문화중심 언어와 문화의 통합 교수·학습 방법 연구」, 『한중인문학』 19, 한중인 문학회.

임경순(2005), 「한국어 문화 교육의 방안 연구」, 『한중인문학연구』 14, 한중인문학회.

임경순(2009), 『한국어문화교육을 위한 한국문화의 이해』, 한국외대출판부.

조항록(2000), 「초급단계에서의 한국어 교육과 문화 교육」, 한국어교육 제11권 1호, 국제한국어 교육학회.

조항록(2004), 「한국어 문화교육론의 내용 구성 시론」, 『한국언어문화학』 1권 1호, 국제한국언 어문화학회.

최용재(1999), 「영어권 문화의 교육」, 영어교수·학습방법론, 한국문화사.

한상미(2005), 「문화교육 방법론」, 『한국어교육론2』, 한국문화사.

Carter, R. & Long, M. N.(1991), *Teaching Literature*, Longman.

Hall, Edward T.(1976), *Beyond Culture*, 최효선 역(2000), 『문화를 넘어서』, 한길사.

Moran, Patrick R.(2001), *Teaching Culture : Perspectives in Practice*, 정동빈 외 역(2005), 『문화교육』, 경문사.

Jameson, Predric(1972), *The Prison-House of Language*, 윤지관 역(1985), 언어의 감옥 : 구 조주의와 형식주의 비판, 까치.

Seelye, H. N.(1993), *Teaching Culture : Strategies for intercultural communication*, Illinois : National Textbook co..

OSTANDARDS FOR FOREIGN LANGUAGE LEARNING—Preparing for the 21st(Chttp://www. actfl.org/sites/default/files/pdfs/public/StandardsforFLLexecsumm_rev.pdf)

제2장 | 한국문화교육의 내용

한국문화교육은 크게 '무엇'을 '어떻게' 가르칠 것인가의 문제로 볼 수 있다. '무엇'은 가르칠 내용에 해당하고, '어떻게'는 방법에 해당한다. 이 둘은 분리되어 있기보다는 상호 밀접하게 관련되어 있다.

무엇을 가르칠 것인가를 결정하는 일은 쉽지 않다. 학자들의 견해뿐 아니라, 사회 공동체 구성원들의 견해도 반영해야 하며, 무엇보다 교육받을 주체 즉 학습자의 언어적, 문화적, 인지적, 정의적 특성 등을 고려해야 하기 때문이다.

이번 장에서는 한국문화교육에서 무엇을 가르칠 것인가에 대한 문제 즉 문화교육의 내용에 대하여 알아볼 것이다. 우선, 내용을 선정하는 준거와 조직 원칙을 살펴볼 것이다. 내용에 대해서는 다양한 의견이 개진되었지만, 대표적인 몇몇 학자들의 의견을 살펴보고, 국가기관에서 실시하는 한국어 능력 시험에서 요구하는 수준을 내용의 측면에서 살펴볼 것이다.

1. 한국문화교육의 내용 선정과 조직

1) 내용 선정의 준거

한국문화교육의 내용을 선정하고 조직하기 위해서는 준거가 필요하다.[11] 이는 교육과정을 계획하거나 교수요목 등을 설계하기 위해서는 반드시 필요한 요건이기도 하다. 왜냐하면 교수·학습을 위한 내용 선정과 조직이 교육과정이나 교수요목의 핵심에 해당하기 때문이다.

한국문화교육 내용 선정 준거로 강승혜 외(2010 : 210~213)에서는 내용의 타당성, 내용의 유의미성, 내용의 유용성, 학습 가능성, 학습자의 요구 등을 들고 있다. 그런데 학습 가능성이나 학습자의 요구 등은 내용의 타당성이나 유의미성, 유용성 등에 이미 반영되어 있다고 볼 수 있다. 이들 준거는 이성호(2004 : 372~377)가 제안한 교육과정 내용 선정의 준거 즉 내용의 유의미성, 타당성, 유용성, 학습 가능성, 경제성, 내·외적 관련성, 균형성, 사회 가치 적합성 등 여덟 가지 중에서 네 가지와 학습자의 요구를 추가한 것이다.

이경섭(1999 : 259~260)에 따르면 내용 선정 준거의 설정 근거는 교육 목표, 목표와 내용과의 관계, 내용과 활동과의 관계, 내용과 평가와의 관계 등 어디에 중점을 두느냐에 따라 달라진다. 이 가운데 교육 목표와 평가 준거가 내용 선정 준거 설정의 일반적인 근거로 사용되고 있다. 즉 교육 목표의 원천인 학습자, 생활, 교과 전문가 등과 평가 준거인 타당성, 신뢰성, 객관성, 관련성, 통합성 등이 중시된다. 그러나 교육 내용 선정이 보다 포괄적이고 합리적이기 위해서는 목표, 내용, 활동, 평가 등이 반영된 준거가 적용되어야 할 것으로 보인다. 따라서 여기에서는 한국문화 교육 내용 선정을 위한 준거로 내용의 유의미성, 내용의 유용성, 내용의 타당성, 내용의 통합성 등을 살펴보기로 한다.

---

11) 준거는 평가 또는 선정할 대상에 대한 특성을 포괄적이고 추상적인 차원에서 제시하고, 표준은 제시된 특성을 비교, 측정할 수 있을 정도 또는 수준을 밝힌 것이고, 지표는 그 정도나 수준을 구체적으로 평가하거나 선정할 수 있는 자료 또는 증거를 말한다(이경섭, 1999 : 263).

① 내용의 유의미성

이 준거는 한국문화교육의 내용이 학습자들에게 얼마나 의미있는 내용인가와 관련되어 있다. 의미있는 내용에 대한 다양한 해석이 가능하겠지만, 그것이 학습자들에게 의사소통능력 향상, 자아정체성 확립, 자기성장 도모, 문화이해와 창조 능력 향상 등에 의미있게 기여할 수 있는 것이라고 해석할 수 있다. 문화교육의 내용이 학습자들과 유리되어 있다면 그것은 학습자들에게 의미있게 다가가지 못할 것이다. 이는 학습자와 문화교육의 관계를 강조한 것이지만, 유의미한 교육의 목적이나 교육과정이 추구하는 인간상 등과도 밀접하게 관련되어 있다.

② 내용의 유용성

이 준거는 한국문화교육의 내용이 학습자들의 교실 밖 생활에 얼마나 유용한가와 관련되어 있다. 물론 유용성을 어떻게 해석할 것인가에 따라 달라질 수 있지만, 한국문화를 배우는 학습자들이 사회 생활을 하는 데에 그것이 얼마나 유용하게 활용될 수 있느냐로 볼 수 있을 것이다. 이것은 교육과정에 제시된 교육 목표와 내용에 반영되어 있지만, 교육 목표와 내용의 원천을 생활에 근거를 둔 것과 관련된다. 오늘날 세계화, 정보화, 다문화 등이 큰 화두이자 생활 현실이 되었음을 고려할 때, 이러한 것들에도 유용한 한국문화교육의 내용이 설정되어야 할 것이다.

③ 내용의 타당성

이 준거는 한국문화교육 내용이 교수·학습의 대상으로서 얼마나 타당하느냐는 문제와 관련되어 있다. 타당성 여부에 대한 판단은 일차적으로 한국문화교육 연구자와 교수자 등 전문가 집단이 담당한다. 전문가 집단에 의해 선정된 내용은 학문적인 내용이 되는 것이며, 그것은 교육과정의 목표나 내용 등에 반영되기 마련이다. 여기에 학습자의 배경지식, 이해·감상능력 등과 같은 학습자의 지적·정의적 수준 등도 반영되는 것은 물론이다. 따라서 내용의 타당성 여부는 해당 학문, 전문가, 교육과정, 학습자 등에 의해 결정된다.

④ 내용의 통합성

이 준거는 한국문화교육의 내용이 특정한 내용이나 유형 등에 치우치지 않고 얼마나 통합적으로 제시되고 있는가와 관련되어 있다. 언어문화, 생활문화, 관념문화, 성취문화 가운데 특정 문화 영역에만 한정되거나 치중된다면 이 준거에 어긋나는 것이다. 또한 각 문화 영역들 간의 통합성도 고려할 수 있다. 언어문화는 생활문화, 관념문화, 성취문화 등과 밀접하게 관련되어 있기 때문에 이를 통합적으로 다룰 수 있다. 가령 예절 교육은 생활문화에만 국한된 것이 아니라 언어예절(문화)과 통합적으로 교육될 수 있으며, 대중음악의 가사 또한 언어문화와 관련되어 있으므로 통합적으로 교육될 수 있다.

2) 내용 조직의 원칙

최근까지 교육과정 내용을 조직하는 원칙에 대하여 여러 연구자들이 다양한 견해를 제시했다. 계속성, 계열성, 통합성, 나선성,[12] 일관성, 수직적 구조, 위계적 구조, 평면적 구조 등 다양한 원칙들이 제시되었는데, 이들은 교육 내용의 수직적인 조직과 수평적인 조직을 반영하고 있다. 강승혜 외(2010 : 214~215)에서도 계열성의 원리, 계속성의 원리, 범위의 원리를 제시함으로써 이러한 원칙에 토대를 두고 있다.

---

12) 김호권 외(1985 : 170~171). 브루너(J. S. Bruner)는 계열성의 기준과 비슷한 원칙으로 나선적 조직이라는 개념을 제시한다. 이는 시간의 흐름에 따라 동일한 계열의 학습경험이 계속적 반복적으로 나타나되, 심화 확충된 맥락 속에서 나타나야 한다는 것이다. 가네(Gagné)나 브릭스(Briggs)의 위계구조 개념도 학습경험의 계열적 조직과 관련된다. 한 학습단원이나 학습과정의 구성은 어떤 학습요소가 다른 학습요소에 전제되는가에 따라 배열되어야 한다는 원칙을 제시한다.

여기에서는 내용조직의 주요 원칙으로서 계속성, 계열성, 통합성의 원칙을 살펴보기로 한다.

① 계속성(continuity)

계속성이란 내용 및 경험요인이 계속해서 반복되어야 한다는 원칙이다. 즉 학습경험들의 종적인 배열에서 동일한 내용과 경험요인이 계속적으로 반복되는 상태를 말한다. 학습자가 한두번의 학습경험으로 의미있는 학습경험을 학습하기는 어렵다. 따라서 동일한 개념, 기능, 가치, 태도 등을 계속적으로 학습할 수 있어야 학습경험들의 누적적인 효과를 기대할 수 있을 것이다(김호권 외, 1985 : 169~170). 예컨대 어휘나 문법, 문학과 같은 언어문화뿐 아니라, 생활문화, 관념문화, 성취문화에 대한 문화 항목들이 가능한 한 단계에 따라 지속적으로 노출될 수 있어야 한다.

② 계열성(sequence)

계열성도 종적 조직의 문제와 관련되어 있는데, 동일한 내용이나 경험요인에 대한 단순반복 차원을 넘어서서 계속성을 유지하면서 심화, 확충되어야 한다는 원칙을 말한다. 따라서 학습의 질적인 심화(deepeness)와 양적인 확충(broadness)을 강조한 개념이라 할 수 있다(김호권 외, 1985 : 170). 가령 초급 단계의 어휘에 이어 중급 단계의 어휘는 이를 포함하고, 고급 단계의 어휘는 중급 단계의 어휘를 포함하여 확충되어 나간다. 또한 생활문화 가운데 여가문화와 관련하여 초급 단계에서는 취미, 관광지, 호텔 이용 등과 같은 구체적인 몇몇 내용을 학습하다가, 중급 단계에서는 한국 여가와 관광 문화의 특징, 변천, 현황을 학습하고, 고급 단계에서는 한국과 학습자 국가의 여가문화와 비교하고 비평하는 것으로 심화, 확충되어 가는 것을 들 수 있다.

계열성은 학습내용의 위계성(hierarchy)과 상황관련성에 따라 조직하는 원리를 말하기도 한다는 점에서 위계성과 관계가 깊다. 여러 준거에 따라 선정된 내용은 그 내용을 조직하는 의도에 따라 위계화 될 수 있다. 위계화는 상, 중, 하 등의 수준으로 나눌 수 있는 '하나의 일정한 위계 체제'가 있어야 하며, 그 것은 이러한 수준을 모두 포함할 수 있는 체계적인 유목(類目)들을 포함하고 있어야 한다. 이러한 '위계 체제'는 내용을 조직하기 전에 마련되어 있어야 하며, 내용들을 수준별로 구분하는 기준을 제공한다. 가령 일정한 위계 체제 는 지식→개념→기능→태도, 사실적 지식→개념→법칙 또는 유사 법칙 →규칙→가치→태도→기능 등과 같이 제시될 수 있다(이경섭, 1999 : 275~277).

여기에는 내용 조직을 위한 위계의 단계를 어떻게 설정할 것인가? 위계의 수를 어떻게 설정할 것인가? 위계의 질적 수준과 각 위계에 배정될 내용의 양 적인 폭을 어떻게 결정할 것인가? 등이 문제시된다.

일반적으로 내용과 학습경험의 조직과 배열은 다음과 같은 원칙을 따른다 (교육부, 1997).

㉠ 쉬운 것에서 어려운 것으로
㉡ 개인적인 것에서 사회적인 것으로
㉢ 흥미 유발에서 지식의 인식, 지식의 조절로
㉣ 규범적인 것에서 상황적인 것으로
㉤ 기초 기능 훈련에서 고차적인 전략의 조절로
㉥ 개인적인 것(놀이)에서 사회적인 것(토의와 토론)으로
㉦ 정서적인 것에서 논리적인 것으로
㉧ 개인적인 일에서 가정, 학교, 사회적 쟁점으로
㉨ 일상적인 것에서 전문적인 것으로
㉩ 언어의 본질적 속성에서 언어와 주변 세계와의 관계로
㉪ 우리말의 중요성 인식에서 규범에 맞는 국어 사용의 태도 형성, 우리말을 가 꾸고 발전시키려는 태도의 형성으로

한국어능력 시험에서 위계의 단계와 수는 초·중·고급 단계 수준에 각각 1~2급, 3~4급, 5~6급을 설정하고 있다. 한국문화교육에서는 일반적으로

1~6급 각각에 해당하는 내용을 제시하기보다는 초급, 중급, 고급 단계의 수준에 따라 내용을 제시하고 있다.

③ 통합성(Integration)

통합성은 학습경험의 횡적인 조직과 관련된 특징으로, 학습경험들은 횡적인 관계에 있어 상호 보강할 수 있도록 조직되어야 한다는 원칙이다(김호권 외, 1985 : 171). 이는 한 영역의 내용이나 학습경험들이 다른 영역의 그것들과 어떻게 상호 관련되느냐 하는 문제이다. 따라서 학습 내용은 상호 긴밀히 연계성을 지녀야 하며, 어떤 내용이라도 전체의 한 부분으로서 다른 내용과 유기적인 관계를 지녀야 한다. 가령, 언어문화는 생활문화, 관념문화, 성취문화와 유기적으로 관련되어 있어야 한다. 즉 취미와 관련된 어휘, 문법, 텍스트 등의 언어문화는 생활문화 가운데 취미와 관련된 특징과 현상, 그리고 화폐, 취미의 사회적 현상, 가치관, 영화 등과도 상호 보강하면서 강화할 수 있도록 긴밀히 조직되어야 한다.

2. 한국문화교육의 내용

1) 범주별 한국문화교육의 내용

한국문화교육의 내용은 크게 범주에 따른 내용과 단계에 따른 내용으로 나누어 볼 수 있다.

먼저, 범주에 따른 내용을 살펴 본다. 범주에 따른 내용은 한국어 및 한국문화의 수준(단계)를 고려하지 않고 문화를 대체적으로 분류하여 제시한다.

외국의 사례를 보면, Brooks(1964)는 인사, 직업, 운동, 취미, 예절, 억양 패턴, 언어적 금기, 숫자, 게임, 신화, 아동문학, 규율, 축제, 청결, 책 등 64가지 문화 요소 목록을 제시한 바 있으며, 이어 Brooks(1975)는 인류학자들이 구분해온 소문화와 대문화를 little culture(little C)와 big culture(big C)로 구분하여, 소문화를 인간 생활의 모든 것(everything in human life)과 대문화를 인간 생활 중의 최상의 것(best in human life)으로 나누어 제시하기도 하였다.

한편, K. Chastain(1976)은 문화를 소문화(small culture)와 대문화(large culture)로 나누어 소문화는 생활 양식 위주의 문화 즉 몸짓, 인사, 먹는 행위, 결혼 등 인간의 일상 생활양식을 말하고, 대문화는 독특한 개인의 작품이나 사회에 대한 기여를 의미하는 것으로 과거 중심의 결과물인 경제, 사회, 역사, 정치, 문학, 예술 등을 제시하였다. 그는 소문화가 외국어학습을 위한 문화 내용이 되어야 한다고 보았으며, 대문화는 상급 시간에 다루어 국제적 안목을 가지도록 하는 것이 좋겠다고 하였다. 그리고 K. Chastain(1976)은 일반적인 학생 활동, 돈, 직업, 친구, 행복, 교육, 약물, 종교, 법, 광고, 언론, 규율, 의류, 몸짓과 표정, 일반적 대화 등 44가지 문화 요소 목록을 제시한 바 있다. 또한 B. Tomalin & S. Stempleski(1993)은 문화를 산물(문학, 민속, 미술, 음악, 가공품), 관념(신념, 가치관, 제도), 행위(관습, 습관, 옷, 음식, 여가)로 분류한 바 있다.

국내의 연구자들 가운데, 민현식(2002)은 국어문화요소를 추출하여 국어문화론의 정립이 시급함을 주장하면서 국어문화론의 내용을 다음과 같이 제안하였다.

국어위상론, 국어계통론, 국어철학론, 국어심리론, 국어문학론, 방언문화론, 어휘문화론, 이름(성명)문화론, 화법문화론, 문자문화론, 문체문화론, 국제한국어문화론 등 12개 영역

이 분류는 한국인의 전 생활 영역을 대상으로 하여 문화 연구 영역을 포괄적으로 설정하고 있으며, 국어문화론의 학문적 기반을 마련하기 위해 시도하고 있다는 점에서 의의가 있다.

한편 이석주(2002)는 언어적 측면과 관련된 한국어 문화의 내용별 목록을 다음과 같이 제안하였다. 이는 문화 전반보다는 언어에 국한된 문화관련 목록이라 할 수 있다.

(1) 언어예절 : 겸손하게 말하기, 부탁하기와 거절하기, 칭찬에 답하기, 모임에서 말하기, 신상에 관한 질문하기, 대화하는 태도, 아래윗사람 사이의 대화, 말의 속도, 말참견/말 끊기, 비속어 사용, 금기적 표현
(2) 언어 내용 : 대우법, 호칭어와 지칭어, 색채어, 존재와 소유, 나와 우리, 복수 표현, 중복 형태 사용, 형용어 발달, 의미 범위의 차이

또한 박영순(2006 : 36~38)은 한국문화를 다음과 같이 분류하였다.

• 정신 문화 : 가치관, 민족성, 세계관, 정서, 상징체계, 사상, 종교 및 종교관
• 언어 문화 : 언어학적 요소(문자, 형태, 통사, 의미, 경어법, 속담 및 은유, 한국어의 독특한 표현들), 문학적 요소(시, 소설, 수필, 희곡, 시나리오)
• 예술 문화 : 대중 문화(대중 음악, 대중 무용, 대중 미술, 대중 영화·연극), 고급 문화(고급 음악, 고급 무용, 고급 미술, 고급 영화·연극)
• 생활 문화 : 의생활, 식생활, 주생활, 여가생활
• 제도 문화 : 법, 정치, 사회, 교육, 언론
• 학문 : 인문과학, 사회과학, 자연과학, 응용과학
• 산업기술 : 농업·임업·수산업, 토목·건축 기술, 전자·전기 기술, 기계·조선·항공 기술, 섬유·제지·출판 기술, 정보·통신 매체 기술, 화공·생명·환경 산업, 서비스업
• 역사 : 고조선, 삼국시대, 통일신라시대, 고려시대, 조선시대, 일제강점기시대, 광복 후 시대, 1980년대 이후 시대
• 문화재 : 전통문화재(무형문화재, 유형문화재), 현대문화재(무형문화재, 유현문화재)

조항록(2004 : 211)은 한국문화를 다음과 같이 분류하였다.

- 의식주 문화 : 한국인의 의식주 생활과 관련한 기본 내용, 특징적 양상.
- 역사 문화 : 한국인이 역사적으로 진행하며 쌓아온 산물들. 즉, 문화재, 역사적 기념물, 역사적 인물과 그 밖의 역사적 문물.
- 민속 문화 : 세시 풍속 등 농경생활 속에서 나타난 민속. 서민들이 보여온 생활 양식. 양반들이 보여 온 생활 양식. 성별로 나타난 양상, 시대별로 변천해 온 양상 등.
- 사상 문화 : 홍익인간, 주자학적 인간관, 불교사상, 유교사상, 실학사상, 동학사상 등 한국인의 사상적 원류와 주요 특징.
- 관념과 가치관 : 우리의식, 가족주의, 효, 정, 한, 체면 등 한국인의 관념과 가치관을 나타내는 주요 개념.
- 일상 생활 문화 : 현대 한국인의 일상생활에서 나타나는 주요 특징적 양상. 일상적인 행위의 이면에 있는 관점 등은 포함하지 않고 다른 영역에 포함되는 것으로 간주.
- 제도 문화 : 정치제도, 경제제도, 사회제도, 법률 등 사회의 각 부분에서 나타나는 체계화된 질서와 제도.
- 예술 문화 : 음악, 미술, 조각, 건축 등 한국인이 성취해 온 예술적 소산품.
- 문학 : 한국인의 문화적 정향 및 양상을 담고 있는 문학 작품.
- 기타 : 위에 속하지 않는 그 밖의 문화 요소들 중 기본적인 것

이어 조항록(2005 : 206)은 외국어교육에서 다룰 문화를 다음과 같이 크게 세 분야로 분류한 바 있다.

- 언어 문화 : 언어에 의하여 형성된 문화, 언어 속에 투영된 문화적 양상으로 나눌 수 있다. 협의의 언어문화는 형태, 음운, 통사 등과 같은 언어 내적 요소로부터 장르별 문학 작품 등과 같은 언어적 산물 등을 지칭할 수 있으나, 광의의 언어문화는 언어사회학, 사회언어학 등에서 논의하는 '언어와 사회의 관계' 속에서 형성된 문화까지를 포함한다.
- 일상 생활 문화 : 흔히 little C라고 불리는 것으로 사회 구성원의 행위의 모든 것(언어적, 비언어적 행위), 신념, 가치관, 태도 등을 의미한다. 구성원의 일상생활이 어떠한지, 어떻게 생각하는지, 어떻게 행동하는지 등이 주요 대상이다.

- 성취 문화 : 흔히 big C라고 불리는 것으로 사회 구성원이 역사적으로 삶을 영위해 오면서 성취한 문물을 의미한다. 문학, 예술, 무용, 전통 음악, 제도, 건축물 등이 대표적인 예가 된다.

이상에서 한국문화의 내용을 다양하게 나눌 수 있음을 알 수 있는데, 임경순(2008 : 642)에 따르면 결국 외국어교육에서 다룰 문화는 크게 언어문화, 생활문화, 관념문화, 성취문화로 나눌 수 있고, 이는 각각 하위 문화로 세분할 수 있다.

- 언어문화 : 수필, 소설, 시, 설화, 동화, 희곡, 시나리오, 속담, 스토리텔링, 비평, 논증, 일상의 언어, 매체언어 등 구어, 문어, 다매체 언어로서의 문학과 비문학의 언어
- 생활문화 : 의식주 생활, 여가 생활, 세시 풍속, 의례, 지리 등
- 관념문화 : 가치관, 정서, 종교, 사상, 제도 등
- 성취문화 : 미술, 음악, 영화, 연극, 유물과 유적 등

3. 수준별 한국문화교육의 내용

범주별 문화 분류는 대체로 문화 일반론에 입각한 것이라면, 수준별 문화분류는 문화교육 관점에서 이루어진 것이라 할 수 있다. 교육을 하기 위해서는 수준을 고려하기 마련이고, 이에 따라 적절한 내용이 제시되어야 하기 때문이다.

1) 초급 단계

초급 단계에서는 대부분의 학습자들이 한국문화를 처음 대하기 때문에 문화적으로 적응하는 데에 어려움이 클 것이고 또한 문화적인 충격도 클 것이

다. 또한 이 단계에서는 한국 문화에 대하여 어느 정도 이해는 하지만 아직 충분히 익히지 못한 상태이다. 따라서 이 단계에서는 초보적인 수준의 문화를 이해하고 적응하는 능력을 길러줌으로써, 문화적인 충격을 완화시키고, 나아가 한국 문화에 대한 흥미를 갖도록 하는 데에 주안점을 두어야 할 것이다.

초급 수준에서 요구되는 한국문화 능력의 수준을 알아보기 위해서 우선, 한국교육과정평가원 주관 한국어를 모국어로 하지 않는 외국인 및 재외동포를 대상으로 하는 한국어능력시험(KPT, Korean Proficiency Test, 2005년에 TOPIK으로 바뀜)에서 제시하고 있는 평가 기준을 살펴볼 필요가 있다. 거기에 제시된 초급 단계 '사회 문화적 요구'는 다음과 같다.

한국어능력시험 사회 문화적 요구(초급)

급	사회 문화적 요구
1급	이질적 문화에 대한 적극적인 접촉 의지와 주변 한국인들의 최소한의 도움 아래 개인 영역에서 기본적인 사회 생활에 대한 적응력을 길러야 한다. 공공 영역에서의 활동은 남의 도움을 필요로 한다.
2급	한국 사회에 대한 기본 이해를 바탕으로 개인 생활을 별 무리 없이 유지할 수 있어야 한다. 공공 영역에서는 아직 약간의 도움이 필요하다. 한국 사람과 사회에 대한 이해는 있지만 아직 충분히 익히지는 못한 상태이다.

또한 한국어능력시험(TOPIK, Test of Proficiency in Korean)에서 제시하고 있는 초급(1-2급) 총괄 평가 기준은 다음과 같다.[13]

한국어능력시험 총괄 평가 기준(초급)

급	총괄 기준
1급	• '자기 소개하기, 물건 사기, 음식 주문하기' 등 생존에 필요한 기초적인 언어 기능을 수행할 수 있으며 '자기 자신, 가족, 취미, 날씨' 등 매우 사적이고 친숙한 화제에 관련된 내용을 이해하고 표현할 수 있다. • 약 800개의 기초 어휘와 기본 문법에 대한 이해를 바탕으로 간단한 문장을 생성할 수 있다. • 간단한 생활문과 실용문을 이해하고, 구성할 수 있다.
2급	• '전화하기, 부탁하기' 등의 일상생활에 필요한 기능과 '우체국, 은행' 등의 공공시설 이용에 필요한 기능을 수행할 수 있다. • 약 1,500~2,000개의 어휘를 이용하여 사적이고 친숙한 화제에 관해 문단 단위로 이해하고, 사용할 수 있다. • 공식적 상황과 비공식적 상황에서의 언어를 구분해 사용할 수 있다.

13) http://www.topik.go.kr

　　이상에서 보면, 초급 단계의 교육은 한국 사회 문화에 대한 기본적인 이해를 바탕으로 기초적인 사회 생활 적응력을 길러주는 데에 주안점이 있으며, 평가는 그것에 중점을 두어 이루어지고 있음을 알 수 있다.

　　수준별 문화 내용을 구체적으로 살펴보면 다음과 같다. 조항록(2000 : 165~167)은 관광부 세계화추진 위원회가 제시한 초급 학습 목표와 내용, 한국교육과정평가원 주관의 초급 한국어능력시험의 평가 기준이 요구하는 사회 문화적 요구와 기본 학습 목표 등을 분석한 후 다음과 같은 초급 단계 문화 관련 학습 목표와 교수 요목을 제시한 바 있다.

　　■ 학습 목표 : 초급 과정 학습자에게 요구되는 문화적 능력
　　　• 한글에 대한 기본적인 이해
　　　• 한국어의 올바른 사용(경어법 등)
　　　• 한국의 자연 환경에 대한 기본적인 이해
　　　• 한국에서의 의식주 생활 영위
　　　• 기본적인 경제 활동
　　　• 모국과의 통신 및 교류
　　　• 공공 시설의 제한적 이용
　　　• 여행 및 여가 생활
　　　• 한국인과의 교제
　　　• 가정/학교/직장과 같은 특정 영역에의 기초적인 적응

　　■ 교수요목 : 초급 과정 학습자들이 학습하여야 할 문화 항목
　　　(1) 한국의 문자, 어휘
　　　　　－한글의 창제자와 창제 시기
　　　　　－한국어의 문자 체계와 형태론적 특징
　　　　　－가족, 친척 호칭의 발달
　　　　　－고유어와 한자어의 발달
　　　(2) 언어 생활 규범
　　　　　－한국어의 겸양법

　　　　－경어법에 나타난 한국인의 대인 관계 규범

　　　　－호칭의 적절한 사용

　　　　－격식체와 비격식체의 적절한 사용

　(3) 한국인의 의식주

　　　　－한국 음식의 종류, 맛

　　　　－한국 음식을 먹는 방법

　　　　－한국인의 주거 형태(아파트, 단독 주택, 연립 주택 등)

　　　　－한국 가정의 구조

　　　　－식당에서의 음식 주문 방법 및 음식 배달 방법

　　　　－청소년의 음식 문화(햄버거, 피자 등의 선호)

　　　　－한복

　(4) 현대 한국인의 생활 속에 남아 있는 전통 문화적 요소

　　　　－한국인의 통과 의례 중 돌과 결혼

　(5) 한국의 공공 시설과 제도

　　　　－교육 제도(공교육 기관의 종류와 학제)

　　　　－관공서 업무 시간

　　　　－도서관, 체육관 이용 방법

　　　　－은행 이용 방법

　　　　－약국과 병원 이용하기

　　　　－주소와 우편번호 표기 방법

　　　　－전화번호 표기 방법

　(6) 한국의 계절과 날씨

　　　　－4계절 구분

　　　　－계절 별 날씨

　　　　－현대 한국인의 계절 즐기기

　(7) 한국인의 사고 방식

　　　　－상대방에 대한 관심의 표현과 '우리' 의식

　　　　－음식 값 지불과 한국인의 의식

　(8) 한국인의 취미 생활과 여가 생활

　　　　－한국인의 취미 활동

　　　　－한국인의 주말 활동

　　　　－여가 생활의 변천

　　(9) 한국인의 경제 활동

　　　　－한국의 재래시장과 백화점

　　　　－물건 값 깎기

　　　　－신문의 대형 광고, 광고 전단지 읽기

　　(10) 한국인의 학교 생활, 직장 생활

　　　　－학교 내 시설 이용하기

　　　　－출퇴근 시간

　　　　－월급제(최근 늘어나는 연봉제와 함께)

　　　　－직장인의 취미 활동(동호인)과 회식

　　(11) 한국 사회의 예절

　　　　－물건 주고 받기

　　　　－웃어른에 대한 예절

　　　　－식사 예절

　　　　－초대와 방문 예절

　　(12) 한국의 교통

　　　　－대중 교통 수단의 종류와 이용하기

　　　　－서울의 교통 체증

　　(13) 숙박 시설물 소개와 이용 방법

　　　　－하숙, 여관 소개

　　　　－호텔 이용하기

　　(14) 한국의 자연, 지리, 관광지

　　　　－한국의 지리적 특징(위치, 크기, 인구 등)

　　　　－유명한 관광지 소개(민속촌, 설악산, 경주, 제주도 등)

　이상과 같은 내용들은 앞에서 언급된 "한국어에 대한 기초적인 이해와 사용 능력을 바탕으로 한국 사회에서 기본적인 생활이 가능"(조항록, 2000 : 164~165)할 수 있을 정도의 능력을 기준으로 제시된 것들이다.

　한편 이석주(2002 : 40~42)는 언어적 측면과 관련된 한국어 문화 교육의 초급 단계 내용 목록을 다음과 같이 제시하였다.

(1) 언어예절

　　• 초급 과정 : 부탁하기와 거절하기(1)

(2) 언어 내용

　　• 초급 과정 : 대우법(1), 호칭어와 지칭어(1), 색채어(1), 존재와 소유(1), 나와 우리, 복수 표현(1), 형용어 발달(1), 단어 의미 범주의 차이(1)

한상미(2005 : 407~411)는 Brooks(1986), 조항록・강승혜(2001), 김인회 외(2002) 등이 선정한 문화교육을 위한 주제들과 교재에 사용된 문화교육 주제들을 참고하여 다음과 같은 초급 단계 주제 항목들을 제시하였다.

공적인 혹은 사적인 인사, 공손성의 표현 양식, 화계, 호칭, 화폐 및 숫자의 사용법, 휴일, 전화, 컴퓨터, 약국과 병원, 약속과 예약, 초대와 방문, 데이트, 교통, 물건 사기, 음식, 주생활, 개인적 이동 수단, 스포츠, 대중매체, 취미, 편지와 메일, 가족 식사, 외식, 술, 간식, 운동, 가족 관계, 모임

한재영 외(2005 : 517~518)에서 제시한 한국문화 초급 단계의 내용 목록을 보면 다음과 같다.

한글의 제자 원리, 한국의 인사법, 한국식 이름 쓰기, 신체 언어의 공통점과 차이점, 가족 관계, 호칭, 언어 예절, 한국의 음식과 식사예절, 식당에서의 예절, 한국의 명절, 공휴일, 전화예절, 초대하기, 수도 서울의 교통 체제, 계절, 화폐 단위, 한국의 지리

강승혜 외(2010 : 221)에서는 초급 단계 한국문화교육 내용(교수요목)을 다음과 같이 제시하고 있다.

초급 한국 문화 교수요목

행위문화	물질문화	식생활	• 한국의 일상 음식 • 식사 예절 • 음식 주문/음식 값 내기
		의생활	• 한복
		주생활	• 전통 가옥(기와집, 초가집)
		여가생활	• 한국인의 취미 생활 • 한국의 관광지(민속촌, 설악산, 경주, 제주도 등) • 하숙, 여관 소개/호텔 이용하기
	제도문화	가족	• 가족 및 친족 관계(호칭)
		경제	• 전통적 재래시장과 백화점 • 물건 값 흥정 • 간단한 광고 읽기
		스포츠	• 태권도
관념문화		윤리	• 기본 예절(인사, 식사, 예절 등)
		상징	• 한국적인 상징(한글, 태극기, 애국가, 무궁화 등) • 한국의 국경일
		예술	• 전통 음악(민요, 사물놀이 등)
		기타	• 사계절의 구분/계절별 날씨 • 한국의 지리적 특징(위치, 크기, 인구 등)

이상에서 제시된 것들을 바탕으로 초급 단계 문화 교육의 내용(교수요목)을 제시하면 다음과 같다.

초급 한국문화교육 내용(교수요목)

언어문화	한국어와 기능	문자, 초급용어휘, 초급용문법, 언어기능(인사, 전화, 약속과 예약, 편지와 메일 등 초급용 문학적, 비문학적 텍스트를 활용한 듣기·말하기, 읽기, 쓰기) *수정한 초급용 설화·동화·시·소설·대본 등 활용
	언어예절	부탁과 거절 등
생활문화	지리	지리적 특징, 계절/자연환경, 교통 등
	의식주	한복, 일상 음식, 외식, 음식 주문/계산하기, 술, 주거(아파트, 단독, 연립, 자취, 하숙) 등
	여가	취미, 관광지, 여관 및 호텔 이용 등
	세시풍속	명절 등
	의례	돌, 결혼 등
	공동체	가족 및 친족 관계, 모임 등
	일상생활	물건 구입, 약국 및 병원, 관공서, 은행, 도서관 이용, 휴일(국경일) 등

관념문화	가치관·사상·윤리	우리 의식, 기본 예절(인사, 식사) 등
	상징	한글, 태극기, 애국가, 무궁화 등
	경제	화폐, 시장(슈퍼, 백화점, 재래시장) 등 한국경제 개요
	사회	한국 사회의 개요
	역사	한국 역사의 개요
	교육	한국 교육 제도 개요
	과학기술	한국의 과학 기술 개요
	체육	태권도
성취문화	음악	대중 음악(한류 음악 등)
	영화	대중 영화

결국 초급 단계에서는 일상생활에 필요한 언어문화와 생활문화에 대한 기초적인 능력을 길러주는 데에 중점이 놓이며, 관념문화에 대한 개요와 한류 중심의 대중 음악과 영화와 같은 흥미롭고 현대적인 성취문화의 일부를 다룬다.

2) 중급 단계

한국어능력시험의 평가 기준 가운데 중급(3~4급) '사회 문화적 요구'는 다음과 같다.

한국어능력시험 사회 문화적 요구(중급)

급	사회 문화적 요구
3급	한국 사회에서의 단순한 일상생활에서는 언어적으로는 큰 불편이 별로 없다. 모르는 사항은 스스로 물어 가면서 해결할 수 있다. 아직 한국 문화에 대한 깊은 이해나 문학 감상 혹은 학술, 교육 활동에는 한계가 있다. 갓 온 자국인에게 각종 조언과 안내가 가능하다.
4급	혼자 한국 사회에서 생존하거나 자신의 이해 관계를 처리할 수 있다. 직장에서 한국인들과 공동 근무는 가능하나 전문적인 영역에서는 아직 적잖은 도움이 필요하다. 외국인에 대한 배려가 있다면 토론이나 집회에 참여가 가능하다.

또한 한국어능력시험(TOPIK)에서 제시하고 있는 중급(3-4급) 총괄 평가 기준은 다음과 같다.[14]

한국어능력시험 총괄 평가 기준(중급)

급	총괄 기준
3급	• 일상생활을 영위하는 데 별 어려움을 느끼지 않으며, 다양한 공공시설의 이용과 사회적 관계 유지에 필요한 기초적 언어 기능을 수행할 수 있다. • 친숙하고 구체적인 소재는 물론, 자신에게 친숙한 사회적 소재를 문단 단위로 표현하거나 이해할 수 있다. • 문어와 구어의 기본적인 특성을 구분해서 이해하고 사용할 수 있다.
4급	• 공공시설 이용과 사회적 관계 유지에 필요한 언어 기능을 수행할 수 있으며, 일반적인 업무수행에 필요한 기능을 어느 정도 수행할 수 있다. • 또한 '뉴스, 신문 기사' 중 평이한 내용을 이해할 수 있다. 일반적인 사회적·추상적 소재를 비교적 정확하고 유창하게 이해하고, 사용할 수 있다. • 자주 사용되는 관용적 표현과 대표적인 한국 문화에 대한 이해를 바탕으로 사회·문화적인 내용을 이해하고, 사용할 수 있다.

이상을 통해 볼 때, 중급 단계 교육에서는 일상 생활을 영위하는 데는 큰 불편함이 없으며, 한국 문화에 대한 깊이 있는 이해는 부족하나 상당 수준의 이해 능력을 기르는 데 목표가 있으며, 평가는 대표적인 한국 문화에 대한 이해 정도를 알아보는 데에 있음을 알 수 있다.

중급 단계의 내용 목록을 보면, 이석주(2002 : 40~41)는 언어적 측면과 관련된 한국어 문화 교육의 중급 단계 내용 목록을 제시하였다.

(1) 언어예절
  • 중급 과정 : 겸손하게 말하기, 부탁하기와 거절하기(2), 칭찬에 답하기, 신상에 관한 질문하기, 대화하는 태도, 말의 속도, 말참견/말 끊기, 금기적 표현(1)
(2) 언어 내용
  • 중급 과정 : 대우법(2), 호칭어와 지칭어(2), 색채어(2), 존재와 소유(2), 복수 표현(2), 중복 형태 사용(1), 형용어 발달(2), 단어 의미 범주의 차이(2)

한상미(2005 : 409~410)는 다음과 같이 중급 단계 내용 항목들을 제시하였다.

14) http://www.topik.go.kr

민간요법, 민속, 축제나 잔치, 놀이나 게임, 전통 놀이, 인쇄물, 문학, 규율, 음악, 부탁, 요청과 거절, 칭찬, 애완동물, 동료 관계, 청결, 화장품, 담배와 흡연, 가전제품, 영화·연극, 전시회·공연, 도시와 시골 생활, 휴가 보내기, 숙박 시설, 저축과 경제생활, 공중도덕

한재영 외(2005 : 518)에서 제시한 한국문화 중급 단계의 내용을 보면 다음과 같다.

문화 오해에서 비롯된 갈등
예의 범절
속담, 관용어
한국의 대표적인 문학작품 소개
한국 도시들의 특징
한국의 대표적 유적지 소개
한국의 대표적 영화
만화
신문, 잡지, 광고
한국의 명절 풍습
여가생활, 오락문화
세대별 갈등
생일문화

강승혜 외(2010 : 223)에서는 중급 단계 한국문화 교수요목을 다음과 같이 제시하고 있다.

중급 한국문화 교수요목

행위문화	물질문화	식생활	• 향토 음식 • 현대 음식 • 음식 풍속
		의생활	• 의복 예절 • 현대 의복
		주생활	• 주택 구조와 배치 • 한국인의 주거 형태(아파트, 단독 주택 등)
	제도문화	가족	• 전통 가족 제도(대가족제) • 관혼상제 및 관련 풍습의 일부
		정치	• 한국의 정부 형태
		경제	• 전통 경제 생활(두레, 품앗이, 5일장 등) • 전통 경제 체제(자급자족, 교환 경제) • 한국의 경제 발전 과정
		교육	• 공교육의 형태와 학제 • 한국인의 교육관
관념문화		윤리	• 효와 공경 사상 • 한국인의 가치관
		종교	• 현대 한국의 종교 • 전통 민간 신앙
		민속	• 세시 풍속(설, 정월대보름, 단오, 추석 등)
		예술	• 한국의 대중 문화 • 전통 공예(도자기, 탈, 한지) • 전통 음악(판소리) • 민속춤(탈춤, 강강술래 등)

이상에서 제시된 것들을 바탕으로 중급 단계 문화 교육의 내용(교수요목)을 제시하면 다음과 같다.

중급 한국문화교육 내용(교수요목)

언어문화	한국어와 기능	• 중급어휘, 중급용문법, 언어기능(중급용 문학적, 비문학적 텍스트를 활용한 듣기 · 말하기, 읽기, 쓰기)
	언어예절	• 겸손, 부탁과 거절(2), 칭찬, 대화, 금기 등
	한국문학	• 한국문학의 개요(현대), 중급용 주요 작가와 작품
생활문화	지리	• 한국 지리 문화의 특징, 변천, 현황
	의식주	• 한국 의식주 문화의 특징, 변천, 현황 • 온돌 등
	여가	• 한국 여가와 관광 문화의 특징, 변천, 현황 • 휴가, 축제, 잔치, 놀이, 애완동물 등

생활문화	세시풍속	• 한국 세시 풍속의 특징, 변천, 유형 • 명절, 민속 등
	의례	• 한국 의례 문화의 특징, 변천, 유형 • 전통 혼례 등
	공동체	• 한국 공동체 문화의 특징, 변천, 현황 • 두레, 품앗이 등
	일상생활	• 학교생활, 직장생활, 도시와 시골 생활 등
관념문화	가치관·사상·윤리	• 한국인의 가치관, 사상, 윤리 문화의 특징, 유형 • 한국인의 가치관, 세대간 갈등 등
	정서	• 한국인의 정서 특징, 유형 • 한 등
	종교	• 한국 종교의 특징, 변천, 현황 • 무교, 유교, 불교, 기독교, 민족종교 등
	정치	• 한국 정치의 특징, 변천, 현황
	경제	• 한국 경제의 특징, 변천, 현황
	사회	• 한국 사회의 특징, 변천, 현황
	역사	• 한국 역사의 특징, 변천
	교육	• 한국 교육의 특징, 변천, 현황
	과학기술	• 한국 과학기술의 특징, 변천, 현황
성취문화	음악	• 한국 음악, 미술, 영화, 연극·드라마, 문화유산, 만화, 공연, 대중매체 (신문, 잡지 등)의 특징, 변천, 현황
	미술	
	영화	
	연극·드라마	
	유물·유적	
	기타	

중급 단계에서는 초급 단계에 이어 중급 단계에 해당하는 어휘, 문법, 기능 등 언어문화 내용들과 함께 생활문화, 관념문화, 성취문화 등 전반에 걸쳐 특징, 변천, 현황 등을 다루고, 각각의 주요 문화 항목들을 집중적으로 다루도록 한다.

3) 고급 단계

한국어능력시험의 평가 기준 가운데 고급(5~6급)에 제시된 '사회 문화적 요구'는 다음과 같다.

한국어능력시험 사회 문화적 요구(고급)

급	사회 문화적 요구
5급	사실상 한국에서 기본적인 직장생활이 가능하다. 매우 복잡한 논쟁이 아니라면 대학 강의 수강도 가능하다.
6급	사실상 이 이상 학습과정을 통해 배울 필요는 없는 정도이다. 참고 서적이나 기타 정보를 이용하며 자율적 발전이 가능하다. 단, 아직 전문가가 아니라면 한국 고전, 방언 등에 대해서는 모르는 경우가 많을 수도 있다.

또한 한국어능력시험에서 제시하고 있는 고급(5-6급) 총괄 평가 기준은 다음과 같다.15)

한국어능력시험 총괄 평가 기준(고급)

급	총괄 기준
5급	• 전문 분야에서의 연구나 업무 수행에 필요한 언어 기능을 어느 정도 수행할 수 있다. • '정치, 경제, 사회, 문화' 전반에 걸쳐 친숙하지 않은 소재에 관해서도 이해하고, 사용할 수 있다. • 공식적, 비공식적 맥락과 구어적, 문어적 맥락에 따라 언어를 적절히 구분해 사용할 수 있다.
6급	• 전문 분야에서의 연구나 업무 수행에 필요한 언어 기능을 비교적 정확하고 유창하게 수행할 수 있다. • '정치, 경제, 사회, 문화' 전반에 걸쳐 친숙하지 않은 주제에 관해서도 이용하고 사용할 수 있다. • 원어민 화자의 수준에는 이르지 못하나 기능 수행이나 의미 표현에는 어려움을 겪지 않는다.

이상에서 볼 때 고급 단계의 교육은 직장 생활뿐 아니라 대학 강의 수강도 가능하며, 논쟁과 자율적인 학습이 가능한 수준을 목표로 하고 있으며, 평가는 이러한 능력과 아울러 문화 전반에 대한 이해와 활용 능력을 평가하는 데에 중점이 놓여 있음을 알 수 있다.

조항록(1998 : 230~231)은 국내 주요 교육 기관, 한국어능력시험(KPT), ACTFL 등의 고급 과정의 교육 목표 또는 내용을 검토한 후 문화교육의 목표를 제시한 바 있는데, 이는 고급 단계 문화교육 내용과 수준에 대한 개략적인 제안이라 할 수 있다.

1. 어휘적 측면 : 속담, 관용구, 고사성어, 의성 의태어와 같은 사회 문화적 배경

---

15) http://www.topik.go.kr

을 갖는 어휘군과 전문적인 의사 소통 행위에 필요한 고난도의 한자어

2. 자신의 의견을 논리적으로 전개하고 토론, 협상, 설득, 추상적 가설 제시 등
   이 가능한 수준의 담화 능력과 이에 필요한 문법 유형

3. 한국의 사회 문화에 대한 이해를 바탕으로 하여 광범위하고 일반적인 맥락에
   서의 자유로운 의사소통 활동

4. 역사, 지리, 사회, 예술, 철학, 종교, 정치 등 한국 사회의 세부적인 영역에
   관한 이해

5. 한국어를 매개로 하는 직장 생활이나 강의 청취 등과 같은 공식적이고 전문
   적인 언어 활동에 필요한 사회 문화적 능력

그에 따르면 고급 단계에서는 고난도의 어휘력과 높은 수준의 자유로운 의
사소통 능력 그리고 정치, 경제, 사회, 예술 등 문화 전반에 대한 세부적인 이
해 능력이 요청된다.

한편 이석주(2002 : 40~41)는 언어적 측면과 관련된 한국어 문화 교육의 고급
단계 내용 목록을 제시하였다.

(1) 언어예절
   • 고급 과정 : 부탁하기와 거절하기(3), 모임에서 말하기, 아래윗사람 사이의
     대화, 비속어 사용, 금기적 표현(2)
(2) 언어 내용
   • 고급 과정 : 대우법(3), 호칭어와 지칭어(3), 색채어(3), 중복 형태 사용
     (2), 형용어 발달(3), 단어 의미 범주의 차이(1)

한상미(2005 : 410~411)는 다음과 같이 고급 단계의 내용 항목들을 제시하였다.

취업, 직장생활, 업무, 미신, 타부, 과학, 예술과 문학, 역사, 정치, 경제, 사회,
학교 제도, 병역 제도, 공적인 대화 및 토론 방식, 발표, 고정관념, 문화충격, 환경,
위인 및 주요 인물, 농담이나 유머, 만화, 광고, 담화표지, 통신 용어, 동작학

한재영 외(2005 : 519)에서 제시한 한국문화 고급 단계의 내용을 보면 다음과 같다.

> 전통예술, 문화유산, 관혼상제, 풍자, 속담, 광고, 한국어의 변화, 방언의 차이, 한국의 음식 문화, 한국의 가정, 충효사상, 가치관의 변화, 한국의 종교, 한국 현대사, 한국의 역사와 위인, 한국의 대표적 희곡 작품, 한국의 대표적인 시, 단군신화와 그리스신화의 비교

강승혜 외(2010 : 223)에서는 고급 단계 한국문화 교수요목을 다음과 같이 제시하고 있다.

고급 한국문화 교수요목

행위문화	물질문화	식생활	• 한국과 학습자 국가의 식생활 대조
		의생활	• 한국과 학습자 국가의 의생활 대조
		주생활	• 한국과 학습자 국가의 주생활 대조
	제도문화	가족	• 전통 혼례 • 한국 및 학습자 국가의 가족 • 친족 문화
		정치	• 전통 사회의 정치 체제 • 한국 헌법의 기본 원리 • 한국의 민주화 과정 • 한국의 정치 문제
		경제	• 한국 경제 발전 과정의 문제점 • 한국의 경제 체제(혼합 경제 체제) • 세계화와 한국 경제의 발전
		교육	• 한국인의 교육열 • 조기 교육/ 조기 유학
		스포츠	• 국가적 스포츠 행사(88 서울올림픽, 2002 월드컵 등)
관념문화		윤리	• 전통 윤리 • 현대 한국 사회의 윤리 문제
		종교	• 전통 신앙
		예술	• 한국 문화의 세계화(한류 현상, 한국과 학습자 국가의 문화 교육) • 한국 전통 예술 • 전통 회화, 전통 공예 • 전통 회화(산수화, 민화, 사군자 등)
		기타	• 세계화와 다문화 현상 • 다문화 사회의 문화 갈등

이상에서 제시된 것들을 바탕으로 고급 단계 문화 교육의 내용(교수요목)을 제시하면 다음과 같다.

고급 한국문화교육 내용(교수요목)

언어문화	한국어와 기능	• 한국과 학습자 국가의 어휘, 문법, 언어기능 등 비교, 비평 • 고급용어휘, 고급용문법, 언어기능(고급용 문학적, 비문학적 텍스트를 활용한 듣기·말하기, 읽기, 쓰기)
	언어예절	• 한국과 학습자 국가의 언어예절 비교, 비평 • 부탁과 거절(3), 대화, 금기(2) 등
	한국문학	• 한국과 학습자 국가의 문학사 비교, 비평 • 고급용 주요 작가와 작품
생활문화	지리	• 한국과 학습자 국가의 지리, 의식주, 여가, 세시풍속, 의례, 공동체, 일상생활 문화 등 비교, 비평
	의식주	
	여가	
	세시풍속	
	의례	
	공동체	
	일상생활	
관념문화	가치관·사상·윤리	• 한국과 학습자 국가의 가치관, 사상, 윤리, 정서, 종교, 정치, 경제, 사회, 역사, 교육, 과학기술 등 비교, 비평
	정서	
	종교	
	정치	
	경제	
	사회	
	역사	
	교육	
	과학기술	
성취문화	음악	• 한국과 학습자 국가의 음악, 미술, 영화, 연극·드라마, 유물·유적, 대중매체 등 비교, 비평
	미술	
	영화	
	연극·드라마	
	유물·유적	
	기타	

고급 단계에서는 중급 단계의 한국문화의 특징, 변천, 현황을 바탕으로 고급 수준의 어휘와 문법, 기능뿐 아니라 문학 작품과 관련된 언어문화, 생활문화, 관념문화, 성취문화에서 한국과 학습자 국가의 문화와 비교하고, 그것을

자신의 시각에서 비평하는 데까지 나아가는 수준에 이르도록 하는 데에 교수 학습의 내용이 제시된 것이다.

그러나 문화교육을 위한 내용을 각 항목별로 난이도에 따라 등급화한다는 것은 다소 무리가 따르는 일이다. 뿐만 아니라 각 단계에 따라 항목들을 나누는 명확한 원리와 기준이 마련되지 않는 한 자의적인 선정에서 벗어나기 어렵다는 한계를 지닌다.

그럼에도 불구하고, 수준에 따라 한국문화교육을 위한 내용을 제공해야 하는 당면 과제로 볼 때, 이러한 시도는 의의있는 일이라 하겠다. 앞으로 보다 엄밀한 논의를 거쳐 문화교육을 위한 합리적인 교육 내용이 제시되어야 한다.

참고 문헌

강승혜(2003), 「한국문화 프로그램 개발을 위한 한국어 학습자 요구 분석」, 『한국어교육』 14-3, 국제한국어교육학회.

강승혜 외(2010), 『한국문화교육론』, 형설출판사.

교육부(1997), 『국어과 교육과정 해설서』.

김정은(2005), 「문화 교육의 연구사와 변천사」, 『한국어교육론』 2, 한국문화사.

김호권 외(1985), 『현대교육과정론』, 교육출판사.

민현식(2002), 「언어교육과정의 구성요소와 교수요목의 유형」, 21세기 한국어교육학의 현황과 과제, 한국문화사.

박영순(2006), 『한국어교육을 위한 한국문화론』, 한림출판사.

윤여탁(2002), 「한국어 문화 교수 학습론」, 『21세기 한국어교육학의 현황과 과제』, 한국문화사.

이경섭(1999), 『교육과정쟁점연구』, 교육과학사.

이석주(2002), 「한국어 문화의 내용별·단계별 목록 작성 시고」, 『이중언어학』 제21호, 이중언어학회.

이성호(2004), 『교육과정개발의 원리』, 학지사.

임경순(2006), 「문화중심 언어와 문화의 통합 교수·학습 방법 연구」, 『한중인문학』 19, 한중인문학회.

임경순(2005), 「한국어 문화 교육의 방안 연구」, 『한중인문학연구』 14, 한중인문학회.

임경순(2008), 「한국문화이해론 서설」, 『선청어문』 제36집, 서울대국어교육과.

임경순(2009), 『한국어문화교육을 위한 한국문화의 이해』, 한국외대출판부.

조항록(2000), 「초급단계에서의 한국어 교육과 문화 교육」, 『한국어교육』 제11권 1호, 국제한국어교육학회.

조항록(1998), 「한국어 고급 과정 학습자를 위한 한국 문화 교육 방안」, 『한국어교육』 9-2, 국제한국어교육학회.

조항록(2004), 「한국어 문화교육론의 내용 구성 시론」, 『한국언어문화학』 1권 1호, 국제한국언어문화학회.

최용재(1999), 「영어권 문화의 교육」, 『영어교수·학습방법론』, 한국문화사.

한상미(2005), 「문화교육 방법론」, 『한국어교육론2』, 한국문화사.

한재영 외(2005), 『한국어교수법』, 태학사.

Patrick R. Moran, 정동빈 외 역(2005), 『문화교육』, 경문사.

Seelye, H. N.(1993), *Teaching Culture : Strategies for intercultural communication*, Illinois : National Textbook co.

http://www.topik.go.kr

제3장 | 한국문화교육의 방법

　　한국문화교육은 크게 '무엇'을 '어떻게' 가르칠 것인가의 문제로 볼 수 있다. '무엇'은 가르칠 내용에 해당하고, '어떻게'는 방법에 해당한다. 앞 장에서 전자에 대하여 살펴 보았다. 이번 장에서는 후자에 대하여 알아보기로 한다.

　　무엇을 가르칠 것인가를 결정하는 일은 쉽지 않지만, 어떻게 가르칠 것인가 하는 문제도 쉽지만은 않다. 아무리 가르칠 내용이 명확하다 할지라도 그것을 어떻게 가르치느냐에 따라 학습 효과는 달라지기 때문이다. 또한 가르치는 일을 잘하기 위해서는 고려해야 하는 수많은 요인들이 있다. 그것들을 익히고 잘 실천하는 일이 가르치는 사람들의 임무이다.

　　이번 장에서는 한국문화교육의 방법에 대하여 살펴볼 것이다. 방법에 대해서는 다양한 의견이 개진되었지만, 대표적인 몇몇 학자들의 의견을 살펴보고, 이 책에서 주로 다룰 방법을 제시하고자 한다.

1. 한국문화 교수자의 수업 전문성과 효과적인 수업

1) 한국문화 교수자의 수업 전문성

한국문화를 가르치는 교수자의 수업 전문성이라는 말은 한국문화를 가르치는 직업도 하나의 직업으로서 성립한다는 사회적 통념을 반영한 것이다. 그러나 아직은 외국어로서의(외국인을 위한) 한국문화를 가르치는 전문가로서의 직업인이라는 통념은 희박한 편이다. 그것의 가장 커다란 이유는 외국어로서의(외국인을 위한) 한국문화교육학(한국어교육학)이 학문적으로 성숙하지 못한 것과 관련되어 있다.

수업 전문성은 교수자가 직업인으로서 갖추어야 할 자질이나 요건을 말하는 것이다. 물론 교수자가 갖추어야 할 다양한 자질이나 요건이 있지만, 그 가운데 특히 수업 전문성이 강조된 것이다.

수업 전문성을 바라보는 관점은 크게 두 측면이다. 첫째, 수업 전문성을 기술로 파악하는 관점이다. 즉 수업의 난점을 해결되어야 할 문제로 받아들인 다음 그 문제를 해결하는 데에 도움을 주는 전문 지식과 기술에는 어떤 것들이 있는가 하는 관점에서 수업전문성을 규정한다. 둘째, 수업 전문성을 수업 실제의 이해로 파악하는 관점이다. 즉 수업의 난점을 우리가 감수해야 할 수업의 실제로 받아들이고 그것에 함축되어 있는 교육의 이상 또는 인간됨이 무엇인가에 관한 이론적 이해의 깊이 정도로 수업 전문성을 규정한다.

수업 전문성에 대한 두 관점은 교과를 가르치는 교수자의 역할에 대한 견해 차이로 나타난다. 기술로서의 수업 전문성은 수업 기술에 초점이 놓여 있으며, 수업 기술은 목표 달성을 위한 수단의 기능을 하며, 교수자 또한 수업 목표 달성을 위한 수단의 위치에 있게 된다. 기술로서의 수업 전문성은 수업의 효과 혹은 결과에 관심을 둔다. 반면 이해로서의 수업 전문성은 교수자에 초점이 놓여 있으며, 교수자가 수업의 목적 즉 수업의 실제에 담겨 있는 의미에 대한 이해를 어느 정도 가지고 있는가에 관심이 있다. 이해로서의 수업 전문성은 수업의 효과를 나타낸 수업 혹은 수업에서의 교수자의 마음에 대한 관심을 나타낸다(이홍우 외, 2003 : 421~424). 따라서 수업 전문성은 수업을 이해하는 교수자의 능력과 함께 그것을 실천하는 교수자의 기술 능력에 달려 있다고 하겠다.

이로 볼 때 한국문화 교수자의 수업 전문성은 무엇보다 한국문화 수업을 이해하는 교수자의 능력에서 찾아야 할 것이며, 그와 함께 수업 이해 능력을 실천하는 한국문화 교수자의 기술 능력과 밀접하게 관련되어 있다고 하겠다.

2) 효과적인 수업

그렇다면 효과적인 수업이란 어떤 수업을 말하는가? Gary D. Borich·박승배 외 역(2002 : 9~29)에 따르면 교수자의 행동 중에서 그동안 약 열 가지 정도가 학생의 바람직한 수행결과와 직결된다는 것이 밝혀졌다. 그는 효과적인 수업에 직결되는 교수자의 행동을 핵심행동과 촉진행동으로 나누어 설명한다. 핵심행동은 효과적인 수업에 불수불가결한 교수자의 수업 행동을 말하고, 촉진행동은 효과적인 수업을 위해 핵심행동들과 통합해서 적용되는 교수자의 수업 행동을 말한다.

핵심행동에는 수업의 명료성, 수업방법의 다양성, 순수 수업활동에의 전념 정도, 학생의 적극적인 참여, 학생의 학습성공률 등이 해당하고, 촉진행동에는 학생의 견해와 기여를 활용, 체계화된 요약 및 정리, 질문활용, 심화 및 구체화 진술, 교수자가 수업에서 보여주는 태도 등이 해당한다.

여기에서는 Gary D. Borich·박승배 외 역(2002 : 9~19)가 제시한 핵심행동을 소개하고자 한다.

■ 수업의 명료성 : 교사가 수업에서 얼마나 명확하게 수업 내용을 설명하고 전달하는가

　▌효과적인 교사

　　－자신이 말하려는 요점을 쉽게 설명

　　－개념을 명확하게 설명해서 학생이 논리적인 순서로 이해 가능

　　－발음이 정확하고 목소리도 잘 들릴 정도로 크며 주의산만을 유발하는 언어 습관이 없음.

　▌효과적인 교사의 수업명료성 지표

　　－학생에게 학습목표를 제시(예, 시험에서 주로 어떤 내용이 해당되는지 또는 수업 후 어떤 과제를 내줄 것인지를 설명)

　　－학생에게 선행조직자를 제공(예, 관련된 선행수업이나 후속 수업 내용과 연결해서 개괄적으로 설명)

　　－수업 도입부분에서 선행학습 여부를 점검(예, 선행학습이 필요한 단편 지식이나 개념에 대해 점검하고 필요하면 다시 가르침)

　　－활동에 대한 지시나 안내는 천천히 그리고 명확하게 알려줌(예, 필요하면 반복하거나 작은 단계로 나누어서 설명)

　　－학생의 능력을 파악해서 학생의 현재 능력에 꼭 맞게 또는 그보다 약간 높은 수준으로 가르침(예, 학생의 주의집중 범위를 파악)

　　－이해를 돕기 위해 예시, 그림, 시범을 활용(예, 주요 내용에 대해 시각자료를 활용)

　　－수업 결말부분에서 수업내용의 개괄적인 정리, 요약 제시

■ 수업방법의 다양성 : 수업에서 보여주는 전달방법의 다양성과 융통성. 질문방법, 학습자료, 교수매체, 전시물, 수업공간 등을 효과적으로 활용

　▌효과적인 교사의 수업다양성 지표

　　－주의집중 방법 활용(예, 호기심을 자극하는 질문, 시각자료, 예시)

　　－골고루 눈 맞추기, 목소리 변화, 다양한 동작 등을 통해 열정적이고 활기찬 모습을 보여줌(예, 목소리 높낮이와 크기 변화, 새로운 학습활동으로 전환될 때 자리 이동)

　　－제시방법을 다양하게(예, 강의식, 질의응답식, 자습)

　　－보상과 강화를 적절히 배합하여 활용(예, 가산점, 칭찬)

　　　 −학생의 의견과 참여를 수업에 활용(예, 비지시적 수업 또는 확산적 질문)

　　　 −다양한 질문을 제기(예, 수렴적 질문, 확산적 질문)

■ 수업활동에의 전념 정도 : 교사가 수업시간 중에서 순수하게 교과내용을 가르치는 시간에 얼마나 많이 집중하고 몰두할 수 있는가의 여부

▌효과적인 교사의 수업활동 전념 지표

　　　 −교사용 지도서나 채택된 교과서의 주요 내용을 충실히 반영하는 수업계획서를 작성(예, 각 단원이나 수업의 학습목표는 교사용 지도서나 교과서에 준해서 수립)

　　　 −행정적, 사무적인 일로 인한 수업 방해를 수업 시간 이외의 시간에 처리하는 방법 등으로 효율적으로 처리(예, 방문객, 공지사항, 모금활동, 자료 및 교구 배포)

　　　 −학습에 방해를 주는 행동을 예방하거나 금지(예, 수업시간에 방해되는 행동을 예방하기 위해 교실 내부 규칙을 수립)

　　　 −학습목표를 성취하는 데 가장 잘 맞는 교수방법을 선택(예, 지식이나 이해와 관련된 목표는 지시적 수업방법을 사용하고, 탐구나 문제해결과 관련된 목표에는 비지시적 수업방법 활용)

　　　 −단원에 대한 학업성취를 위한 계획을 명확화(예, 주별, 월별 점검, 피드백, 시험)

■ 학생의 적극적인 참여 : 학생이 특정교과를 학습하는 데 얼마나 많은 시간을 몰두하는가의 정도

▌학생의 적극적인 참여를 나타내는 교사행동 지표

　　　 −특정 내용을 수업한 후에 즉각적으로 바람직한 행동을 유도(예, 바람직한 행동이 연습되도록 실습이나 연습문제를 제공)

　　　 −평가하지 않는 분위기 속에서 피드백을 제공(예, 모둠별로 또는 혼자서 조용히 질문에 응답하도록 요구)

　　　 −필요시 개별활동과 모둠활동을 활용

　　　 −수업에의 적극적인 참여를 독려하는 칭찬 기법을 사용

　　　 −개별활동 시 순회·관찰하면서 진도 점검

■ 학생의 학습 성공률 : 학생이 수업내용을 얼마나 잘 이해하고 연습을 성공적으로
완수했는가의 정도

▌학생의 학습성공률을 위한 교사행동 지표
   ─이전에 학습한 관련 내용과 연결시켜 수업 내용을 구성
   ─학생의 반응에 대한 즉각적인 피드백 제공(예, 학생의 초기 반응에 대해 옳
     은 답변이나 행동을 제시)
   ─수업을 작은 단위로 분할하여 제시(예, 학생의 능력에 맞게 수업을 단원화
     하여 제공)
   ─다음 단계의 내용으로 쉽게 넘어갈 수 있도록 계획(예, 각각의 새로운 수업
     내용이 이전 내용과 공통의 주제 차원에서 논리적으로 통합·연결되도록 구
     성)
   ─수업 내용의 제시 속도와 양을 다양화하고, 중요한 내용이나 핵심이 되는
     수업방법을 중심으로 내용을 구성

2. 한국문화 수업의 원리

수업(instruction)은 학습이 일어날 수 있도록 학습자의 내적 및 외적 조건을
체계적으로 조정하는 과정이다. 따라서 수업은 목적성, 의도성, 계획성을 가진
활동을 속성으로 한다(서울대학교교육연구소 편, 1994 : 400). 따라서 직접적이든 간접
적이든 학습자의 학습에 영향을 미치도록 의도된 모든 행위들은 수업에 포함
될 수 있다. 교수(teaching)가 교수자가 교육적 의도를 가지고 하는 일체의 활동
을, 학습(learning)이 연습이나 경험의 결과 일어나는 행동의 지속적인 변화를
말한다면, 1990년대를 전후하여 교수자와 학습자가 상호작용하는 역동적인
수업을 강조하여 교수·학습이라는 용어를 일반적으로 사용하고 있다. 최근에
는 교수·학습보다 수업이라는 용어 사용을, 교수·학습 모형이나 교수·학습
방법보다 수업 모형과 수업 방법이라는 용어 사용을 제안하고 있기도 하다.
문화교육에서는 언어 능력에 초점이 맞추어진 언어교육과는 달리 그것을

포함한 문화능력을 갖추도록 하는 데 목적이 있기 때문에 언어능력을 포괄하는 문화능력을 길러주기 위해서는 수업 목표, 내용, 모형과 방법, 자료, 교수자 등이 유기적으로 거기에 부합하도록 구성될 필요가 있다. 이들 각각에 대한 한국문화 수업의 방법적 원리를 제시하면 다음과 같다(임경순, 2006).

〈목표〉
−문화 능력 신장 확장의 원리 : 수업의 목표는 문화 능력을 확장시키고 심화시키는 방향으로 한다.

〈내용〉
−문화 비중 점증의 원리 : 수준이 높아지면서 한국어보다 한국어와 여타문화(문학, 생활문화, 관념문화, 성취문화)의 통합, 그리고 여타문화의 비중을 증가시키도록 한다.
−내용(주제) 특수화의 원리 : 내용(주제)은 보편적인 것에서 민족이나 국가의 문화적 특수성을 나타내는 것으로 내용(주제)을 선정한다.
−지식, 기능, 태도 통합의 원리 : 한국문화에 대한 지식, 기능, 태도가 적절하게 통합적으로 다루어지도록 한다.

〈모형과 방법〉
−수업 모형 다양성의 원리 : 수업 모형은 문화교육의 목표와 내용에 적합하게 다양한 모형이 적용되어야 한다.
−수업 방법의 다양성 원리 : 수업 목표, 내용, 모형, 기법 등을 고려하여 다양한 수업 실행 계획을 모색하도록 한다.
−수업과 생활의 유기성 원리 : 교실 수업과 생활, 현장 체험 학습 등이 유기적으로 연결될 수 있도록 한다.
−과제 수행 책임 이양의 원리 : 수업 과제 수행의 책임이 교수자로부터 학습자로 점차 이양되도록 한다.
−대화적 상호 작용의 원리 : 교수자와 학습자, 학습자와 학습자의 대화적 상호 작용을 중시한다.

〈자료〉

- 자료 난도 점증의 원리 : 한국어 및 문화 자료는 어휘나 문장이 단순한 것에서 점차 복잡하고 어려운 것을 한다.

〈교수자〉

- 한국어(목표어) 수업언어 점증의 원리 : 수업 언어는 학습자의 모국어 또는 한국어와 모국어의 혼용에서 한국어를 점차 증가시켜나간다.

3. 한국문화 수업 모형과 실제

1) 문화 수업 모형

언어 능력 신장을 목표로 하는 외국어교육에서는 그것을 효율적으로 수행하기 위한 수업 방법들이 모색되어 왔다. 익히 알려진 문법 번역식 교수법(GTM)에서부터 상황 중심 교수법(SLT), 청화식 교수법(AM), 의사 소통 중심 접근법(CLT), 협력 학습 접근법(CLL), 내용 중심 접근법(CBI), 과업 중심 접근법(TBLT) 등이 그것이다(임경순, 2005 : 10).[16]

그러나 문화 능력 신장을 목표로 하는 문화교육에서는 언어교육과 긴밀히 연결지으면서 문화 수업 모형을 개발해 왔다. 문화 수업 모형은 R. Hanvey (1979), D. S. Hoopes(1979), H. D. Brown(1994), Y. Y. Kim(1988), T. Gochenour & A. Janeway(1993), P. R. Moran(2001), 임경순(2006) 등 여러 연구자들이 제안하였다.[17]

---

16) 이밖에도 전신 반응 교수법, 침묵식 교수법, 상담 학습법 및 암시 학습법, 신경 언어 프로그래밍 접근 방법, 다중지능 접근 방법 등이 있다. 이는 언어 이론에 의존하기보다 특정 학습자와 학습 이론, 교육자 등의 이론에 따라 발달한 것들이다.

17) 여기 제시된 모형은 Patrick R. Moran(2001), *Teaching Culture : perspectives in Practice*, Heinle : Boston, 161-169쪽(Patrick R. Moran, 정동빈 외 역(2004), 『문화교육』, 경문사, pp.224-236)을 참조하였음.

① Robert Hanvey(1979) : 교차문화 인식 단계 모형

R. Hanvey가 제안한 문화수업모형은 학습자의 문화에 대한 이해와 인식 증가, 문화에 대한 주관적인 믿음의 증가로 나타난다. 그가 제안한 모형은 3년간의 필리핀 평화자원봉사단 활동 경험에 근거한 것이다. 이 모형은 종종 외국어교실에서 문화를 포괄하는 것으로 사용된다.

R. Hanvey(1979) : 교차문화 인식 단계 모형

교차문화 인식 수준 (Level of Cross-Cultural Awareness)	양식 (Mode)	해석 (Interpretation)
Ⅰ. 피상적이거나 아주 분명히 보이는 문화 특성 인식	관광 여행, 교재, 지리	믿을 수 없음, 외래의, 색다른
Ⅱ. 자국 문화와 목표 문화 사이의 중요하고 미묘한 차이점 인식	문화 갈등 상황	믿을 수 없음, 좌절, 불합리한
Ⅲ. 목표 문화에 대한 지적인 인식	지적 분석	믿을 만한, 인식력 있는
Ⅳ. 내부자의 입장에서 다른 문화를 느끼는 법을 인식	문화 몰입 ; 문화 속에서 살기	개인적 친밀함 때문에 믿을 만한

② David S. Hoopes(1979) : 문화 간 학습 과정 모형

D. S. Hoopes가 제안한 모형은 자민족 중심주의에서 출발하여 인식과 이해, 수용과 존중의 과정을 거쳐 여러 방향으로의 선택적 적응을 마지막 단계로 제시하고 있다. 선택적 적응은 문화 학습의 목표와 학습자의 상황과 관련된다. 여기에서 타문화에 대한 인식과 이해 그리고 태도의 변화를 통한 적응이 주안점이다.

D. S. Hoopes(1979) : 문화 간 학습 과정 모형

자민족 중심주의(Ethnocentrism)
↓
인식(Awareness)
↓
이해(Understanding)
↓
수용/존중(Acceptance/respect)
↓
감상/평가(Appreciation/valuing)
↓
선택적 적응(Selective Adoptions)

| 동화 | 이중문화주의 | 다중문화주의 | 적응 |
| Assimilation | Biculturalism | Multiculturalism | Adoption |

- **자민족 중심주의(Ethnocentrism)** : 타문화를 비하하거나 다른 방식으로 개인이나 문화에 대한 우월성을 비교적 노골적으로 표명
- **인식** : 타문화를 적이 아닌 다른 것으로 인식
- **이해** : 문화란 그들에 대한 어떤 사람의 반응이라기보다는 좀더 합리적인 용어로 이해되어야 하는 복잡한 과정이라고 인정
- **수용/존중** : 자신의 문화와 비교하거나 판단하지 않고 접하는 문화 차이에 대한 타당성을 인정하며 수용
- **감상/평가** : 문화의 장점과 단점에 대한 시각을 갖고 특정한 측면들을 감상하고 평가
- **동화** : 제2문화와 언어, 그리고 행동을 우선으로 여겨 자신의 제1문화를 거부
- **적응** : 몰입하거나 편입되지 않고 그 안에서 편안하게 느끼며 효과적으로 기능할 수 있는 행동 양식에 적응 ; 역할놀이
- **이중문화주의** : 두 가지 문화 인성 발달
- **다중문화주의** : 문화간 학습과정, 의사소통, 인간 관계 등, 문화간 어떠한 상황에서도 적응할 수 있는 개인의 능력 발달

③ H. D. Brown(1994) : 문화 변용 단계 모형

H. D. Brown(1994)이 제안한 모형은 타문화에 적응하는 과정으로서의 문화 변용 단계를 제시하고 있다. 문화에 대한 흥미에서 출발하여 문화 충격과 갈등을 겪고 이를 회복해감으로써 거의 혹은 완전한 극복 단계에 이른다. 그는 언어를 완전히 배우는 데 문화 적응이 하는 역할에 특별히 관심을 두었다. 두 문화가 사회적으로 거리가 클수록 언어 학습은 더욱 어려워진다.

H. D. Brown(1994) : 문화 변용 단계 모형

I . 흥미/행복감 (Excitement/ Euphoria)	II . 문화 충격 (Culture shock)	III . 문화 갈등에서 점차 회복 (radual recovery Culture stress)	IV . 거의 혹은 완전한 회복(Near or full recovery)
새로운 환경에 대하여 흥미를 느낀다.	자신의 이미지와 안정감 속으로 점점 더 문화적인 차이가 느껴진다.	몇몇 문제들은 해결되고, 몇몇 문제들은 지속된다. 아노미 : 실향감	동화 혹은 적응, 새로운 문화 수용과 자신감

④ Kim, Young Yun(1988) : 압박감-적응-성장의 역동적 모형

Kim(1988)은 학습자들이 지속적으로 문화적인 차이에 직면하면서 문화적 압박감을 받으면서 후퇴와 적응을 반복하면서 성장해 나가는 것을 토대로 모형을 제시한다. 학습자들은 나선형 모양으로 적응을 증가시키면서 개인의 성장을 확장시켜 나간다. 이 과정은 새로운 사고와 행동, 감정 등을 학습해 나가는 과정으로 학습자의 문화와 목표 문화 사이를 지속적으로 왕복한다. 이 과정에서 의사소통 능력과 목표 문화의 환경은 중요하게 작용한다.

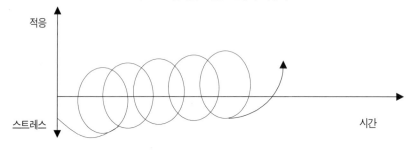

Kim, Y Y : 압박감-적응-성장의 역동적

⑤ Theodore Gochenour & Anne Janeway(1993) : 교차문화 상호작용 모형

T. Gochenour & A. Janeway(1993)는 자아 형성과정과 목표 문화 사람들과의 관계 발전을 강조한다. 목표 사회로부터 주어진 역할 내에서 자신의 역할을 수행하는 수동적인 상태를 가교(Ⅳ)로 하여, 앞 3단계(Ⅰ~Ⅲ)는 목표 문화에서 적응하기 위한 본질적인 요소들을 제시하였고, 뒤 3단계(Ⅴ~Ⅶ)는 목표 문화에서 능동적이고 의식적인 변화 선택 과정을 제시하고 있다. Ⅳ단계는 대부분의

학습자들이 중단할 수도 있는 시기이다. 각 단계에서 제시된 것들은 자신을 변화시키고 목표 문화 사람들과의 의미 있는 관계를 발전시키기 위한 과제나 전략을 제시하고 있기도 하다.

T. Gochenour & A. Janeway(1993) : 교차문화 상호작용 모형

본질적 생존 요소들			가교	의식적인 변화 선택		
I	II	III	IV	V	VI	VII
접촉과 필수적인 의사소통 형성	진정성(bona fides)과 수용성 형성	일어나는 일을 관찰하고 의미를 구분	목표 사회의 주어진 역할 내에서 역할 형성	중심인으로, 문화인으로, 책임감있는 사람으로서 자신에 대한 의식적인 지식을 발달	정신적, 감정적, 육체적인 기능과 필요한 특징들에 대한 의식적인 발달	목표 문화 속에서 의미 있는 관계와 자기 유지에 대한 의식 형성

⑥ Patrick R. Moran(2001) : 문화 수업 모형

앞에서 예시로 든 모형들은 주로 일반적인 문화 학습 과정에 따른 모형을 제시함으로써 교육의 핵심 구성 요소인 교수자와 학습자를 반영한 모형으로서는 한계가 있다.

이 같은 한계를 보완한 것이 P. R. Moran(2001)이 제안한 모형이다. P. R. Moran은 문화 내용, 학생들이 참여하는 활동, 기대 학습결과, 학습 환경, 교사와 학습자의 관계성 등을 포괄한 문화 경험의 측면에서 문화교육에 접근하여 문화교육의 과정을 모형으로 제시하였다. 이 모형에 의하면, 문화교육은 학습자를 중심으로 방법을 아는 것(참여), 대상을 아는 것(설명), 이유를 아는 것(해석), 자신을 아는 것(반응) 등으로 구성된다. 이것은 Kolb(1984)이 제안한 경험으로 배우는 학습 모형을 바탕으로 한 것이다. P. R. Moran이 Kolb이 말한 모든 학습은 경험에서 나온다는 주장을 받아들이는 것은 문화 학습은 경험에서 나온다는 것을 의미한다.

경험 학습 주기(P. R. Moran, 2001 : 19)

참여

방법 알기
Knowing How

설명

반응

자기 알기
Knowing Oneself

학습자

대상 알기
Knowing About

해석

이유 알기
Knowing Why

Kolb(1984)이 제안한 경험 학습의 단계는 ㉠구체적인 경험단계, ㉡반추적인 관찰 단계, ㉢추상적인 개념화 단계, ㉣능동적 실험 단계 등이다. P. R. Moran(2001 : 139)은 여기에 각각 대응하는 단계를 제시한다. 문화교육은 학습자를 중심으로 방법 알기(참여), 대상 알기(설명), 이유 알기(해석), 자기 알기(반응) 등으로 구성된다.

'방법 알기'에서는 태도, 행동, 기술, 말하는 것, 바라보는 것 등 모든 행위의 문화 실행을 포함한다. 학습자들은 이를 통해 목표문화 사람들의 생활에 직접 참여해야 한다. 이는 그 문화에 적합하도록 행동을 변화시킨다는 의미이다.

'대상 알기'에서는 문화적인 정보(사실, 자료, 또는 생산물에 대한 지식, 실천, 문화에 대한 관점 등)를 습득하는 모든 활동을 포함한다. 이는 문화의 본질과 다른 문화를 배우고 입문하는 과정, 또는 학생들 자신의 문화에 대한 정보에 대한 것뿐 아니라 특정한 문화와 언어에 대한 정보를 말한다.

'이유 알기'는 근본적인 문화 관점 즉 지각, 믿음, 가치, 그리고 문화의 모든 국면에 놓여 있는 태도 등에 대한 이해를 증진하는 것이다. 이는 관찰, 정보, 문화에 대한 경험에 대하여 학습자들이 구조적으로 탐구하는 과정이다. 이유를 아는 것은 학습자들이 직면하는 문화 현상을 증명하고, 분석하고 설명하는 기술을 필요로 한다. 그것은 필연적으로 학습자 자신의 문화와의 비교를 포함한다.

'자기 알기'에서는 개개의 학습자들이 문화적 경험의 중심 부분으로서 자기의 가치, 의견, 감정, 반응, 사고, 관념 그리고 자기의 문화적인 가치들을 아는 것이다. 즉 그것은 자기 인식(self-awareness)을 다룬다. 학습자들은 목표문화를 이해하고 적응하고 통합하기 위하여 그들 자신과 문화를 이해할 필요가 있다(P. R. Moran, 2001 : 15~17).

각 단계들에 대한 내용, 활동, 결과, 교수자 역할 등을 정리하면 다음과 같다(P. R. Moran, 2001 : 139).

경험학습 단계, 문화 지식, 교수자의 역할

	내용	언어 기능	활동	결과	교수자 역할
방법을 아는 것	문화적 실천	참여	기술(skills)을 발달시킴	문화적 행동	모델, 코치
대상을 아는 것	문화적 정보	설명	정보를 모음	문화적 지식	공급자, 자원, 중재자, 도출자
이유를 아는 것	문화적 시각	해석	의미 발견	문화적 이해	안내, 공동연구자
자기를 아는 것	자아	반응	반성	자기인식, 개인 능력	듣는자, 목격자, 공동학습자

그런데 P. R. Moran이 문화 학습 단계를 순환 과정으로 제시한 것에서 알 수 있듯이 그것은 고정된 단계를 의미하는 것이 아니다. 이 순환 과정은 시간이 진행되면서 목표 문화에 참여하는 과정 속에서 역동적으로 진행된다. 문화 학습 과정은 문화적인 차이와의 지속적인 만남의 과정이라 할 수 있겠는데, 그 과정에서 각 단계 즉 방법 알기(참여), 대상 알기(설명), 이유 알기(해석), 자기 알기(반응)의 순환과정이 진행되면서 발전해 나간다. 발전의 정도는 문화학습의 결과에 따라 결정된다. 이를 그림으로 나타내면 아래와 같다(P. R. Moran, 2001 : 124).

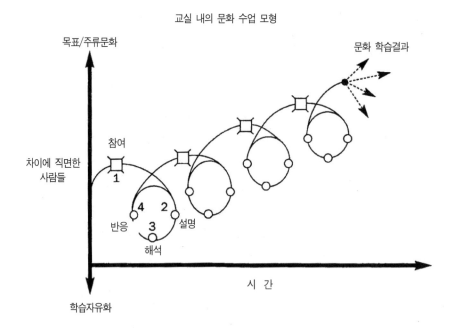

⑦ 임경순(2006) : 문화교육 수업 모형

이상의 논의를 참조해 볼 때, 문화 수업의 모형에는 몇 가지 요건이 반영될 필요가 있다.

첫째, 교육의 핵심 구성 요소인 교수자, 학습자, 내용, 교재(자료), 맥락 등을 반영해야 한다. 이를 도식화하면 다음과 같다(임경순, 2006 : 305).

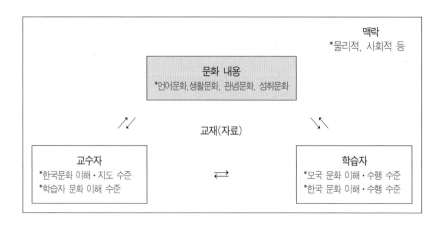

수업은 물리적, 사회적 맥락에 따라 교수자, 학습자, 내용, 교재 등이 상호 작용함으로써 매우 복합적인 양상을 띠게 된다. 자문화적 환경인지 다른 문화적 환경인지, 교실 내인지 교실 밖인지 등의 환경은 교수학습에 영향을 주는 요소들이다. 여기에 문화의 내용, 자료뿐 아니라 교수자들의 자문화와 타문화에 대한 이해와 지도 수준, 학습자들의 문화에 대한 이해 수준이 작용하고, 학습자들의 자문화와 타문화에 대한 이해와 수행 수준 등이 복합적으로 작용하게 된다. 이는 또한 교수·학습의 대상으로서의 문화뿐 아니라 교수·학습이 진행되는 과정 자체가 교수·학습 문화를 보여주며, 나아가 이 과정은 거시적인 문화교육을 형성한다는 점에서 복잡하게 얽혀 있다.

둘째, 수업의 과정이 이문화(異文化)와의 소통 능력을 신장시켜주는 과정이라는 특성을 지니는바, 이러한 특성이 문화능력의 신장이라는 거시적인 목표를 향한 교육의 과정에 반영될 필요가 있다.

이문화간 소통을 문제 삼는 것은 교육의 차원에서 외국어를 배우는 목적이 외국어 그 자체의 구조나 기능을 익히거나 문학의 실체를 탐구하는 것에 그치는 것이 아니라, 그 언어를 사용하는 사람들과 효과적인 의사소통 활동을 하고 문화를 이해·수행하는 데에 목적이 있다고 보는 흐름과 같이 한다.[18]

한국문화를 교육하는 데 있어 핵심 사항 중의 하나가 의사소통이며, 그것은 문화의 차이를 전제로 한다. 이는 문화 간 의사소통이란 관점에서의 접근을 필요로 한다. 문화 간 의사소통이란 바로 서로 다른 언어, 다른 문화적 코드, 다른 의사소통관을 갖고 있는 사람 간의 의사소통을 말하기 때문이다.

그런데 서로 다른 문화적 배경을 가진 사람들이 의사소통을 하는 과정은 매우 복잡하고 어려운 일이다. 서로 다른 문화에는 각기 다른 문화적 규범이 작용하는바 여기에는 언어적 차원, 개인적 차원, 사회적 차원, 정치적 차원,

---

[18] 물론 외국어로서 또는 한국학으로서 문학과 언어를 연구하는 것은 그 목적에 따라 매우 다양할 수 있다. 그런데 외국어교육으로서 언어문화적 실천을 중시할 때 의사소통과 소통의 내용 그리고 문화적인 내용은 핵심 내용과 과제로 부각된다.

경제적 차원, 역사적 차원 등이 복합적으로 연루되어 있다. 따라서 문화간 의사소통 차원에서 소통을 원활하게 할 수 있도록 수업의 과정에 반영되어야 한다.

이들 논의를 고려해 볼 때 지식, 경험, 태도 그리고 그것을 통해 자신을 아는 것에 이르는 과정을 중시하고, 문화간의 소통 능력을 강조하고 있음을 알 수 있다. 따라서 이들 논의와 앞에서 밝힌 수업의 원리를 참고하여 다음과 같은 문화 중심의 수업 모형을 제시할 수 있다(임경순, 2006 : 307~309 수정).

첫째, 언어와 문화 경험 단계

이 단계에서는 언어문화를 포함하여 생활문화, 관념문화, 성취문화 등에 대하여 다양한 내용과 형태, 자료, 활동 등을 경험하게 된다. 이때 경험이란 지적·정의적인 것과 직접적·간접적 경험, 활동 등을 모두 포함한다. 일반적으로 교실에서 이루어지는 언어문화 경험은 언어 자료의 형태로 주어지고, 교실 밖에서 이루어지는 언어문화 경험은 직접 경험 형식으로 주어지지만, 때에 따라 다양한 형식으로 주어진다. 교실에서 이루어지는 문화 경험은 언어문화를 중심으로 기초적인 생활문화, 관념문화, 성취문화 내용과 활동에 초점이 놓인다. 문화 내용과 관련된 다양한 언어적 텍스트가 주어지고, 어휘, 문법뿐 아니라 의사소통의 수행에 초점을 맞춘 총체적인 언어 활동이 이루어진다. 교실 밖에서의 문화 경험은 일상 생활 문화와 관념문화와 성취문화를 직접 체험하는 활동이 이루어진다.

둘째, 문제 발견과 해결 모색 단계

이 단계에서는 앞의 언어와 문화 경험 단계의 과정이나 결과를 통하여 언어와 문화적인 문제를 발견하고 해결을 모색하는 단계이다. 학습자들이 자신과는 다른 문화를 경험할 때 자신의 경험이나 지식에 부합하지 않은 문제에 부딪히게 된다. 학습자의 관심과 흥미, 그리고 목표 문화에 따라 수많은 문제들이 발생할 수 있다.[19] 문제는 학습자 스스로 발견할 수도 있고, 일반적인 교실 상황과 같이 교수자에 의해 유도되고 주어질 수도 있다. 그러나 교수자와 학습자, 학습자와 학습자의 상호 대화적 관계 속에서 문제를 발견해내는 일이 중요하다. 이때 학습자들은 문제를 발견함으로써 그것을 해결할 수 있는 방안을 강구하도록 한다.

문제 해결을 모색하는 것은 발견한 문제를 해결해 나가는 과정에 해당한다. 문제를 해결하기 위해서는 문제 해결에 필요한 정보를 수집하고 분석할 수 있어야 하며, 사실적 사고력, 추리 상상적 사고력, 비판적 사고력, 논리적 사고력 등 다양하고 입체적인 사고력이 요구된다.

셋째, 문화 비교·해석 단계

이 단계는 문제 해결 과정을 통해 알게 된 지식을 바탕으로 이문화를 자신의 문화와 비교함으로써 그 공통점과 차이점 등을 찾도록 하며, 그것이 갖는 의미가 무엇인지를 해석해 나가는 단계이다. 문제를 해결해나가는 과정뿐 아니라 문화를 비교·해석하는 과정에서도 학습자들에게는 문화 현상을 비교, 분석, 설명, 해석하는 능력을 필요로 한다. 목표 문화를 이해하기 위해서는 학습자 문화와 목표 문화와의 비교 해석은 필수적인 것이다(P. R. Moran, 2001 : 16). 해석은 문화의 모든 측면에 담겨있는 구조, 가치, 믿음, 행위 등의 의미를 밝히고 이해를 증진시키는 일이다.

넷째, 정체성 형성 및 문화 이해 단계

이 단계는 앞의 단계에서 파악한 의미를 바탕으로 자기를 이해하고 문화적 상대성을 인식하는 단계이다. 일반적으로 자기와는 다른 문화와 교류할 때 자기 정체성의 혼란에 빠지게 된다. 따라서 자기의 정체성을 이해하는 것이 중요한데, 그것은 자기를 이해하고 자기의 문화 정체성을 이해한다는 것을 의미한다. 또한 다른 문화와 비교하고 해석하는 과정을 통해 자기의 문화적 상황과 위치를 인식하도록 한다. 그리고 다른 문화권의 사람들 역시 자신들과 같은 문화적 정체성을 지닌 존재라는 것을 이해하고, 자기 문화와 이문화(異文化)

---

19) 일반적으로 문제는 문화적 충돌로 인한 갈등에서 비롯된다.

를 이해하도록 한다.

다섯째, 문화 발전과 생산 단계

이 단계는 자기 자신과 인류 문제를 인식하고 이를 바탕으로 긍정적 문화를 교류하여 계승 발전시킬 수 있도록 기획하고, 비판적 대안으로서 새로운 문화를 생산하기 위한 활동을 하는 단계이다. 이 행위에는 언어 행위뿐 아니라 지적, 물리적인 모든 행위가 포함된다.

각 단계는 단선적으로 이어지는 것이 아니며 유기적으로 연결되어 있으며, 학습자의 수준에 따라 각 단계는 변용되고 선택될 수 있다. 또한 수업이 진행되어가면서, 학습자들이 새로운 문화 경험을 하게 되고 수업 단계에 따라 성취된 문화적인 성숙은 나선형으로 심화, 확장되어간다.

이상 논의한 수업의 요소와 수업의 단계 및 이에 따른 활동 등을 정리하면 다음과 같다.

문화 수업 모형

2) 한국문화 수업의 실제

언어와 문화를 경험하는 1단계에서는 과정 중심, 스토리텔링, 교육연극, 교육서사, 읽기 연극(Readers Theatre) 등을 중심으로 한다. 여기에서 의사소통 활동이 강화되어야 하고, 어휘가 학습자의 수준에 따라 적절하게 학습될 수 있도록 한다. 그리고 문법은 의사소통과 관련하여 학습될 수 있도록 하며, 필요할 경우 귀납적으로 학습될 수 있도록 한다. 자료는 일상담화, 이야기, 드라마, 수필 등의 자료를 주로 사용하며, 애니메이션, 영화, 만화 등 시청각 자료를 적극 활용한다. 교실에서 이문화 유사 체험 활동하기를 하고, 문화 현장을 찾아가 체험하기 등을 한다.[20]

2단계에서는 문제를 발견하고 해결해 가는 과정이 초점이므로 경험 과정 속에서 언어적 문화적인 문제들이 무엇인지를 찾고 해결하도록 하는 사고력 훈련 방법, 문제 해결식 학습법, 문화 동화장치(culture assimilators), 이문화간 문제의 사례 소개, 참여 관찰, 관찰, 정보 수집 등을 활용한다.

3단계는 목표 문화와 자기문화를 비교·해석하는 단계이므로 비교 항목에 따라 비슷한 점과 차이점을 파악하도록 하고 그 의미를 찾도록 하는 문화 비교, 문화 분석, 문화 캡슐 등의 방법을 활용한다.

4단계는 자신과 인류를 인식하는 과정이므로, 자기 정체성을 찾고 문화적 상대성을 인식하도록 하는 것이 중요하다. 따라서 이 단계에서는 토론, 가치 탐구 학습 등을 활용하도록 한다.

5단계에서는 긍정적 차원의 문화를 인류의 자산으로 더욱 계승 발전시키고, 새로운 문화를 창출할 수 있도록 하는 단계이므로 문화 교류, 문화 축제 참여, 문화 창조 활동 참여, 비판적 사회 활동 참여 등을 모색하도록 한다(임경순, 2006 : 313~315 수정).

---

[20] 문화 교육을 문화간 커뮤니케이션의 측면에서 접근하는 방법에 대해서는 박기순(2001), 고이케 히로코(2000) 참조.

■ 1단계
- 목표 : 의사소통능력 신장, 보편적 주제에 대하여 경험하기
- 수업
  - 사전 진단 : 8컷짜리 〈토끼와 거북이〉 만화를 보고 이야기하기와 이야기쓰기. 그리고 이야기가 주는 의미에 대하여 간단한 질문하기
  - 〈토끼와 거북이〉 이야기와 연극대본을 활용하여, 스토리텔링하기, 읽고 읽기 연극하기, 역할극하기, 주제에 대하여 토론하기, 이야기와 연극대본의 특성 이해하기, 어휘, 문법 등
  - 〈강아지 똥〉(권정생) 이야기를 제재로, 이야기 듣기, 뮤직 비디오 보기, 이야기 읽기, 스토리텔링하기, 드라마 대본 만들기, 역할극하기, 주제 및 '나'는 어떤 존재이며, 어떤 존재가 되고 싶은지를 생각해보고 발표하기. 강아지 똥처럼 쓸모없다고 생각한 물건을 주인공으로 이야기 만들기, 창작 동기 및 의미에 대하여 발표하기, 스토리텔링하기, 드라마 대본 만들기, 역할극하기, 어휘, 문법 등
  - 〈시집가는 날〉(오영진 원작, 박만규 극본) 대본을 제재로, 공연 실황 비디오 보기, 근원설화 읽기, 대본 읽기, 역할극하기, 대본을 이야기로 바꾸어 쓰기, 어휘, 문법 등

■ 2단계
- 목표 : 문화적 문제 발견하기, 발견한 문제 해결하기
- 수업
  - 〈시집가는 날〉을 제재로, 당대의 결혼 문화 인식하기
  - 인물에 따른 관점(세계관)과 사고, 행위의 차이를 인식하고 문제점 인식하기
  - 오늘날 한국의 혼인 문화 정보 수집하기
  - 한국인과 외국인의 혼인 사례를 통한 문제점 알기
  - 혼인 예식 체험 · 관찰하기

■ 3단계
- 목표 : 한국 문화와 자국 문화의 공통점과 차이점 비교하기, 한국 문화와 자국 문화의 공통점과 차이점이 주는 의미 해석하기
- 수업

－〈세계의 혼인 문화〉(한국외대 출판부, 2004), 〈또 하나의 문화 : 새로 쓰는 결혼 이야기 1, 2〉(11, 12호, 1996) 등 한국의 혼인 문화를 알 수 있는 자료를 도서관, 인터넷 등에서 조사하고, 한국의 혼인 문화의 특징 분석하기, 발표하기, 토론하기

　　－자기 나라의 혼인 문화 분석하기, 발표하기, 토론하기

　　－한국의 혼인 문화와 자국의 혼인 문화의 공통점과 차이점 비교하기, 발표하기, 토론하기

　　－문화적 공통점과 차이점이 주는 문화적 의미 해석하기, 토론하기

4단계

- 목표 : 자기 정체성 알기, 문화의 상대적 가치 인식하기
- 수업

　　－혼인의 문화적 의미를 계기로 '나'라는 존재 가치(윤리, 행위, 가치관 등)를 생각하기, 발표하기

　　－문화적 상대성과 관련된 자료를 읽고 토론하기, 문화적 상대성을 인정하고 세계 속의 다문화적 가치 인식하기

5단계

- 목표 : 긍정적인 문화 계승 발전시키기, 새로운 문화 생산하기
- 수업

　　－한국과 자국 문화 가운데 계승 발전시킬 수 있는 긍정적인 문화를 찾아보고 발전 방안 생각하기

　　－새로운 문화를 창출하기 위한 문화 교류, 문화 축제 참여, 문화 창조 활동 참여, 비판적 사회 활동 참여 등을 모색하기, 토론하기

　　－새로운 문화 창조자로서 사명감 갖기

　　－총괄 평가하기

4. 한국문화 수업의 방법

문화 수업 방법은 여러 논자들에 의해 논의되고 있다. 문화 수업 방법은 언어와 문화의 통합(조창안, 1996 ; 김정숙, 1997 ; 한상미, 1999 ; 성기철, 2001/2004 ; 윤여탁, 2002 ; 권오현, 2003 ; 이미혜, 2004/2005), 급별 문화 교육(조항록, 1998/2000)으로 구분할 수 있고, 문화교육을 위한 활용 자료는 속담과 어휘(문금현, 1998 ; 박영순, 2000 ; 안경화, 2001 ; 전혜영, 2001 ; 강현화, 2002), 비언어적 의사소통(성광수, 1999/2001 ; 김영순·임지룡, 2002 ; 조현용, 2003), 문학(이성희, 1999 ; 윤여탁, 2003 ; 이선이, 2003 ; 신주철, 2003 ; 오세인, 2004 ; 임경순, 2005), 광고(김영아, 2001 ; 김정은, 2004), 영화와 드라마(이정희, 1999 ; 김경지, 2002), 화용(이해영, 2002/2003 ; 서희정, 2003) 등으로 논의되어왔다(김정은, 2005 : 358~362).

그러나 한국문화교육과 관련하여 수업 방법 논의가 지속되고 있음에도 불구하고 조항록(2004 : 214)이 지적하고 있듯이 본격적인 문화 수업에 대한 논의나 문화 교수학습론과 관련한 기초적인 논의는 부족한 실정이다.

이런 가운데 한상미(1999)가 의사소통 민족지학의 연구 방법을 도입한 것이라든지,21) 윤여탁(2002)이 문학을 통한 다양한 방법을 시도한 것이라든지,22) 이미혜(2005)가 대중문화를 활용한 문화 중심의 언어 통합 방법을 논의한 것과23) 임경순(2006)이 문화중심 언어 통합 교수·학습 방법을 논의한 것은 단순

---

21) 한상미(1999)는 민족지학적 방법 가운데 참여 관찰, 관찰, 통찰, 면접 등을 수업에 적용함으로써 문화 중심의 언어 통합 교육 모델을 구축하고자 하였다. 이 방법은 학습자가 자신의 문화적 위치를 재고하게 하고, 다른 문화적 공동체와 비교를 통해 목표 언어의 문화적 차원을 학습하게 함으로써 온전한 의사소통능력을 배양하기 위한 중요한 방안을 제공한다고 할 수 있다.

22) 윤여탁(2002)은 교수·학습 활동의 목표에 따라 학습에 동원되는 문화 제재가 달라져야 하며, 문화 제재에 따라 구체적인 교수·학습 활동도 다르게 구성되어야 한다고 주장한다. 즉 목표-문화제재-교수·학습 방법이 그에 걸맞은 내용과 방법으로 유기적으로 연결될 수 있어야 한다는 것이다. 가령 언어와 사고의 관계를 이해하는 것을 목표로 할 때, 구체적인 하위 목표에 적절한 문학 작품 등을 활용한다거나, 문법 교육을 목표로 할 때 만화, 영화, 노래 등 대중 문화를 사용할 수도 있다.

23) 이미혜(2005)는 대중문화 즉 영화, 가용, 드라마, 무용, 미술, 연극 등을 활용한 문화 중심의 언어 통합 교육의 필요성을 제기하면서, 영화를 중심으로 전, 중, 후 단계에서 할 수 있는 활동 방법을 제시하고 있다. 이 논의는 한국 대중 문화에 대한 외국인들의 관심이 증대되고 있는 시점에서 대

히 기법적인 차원보다는 문화 중심 교육 방법의 이론화를 위한 진전된 논의라 할 수 있다.

어떤 수업에 있어서도 어느 한 가지 방법으로 채워질 수는 없다. 수업 상황을 고려하면서 수많은 방법 가운데 적합한 것들을 찾고 그것들을 상황에 맞게 운영해 나갈 수밖에 없다. 따라서 문화교육에서 다양한 방법이 논의되어야 함은 마땅하다 하겠다.

여기에서는 그동안 연구자들이 제안한 문화 수업의 방법들을 몇 가지 소개하고자 한다.

조항록은 초급 과정(2000 : 168~171)과 고급 과정(1998 : 231~234) 학습자를 위한 한국 문화 수업 방법을 제안한바 있다.

〈초급 과정〉
① 설명, ② 실물, 사진, 그림의 제시와 영상물의 감상, ③ 실제 활동의 동원, ④ 역할극, ⑤ 자국 문화와 비교하여 말하기, ⑥ 현장 견학, ⑦ 관찰, 참여 관찰 등 의 사소통 민족지학의 접근법 활용

〈고급 과정〉
―교육 내용 및 자료의 측면
  ① 국어 어휘 문화론에 입각한 문화 어구의 교육
  ② 문학 작품의 이해와 활용
  ③ 신문의 활용
  ④ 영화 및 드라마의 활용
―교과 과정의 측면
  ① 특강 또는 선택 과목 운영
  ② 현장 견학
―학습자의 활동(Activity)의 측면

중문화를 언어와 문화 교육을 위한 중요한 매체로 인식하고 구체적인 방안을 모색하고 있다는 점에서 의의가 있다.

① 토론회
② 설문조사
③ 연구 조사 활동
④ 시사 좌담회

이상에서 제시된 것은 초급과 고급 과정으로 나뉘어져 있지만, 실상 초급, 중급, 고급을 막론하고 사용될 수 있는 방법들이다. 가령 영상물을 사용한 방법은 초급뿐 아니라 중, 고급에서 유용하게 사용될 수 있는 매체이다. 또한 많은 경우 문학 작품은 중급 이상에서 사용할 수 있는 매체로 인식하고 있지만, 초급에 적합한 작품이나 패러프레이즈를 통해 초급에서도 사용할 수 있다.

한상미(2005 : 411~420)는 기술(technique)적인 차원에서 쓰일 수 있는 문화 수업의 방법들을 소개하였다.

① 비교 방법(comparison method), ② 문화 동화 장치(culture assimilators), ③ 문화 캡슐(culture capsule), ④ 문화 섬(culture island), ⑤ 인터넷, ⑥ 참여 관찰(participation-observation), ⑦ 관찰(observation), ⑧ 영상물 활용, ⑨ 출판물 활용, ⑩ 목표어 화자와의 접촉(방문객과 만나기, 편지·전자 메일·문자 교환하기, 언어 교환, 버디 프로그램), ⑪ 여행

한재영 외(2005 : 521~539)에서는 기존 연구자들이 제시한 방법에서 선별하여 다음과 같이 문화 수업의 방법을 제시한바 있다.

① 교사의 설명, ② 비디오 테이프 시청, ③ 실제 활동의 동원, ④ 과제의 형태로 주어지는 역할극, ⑤ 초청 강연회, ⑥ 현장 학습, ⑦ 문화 캡슐, ⑧ 문화동화자, ⑨ 민요, 가곡, 최신 유행곡의 활용, ⑩ 신문을 이용한 문화지도, ⑪ 속담이나 격언의 활용, ⑫ 만화의 활용, ⑬ 전래 동화, 설화, 민담을 통한 지도

이들 논의들을 종합하면, 다음과 같은 한국문화 수업의 방법들을 제시할 수 있다.

교실 내 문화 수업 방법

- **문화 어구 활용** : 한국의 역사·민속·일반어에 얽힌 어원어, 유행어와 신조어, 속담, 고사성어, 관용어, 종교어, 지명, 성명, 벼슬 제도명, 상품명 등
- **문학 작품의 활용** : 가장 보편적으로 활용. 흥미, 수준, 내용, 길이 고려. 설화, 동화, 시(동시), 소설, 수필, 희곡 등
- **비교 방법(comparison method)** : 학습자들에게 문화간 차이점을 비교해 줄 수 있는 방법. 토론, 발표하기, 프로젝트 등. 교육 제도, 계절의 특징과 계절 놀이, 취미 활동, 주말 생활 등
- **문화 동화 장치(culture assimilators)** : 학습자들이 오해할 가능성이 있는 문화간 상호작용의 결정적인 사건들을 간결하게 기술하고 선택하게 하는 방법. Albert(1983)에 의해 문화감지도구(ICS : Intercultural Sensitizer)로 명명─이 문화를 배우기 위해 개발된 프로그램화된 문화 훈련법. 목표 문화권에서 경험할 수 있는 전형적인 사례를 기술한 후 학습자가 반응할 수 있는 내용을 선택지에서 선택. 선택에 대한 피드백 제공.
- **문화 캡슐(culture capsule)** : 목표 문화에 대한 하나의 독립적인 정보를 문화 소재로 선정하여 자국 문화와의 차이를 간단히 기술하고 비교, 설명하는 방법. 교수자는 대조적인 문화 항목을 골라 다양한 자료를 활용하여 이야기를 만들어 설명하고, 학습자는 차이점에 대하여 사진, 실물, 그림 등 다양한 자료를 활용하여 토의, 발표, 연습한다.
- **문화 섬(culture island)** : 교사가 교실 주변을 포스터, 그림, 자주 바뀌는 게시문 등을 사용하여 목표 문화의 전형적인 측면들을 보여줄 수 있는 공간으로 만들어 유지하는 방법.
- **ICT 활용** : 정보 통신 기술을 활용하여 문화 교육을 효과적으로 달성할 수 있도록 정보 통신 기술을 도구로 활용하는 교육. CD-ROM, 인터넷 등은 다양한 문화 내용을 담고 있는 창고. 학습자 수준에 적절한 주제 선정과 사용법.
- **참여 관찰(participation-observation)** : 학습자가 공동체의 구성원으로 참여하면서 문화를 인식하고 이해할 수 있게 하는 방법. 목표어 문화권에서 장기간 학습하는 학습자에게 효과적인 방법. 학습자의 유형에 따라 기간과 대상을 변형 적용. 한국 대학생의 학교 생활 등
- **관찰(observation)** : 학습자가 특정 문화적 행위를 관찰자로서 주의 깊게 관찰하는 방법. 관찰자의 선입견을 배제해야 함. 비디오, 사진, 녹음 등 이용 관

찰. 한국인의 음식 값 지불 방법, 한국인의 식사 예절 등

- 영상물 등 다매체 활용 : 드라마, 영화, 광고, 다큐멘터리, 만화, 슬라이드, 사진 등 다매체를 활용하는 방법. 흥미유발 등 효율적인 문화 수업 방법. 매체의 특성 활용. 한복, 한국인의 통과 의례, 한국인의 주거 형태, 한국 가정의 구조, 한국 음식의 종류, 한국의 유명한 관광지 소개 등
- 출판물 활용 : 신문, 출판, 잡지 등을 활용하는 방법. 신문 기사의 내용을 비교 문화적 관점에서 토론하거나, 광고, 만화, 논평 등에 대하여 문화적 특징을 이해하게 하는 활동. 균형있는 시각 필요. 기사 요약 및 비평, 독자투고문, 광고문 등.
- 설명 : 문화 현상에 대한 내용 이해. 한글의 창제, 한국어의 문자 체계와 형태론적 특징, 고유어와 한자어, 한국어의 겸양법/경어법에 나타난 한국인의 대인 관계 규범, 타인에 대한 호칭 등 한국의 문자, 어휘, 언어 생활 규범 등
- 역할극 : 식당에서의 음식 주문, 대중 교통 수단 이용하기, 호텔 투숙, 물건 값 깎기 등
- 특강 또는 선택 과목 운영 : 한국의 사회, 문화, 경제, 종교, 정치 등 각 영역 이해 도모
- 토의 및 토론 : 전체 토의(론), 소집단 토의(론). 신문, 잡지, TV뉴스, 대화 등에서 시사 문제 등

▣ 교실 밖 문화 수업 방법

- 설문조사 및 연구 조사 활동 : 관심 갖는 주제 서면 또는 구두 인터뷰. 특정 주제 소논문 작성
- 목표어 화자와 교류 : 방문객과 만나기, 편지·전자 메일·문자 교환하기, 언어 교환—학습자와 목표어 화자와의 정기적인 만남을 통해 언어 교환, 버디 프로그램—학습자와 목표어 화자와 친구 맺어주기
- 현장 견학 : 교사와 함께 현장 견학, 교사의 도움 없이 학습자가 현장 견학. 박물관, 민속 마을, 산업 단지
- 문화 활동에 참여 : 주소와 우편번호 쓰기, 전화번호 메모하기, 광고 전단지를 읽고 상품 선택하기 등
- 여행 : 목표 문화 지역을 여행. 교환학생 제도, 여름학교 등 활용

위에서 제시된 방법들은 문화교육에 활용할 수 있는 수업 방법 가운데 일부에 지나지 않는다. 다양한 수업 방법들이 활용될 수 있으며, 아울러 보다 많은 수업 방법들을 개발해야 할 것이다. 위에 제시한 방법들은 문화 수업을 효율적으로 하기 위해 사용할 수 있는 방법도 제시되어 있지만, 문화 수업 방법을 적용하는 과정에서 활용할 수 있는 다양한 기술 등도 포함하고 있다.

여기에서는 다양한 문화 수업의 방법 가운데 다음과 같은 것들을 중심으로 한국문화 수업 방법을 살펴보고자 한다.

시, 설화, 소설, 드라마 등 문학을 활용한 한국문화교육 방법

영화, 사진, 만화, 애니메이션 등 이미지를 활용한 한국문화교육 방법

광고, 신문 등을 활용한 한국문화교육 방법

역할극 등을 활용한 한국문화교육 방법

토론 등을 활용한 한국문화교육 방법

프로젝트 등을 활용한 한국문화교육 방법

속담, 어휘 등을 활용한 한국문화교육 방법

현장학습 등을 활용한 한국문화교육 방법

웹을 활용한 한국문화교육 방법

참고 문헌

강승혜(2003), 「한국문화 프로그램 개발을 위한 한국어 학습자 요구 분석」, 『한국어교육』 14-3, 국제한국어교육학회.

권오현(2003), 「의사소통 중심 외국어교육에서의 '문화'」, 국어교육연구 제12집, 서울대국어교육연구소.

김정은(2005), 「문화 교육의 연구사와 변천사」, 『한국어교육론』 2, 한국문화사.

민현식(2002), 「언어교육과정의 구성요소와 교수요목의 유형」, 21세기 한국어교육학의 현황과 과제, 한국문화사.

박영순(2002), 한국어교육을 위한 한국문화론, 한국문화사.

서울대학교교육연구소 편(1994), 『교육학용어사전』, 하우.

윤여탁(2002), 「한국어 문화 교수 학습론」, 21세기 한국어교육학의 현황과 과제, 한국문화사.

이홍우 외(2003), 『교육과정이론』, 교육과학사.

임경순(2006), 「문화중심 언어와 문화의 통합 교수·학습 방법 연구」, 『한중인문학』 19, 한중인문학회.

임경순(2005), 「한국어 문화 교육의 방안 연구」, 『한중인문학연구』 14, 한중인문학회.

임경순(2008), 「한국문화 이해론 서설」, 『선청어문』 36, 서울대사범대국어교육과.

조항록(2000), 「초급단계에서의 한국어 교육과 문화 교육」, 『한국어교육』 제11권 1호, 국제한국어교육학회.

조항록(1998), 「한국어 고급 과정 학습자를 위한 한국 문화 교육 방안」, 『한국어교육』 9-2, 국제한국어교육학회.

조항록(2004), 「한국어 문화교육론의 내용 구성 시론」, 『한국언어문화학』 1권 1호, 국제한국언어문화학회.

최용재(1999), 「영어권 문화의 교육」, 『영어교수·학습방법론』, 한국문화사.

한상미(2005), 「문화교육 방법론」, 『한국어교육론』2, 한국문화사.

Richards, J. C. & Rogers, T. S.(2001), *Approaches & Methods in Language Teaching*, 전병만 외 역(2003), 『외국어교육 접근 방법과 교수법』, Cambridge.

Borich, G. D(2000), *Effective Teaching Methods*, 박승배 외 역(2002), 『효과적인 교수법』, 아카데미프레스.

Moran, P. R.(2001), *Teaching Culture : perspectives in Practice*, Heinle : Boston.

Seelye, H. N.(1993), *Teaching Culture : Strategies for intercultural communication*, Illinois : National Textbook co.

제4장 | 시를 활용한 한국문화교육

한국문화교육을 시를 활용하여 한다고 할 때, 시는 소설, 설화, 희곡 등과 같이 문학에 속한다는 점에서 문학을 통해 한국문화교육의 방법을 다양하게 모색할 수 있다.

그런데 외국어로서 한국문화를 교육한다고 할 때 문학의 효용성에 대한 논의가 활발하게 이루어지지 못한 채 진행되어 왔다. 이제, 많은 학자들은 문화교육이 없는 언어교육은 생각할 수 없다는 점을 인정하고 있으며, 특히 문학을 활용해 의사소통, 문화, 문학 등을 가르치는 의의에 대하여 주목하면서 많은 교육 방법들을 제시하고 있다.

시적인 속성은 우리가 태어날 때부터 경험하면서 성장하기 때문에 사실은 매우 친숙한 것이다. 따라서 시는 쉽게 이해할 수 있는 것에서부터 수준 높은 경지에 이른 시에 이르기까지 다양한 것이다.

이번 장에서는 문학 가운데 시를 활용한 한국 문화교육의 필요성, 의의, 방법 등을 살펴봄으로써 시를 활용한 한국문화교육의 가능성을 탐색해 보도록 한다.

1. 문학교육의 방향

외국어로서의 한국어교육에서 문학교육의 방향에 대하여 여러 논의가 있었다. 1장에서 살펴 보았듯이, Carter & Long(1991, 제1장)은 문학교육을 세 가지 방향에서 정리한바 있다. 그것은 1) 문화 모형(The cultural model), 2) 언어 모형(the language model), 3) 개인 성장 모형(The personal growth model)이다.

문화 모형에서는, 문학은 인간의 가장 의미있는 생각과 감정을 표현하며 문학 교육은 학습자가 역사적 시기에 걸쳐있는 표현의 영역, 보편적인 가치와 타당성의 영역과 접할 수 있도록 해주는 수단을 대표한다. 이 모형은 학생들이 자신들의 것과는 다른 문화와 이데올로기를 이해, 감상하게 하고, 그러한 문학이 부여한 유산 내에서 사고, 느낌, 예술적 형식의 전통을 지각하게 해주어야 한다.

언어 모형에서는 문학은 언어 발달에 도움을 준다는 것이다. 특히 문학은 좀더 미묘하고 다양하게 창조적인 언어 사용과 접할 수 있게 해준다. 따라서 그런 언어와의 접촉을 통해 학습자들이 조직적인 방법으로 그들 스스로 작품에 들어가는 길을 발견하도록 가르쳐야 한다.

개인 성장 모형에서 학습자들이 문학을 더 효과적으로 읽도록 돕는 것은 그들 주변의 사람, 제도들과의 관계에서 뿐만 아니라 개인적인 발달을 돕는 것이다. 따라서 교사는 학습자들이 반응할 수 있고 상상적으로 참여할 수 있는 작품을 선정하고, 문학 독서를 더 기억할만하고, 개인적, 집단적인 경험으로 만들어줄 학습 조건을 향상시켜나가고, 문학으로 문학을 가르치려는 열정을 가지고 전념함으로써 수업 중에 학습자들을 격려하는 방향에서 교육이 이루어져야 한다.

Carter & Long(1991)이 제시한 모형은 서로 배타적이지 않으면서, 각기 다른 경향을 제시한 것으로 특정한 교육적 실천 방향을 제시하고 있다. 요컨대 이 견해를 참조해 볼 때 문학교육은 문화, 언어, 개인의 성장 측면에서 그 방향성을 가늠해 볼 수 있을 것이다.

윤여탁(2003)은 외국어로서의 한국어교육에서 문학교육의 방향을 다음과 같이 제안한 바 있다. 첫째, 문학을 통한 한국어교육, 둘째, 한국학 또는 한국문학 차원에서 접근한 한국 문학 자체에 대한 교육.

첫째의 문학을 통한 한국어교육은 다시 문학을 활용한 한국어 의사소통 교육과 문학을 통한 한국의 사회 문화교육으로 구분된다. 즉 문학 작품을 활용하여 의사소통 능력 함양이라는 언어 능력 함양과 문학 작품에 반영된 사회 문화에 대한 이해를 통해서 문화 능력 함양을 도모한다.

둘째의 한국학 또는 한국문학 차원에서 접근한 한국문학 자체에 대한 교육은 한국 문학의 실체와 속성을 교육함으로써 문학 능력을 기르고, 세계 문학 속에서 한국문학의 보편성과 특수성을 이해하는 일이다. 또한 교양인, 지성인의 지식과 경험을 위한 문학교육도 아울러 포함된다.

이는 각각 의사 소통 능력, 문화 능력, 문학 능력을 길러주는 교육의 방향과 관련된다. 문학을 통해서 의사 소통 능력을 기르고, 문학을 통해서 한국의 사회 문화를 이해하는 능력을 기르고, 한국문학을 이해하는 능력을 기르는 일은 문학교육의 세 목표이자 방향이다. 교육의 대상이 누구냐에 따라서 문학교육의 방향은 달라지겠지만, 문학이 언어, 문화, 문학의 측면에서 유용하게 교육적으로 활용될 수 있다.

2. 문학의 교육적 가치

문학의 교육적 가치에 대하여 많은 학자들이 언급한바 있다.

Carter & Long(1991 : 1~3)은 문학은 첫째, 가장 의미 있는 생각과 감정을 표현한 것으로 보편적인 가치, 사고, 느낌, 이데올로기, 예술적 형식을 지각하게 해줄 뿐 아니라, 둘째, 좀더 미묘하고 다양하게 창조적인 언어 사용과 접할 수 있게 해주며, 셋째, 개인의 정신적인 삶을 풍요롭게 해 준다는 점에서 문학의 교육적인 의의가 있다고 보았다.

또한 J. Collie & S. Slater(1987 : 3~6)는 외국어교육에서 문학 작품을 활용하는 가치를 다음과 같이 언급하였다.

⊙ 가치 있는 실제 자료(valuable authentic material) : 문학 작품은 가치 있는 실제 자료를 제공한다. 초급 단계의 학습에 이어 다양한 문장을 익히게 되는 데 묘사하기, 서사하기, 풍자하기, 비유하기 등의 언어를 익히려면 신문, 광고문 등에서 보충할 수 없는 문장을 문학 작품에서 배우게 된다.

ⓛ 문화적 풍부함(cultural enrichment) : 문학 작품은 문화적 풍부함을 지닌다. 문학 작품 속에 담긴 문화 맥락은 문화를 이해하는 데에 도움을 준다.

ⓒ 언어적 풍부함(language enrichment) : 문학 작품 속에는 언어 자료가 풍부하다. 어휘, 표현, 문체 등이 다양하여 학습 대상으로서의 언어 세계를 확장하는 데에 도움을 준다.

ⓔ 개인적 연관(personal involvement) : 문학 작품을 읽으면서 학습자는 대상 언어를 통해서 상상력의 세계를 넓혀서 고급스러운 언어 능력을 기를 수 있다.

G. Lazar(1993 : 14~20)은 다음과 같이 문학의 가치를 언급하고 있다.

• 문학은 매우 강한 동기를 부여해 준다.
• 문학은 실제적인 자료이다.
• 문학은 보편적인 교육적 가치를 지닌다.
• 문학은 많은 실라버스(교수요목)에서 발견된다.
• 문학은 다른 문화를 이해하도록 돕는다.
• 문학은 언어 습득에 자극을 준다.
• 문학은 해석 능력을 발달시킨다.
• 문학은 흥미를 부여한다.
• 문학은 높은 가치를 담고 있다.
• 문학은 학생들의 언어 인식력을 확장시켜준다.
• 문학은 다른 사람의 의견과 감정을 이야기할 수 있도록 고무시켜준다.

R. Collins & P. J. Cooper(2005 : 11~18)는 문학의 교육적인 가치로 '1. 상상력과 시각화의 발달, 2. 언어의 아름다움과 리듬, 감상력 발달, 3. 어휘 증진, 4. 말하기 능력 증진, 5. 개인적 차원에서 어른과 상호작용 허용, 6. 쓰기 능력 증진, 7. 읽기 능력 증진과 읽기 흥미 촉진, 8. 비판적이고 창의적인 사고 능력 증진, 9. 직관력 증진, 10. 문학을 인간 경험의 거울로 보도록 하는 데 기여, 11. 자신과 타자의 문화적 유산을 이해하도록 기여함' 등을 들었다.

이상에서 확인할 수 있듯이 문학은 언어적인 능력을 길러줄 뿐 아니라, 상상력, 미적 감식력, 창의력, 성찰력, 문화분석력 등을 매우 다층적인 차원에서 고양시킬 수 있는 교육적인 가치가 있는 실질적인 자료임을 알 수 있다.

3. 시(문학)와 시(문학)교육에 대한 편견 비판

한국어교육에서 시가 소홀히 다루어진 이유에 대하여는 영어(문학)교육학계의 논의를 참조하여 김정우(2001 : 168)는 다음과 같이 정리한 바 있다.

첫째, 한국어 문법을 가르치고자 하는 입장에서 볼 때, 구조적인 복잡함, 생략과 도치 등이 빈번하게 나타나는 시는 외국어 교육에 적합하지 않다.

둘째, 어휘 교육의 차원에서 볼 때, 시에 나타나는 사투리, 언어 조탁의 결과 시인이 창조해 낸 말, 사용 빈도가 높지 않은 어휘의 사용 등으로 인해 시는 외국어 교육에 적합하지 않다.

셋째, 한국어 교육의 목적의 차원에서 볼 때, 한국 문학을 전공하려는 극소수의 학습자를 제외하면, 시는 학습자들에게 아무런 실제적 기여를 하지 못한다. 한국어를 배우는 사람들 중 상당수는 취직을 목표로 하거나 관광과 같은 실용적인 목적을 가지고 한국어를 배우는데, 한국에 관한 여러 가지 설명문, 기사문 등에 비해 시는 거의 아무 것도 주지 않는다.

넷째, 문화의 관점에서 볼 때, 한국인들에게는 익숙할 수 있으나 외국인들에게는 매우 낯설 수밖에 없는 독특한 문화가 담겨 있기 때문에 학습자에게는 어렵고 낯설

기만 한 것이 시다.

다섯째, 읽기 교육의 입장에서 볼 때, 시는 대개의 경우 여러 가지로 해석될 수 있는 가능성이 있기 때문에 학습자들에게 정확한 의미를 제시할 수 없고 혼란을 가져올 수 있다.

여섯째, 언어의 네 가지 기능을 고려해 볼 때, 시는 '읽기' 능력을 향상시키는 데에는 다소간 도움이 될지 몰라도, 말하기, 듣기, 쓰기와는 거리가 멀다.

그러나 이러한 부정적인 견해에 대하여 다음과 같은 비판이 제기된바 있다 (신주철, 2006 : 61~62). 그것은 시가 구조적으로나 언어의 조탁 측면에서 복잡하고 정교한 것도 있지만, 매우 단순하고 쉬운 구조와 언어로 되어 있는 시가 얼마든지 많으며, 시는 일상에서 쉽게 접근할 수 있는 수준에서부터 매우 수준 높은 시에 이르기까지 다양하다는 것이다. 또한 중급, 고급에 이르면 구조적으로 복잡하고 정교하고 풍부한 언어 생활로 발전하게 되는데 이 때 수준 높은 언어교육을 위해서도 필요하다는 것이다.

그리고 사투리나 빈도가 높지 않은 어휘는 오히려 학습자들의 흥미를 자극할 수도 있으며, 어휘력을 풍부하게 할 수 있다는 것이다.

또한 한국어교육을 받는 목적에 따라 그 배우는 내용이 달라지므로 시교육이 한국어교육에 기여하지 못한다고 보는 것은 오류이며, 시에 독특한 한국 문화가 담겨 있어 어렵다고 보는 것에 대해서는 오히려 한국 문화를 알고 배울 수 있는 다층적인 매체가 되는 것이라고 비판한다.

또한 시가 정확한 의미를 전달하지 못하고 있어 혼란을 준다는 견해는 언어와 작품에 대한 다양한 해석이 가능하다는 것을 학습할 수 있다는 점에서 비판할 수 있고, 언어 기능 연습에 기여하는 바가 적다는 견해는 시가 매우 다양하게 활용될 수 있으며, 언어 기능 신장에도 기여할 수 있다는 점을 몰각하고 있다고 비판한다.

시와 시교육에 대한 편견과 이에 대한 비판은 영문학자인 송무 외(1998, 제2장)에서 이루어진 바도 있다.

첫째 편견은 시적 언어는 표준 일상어보다 고급 단계의 언어이므로 초급 단계의 교육에서는 이용하기 어렵다는 것이다. 그러나 다음과 같은 근거로 비판된다.

우선, 아주 쉬운 시적 언어도 많다는 것이다. 시적 언어의 대부분을 이루는 것은 동요, 동시, 노래들이며, 민속적 언어이면서 시적 특성이 강한 수수께끼, 동음이의어 장난, 속담 등이다. 예를 들면, "엄마 앞에서 짝짜꿍", "산토끼 토끼야 어디를 가느냐", "꼬부랑 할머니", "따르릉 따르릉 비켜나세요", "달 달 무슨 달, 쟁반같이 둥근 달" 등을 들 수 있다.

다음으로 유아와 아동이 먼저 배우는 언어는 시적 언어라는 점이다. 유아어에서 특히 두드러진 음운 조화, 음절의 단순화 등은 시적 언어의 특징이다. 부모와 아이가 초기에 주고받는 언어도 시적 언어 표현 방식이다. 예를 들면 '맘마, 까까, 응아, 아빠, 엄마, 찌찌, 도리도리 까꿍'(a-a-a-a, ma-ma-ma-ma, ma-ma, da-da 등) 등이다. 이러한 언어 사용은 초기의 언어 습득이 발음의 편리함과 생리적 리듬과 관련되어 있기 때문이다. 이 같은 언어 사용의 원리는 시적 언어에도 해당한다.

둘째 편견은 시적 언어에는 비일상적인 어법이 많아 교육 자료로 삼기가 어렵다는 것이다. 이는 다음과 같은 근거로 비판된다. 이같은 생각은 시적 언어는 일상적인 의사소통 차원의 언어를 넘어서 심미적 기능의 언어를 목표로 하기 때문에 한국어(외국어) 시간에는 필요치 않다고 보는 데에 근거한다. 그러나 한국어(외국어) 시간에 반드시 한국어의 심미적 기능을 가르쳐야 하는 것은 아니다. 더구나 한국문화교육 차원에서 보면, 한국어의 의사소통 기능뿐 아니라 심미적 기능까지 포괄하기 때문에 시적 언어는 더할 나위 없이 좋은 교육 자료이다.

또한 시적 언어는 흥미를 유발할 뿐 아니라 풍부한 의미가 들어 있어서 이해하고 생각할수록 더 많은 의미와 울림을 준다. 따라서 일상의 언어보다 시적 언어는 언어에 대한 이해를 향상시킬 뿐 아니라, 생각의 깊이나 지적 정서적인 충격을 훨씬 강하게 준다. 가령 다음을 보자. '내 마음은 호수요. / 그대 저어 오오. / 나는 그대의 흰 그림자를 안고, / 옥같이 그대의 뱃전에 부서지 리라.'(시 「내마음」(김동명) 1연)

다음으로 외국어를 배우는 과정은 시적 언어를 배우는 과정과 같다는 것이 다. 외국어를 처음 배우는 사람은 그 외국어의 많은 부분이 일종의 은유처럼 여겨진다. 예를 보자. '그가 감기에 걸렸다(He caught a cold)'. 이 문장은 일상에 서 사용하는 기본적인 것이며, 은유적인 어법이 들어 있다. 이 문장을 이해하 기 위해서는 어휘적·문법적인 것만으로는 이해되지 않는다. '감기'와 '걸리 다', 'catch'와 'cold'를 연결시키기 위해서는 시적 상상력이 필요하다.

셋째 편견은 시적 언어에는 일탈적 어법이 많아 언어 교육 자료로는 부적 합하다는 것이다. 이는 다음과 같은 근거로 비판된다. 우선, 시적 텍스트에만 일탈 어법이 있는 것이 아니라, 표준 일상 어법에도 무수한 일탈어법이 들어 있다는 것이다. 불규칙 변화를 하는 동사, 형용사 그리고 문장 등이 그 일부이 다. 예) Good Morning(안녕하세요).

또한, 어떠한 시적 텍스트도 완전한 일탈 어법을 쓰는 것은 없다는 것이다. 시가 일탈 어법을 쓴다고 해도 의사소통이 불가능할 정도는 아니다. 물론 이 상의 시 「오감도」와 같이 해석이 난해가 시도 있기는 하지만 대부분의 시들 은 해석과 의사소통에는 지장이 없다. 오히려 다양한 해석을 가능케 하여 의 미의 풍부함으로 더해준다.

넷째 편견은 시적 언어는 언어 교육을 위해 조직되어 있지 않으므로 체계 적이고 효율적인 언어 자료로서는 부적합하다는 것이다. 그것은 다음과 같은 근거로 비판된다. 우선 시적 텍스트는 애초에 언어교육을 위해 쓰여진 것이 아니기 때문에 어휘 통제가 되어 있지 않은 것으로, 시적 텍스트는 그 자체의 기능과 목적을 가진 "실제의(authentic)" 살아 있는 언어라는 점에서 언어 교육 을 위한 자료의 가치가 있다는 것이다. 나아가 어려운 부분은 교육 대상에 맞 게 적절하게 수정하여 활용할 수도 있는 것이다.

4. 시의 교육적 가치

송무 외(1998, 3장 요약)에서는 시적 언어의 교육 자료로서의 가치를 다음과 같이 제시한바 있다.

첫째, 시적 언어는 감각의 재미와 인식의 재미를 준다. 이것을 구체적으로 말하면 다음과 같다.

- 음악적 요소가 생리적인 쾌감을 준다
- 문학의 세계는 자유의 세계이다.
- 세상에 대한 새로운 관점으로 우리를 놀라게 하고 즐겁게 한다.
- 시의 세계는 사람을 설레게 한다.

둘째, 시적 언어는 영어교육(한국어교육) 자료로 탁월한 가치가 있다. 이를 구체적으로 말하면 다음과 같다.

- 시적 텍스트는 실제 언어이다
- 텍스트를 학습의 대상이 아니라 향유의 대상으로 여겨지게 함으로써 텍스트에 대한 관심을 높인다.
- 동기를 부여하고 읽은 내용을 오래 잊지 않도록 한다.
- 학생들의 적극적인 참여를 유도할 수 있다.
- 언어에 대한 감각을 세련시키며 언어의 네 기능을 골고루 훈련시키는 데 적합하다(발음·리듬·억양 훈련에 유용하다. 표현 훈련에 이상적인 자료이다. 이해 훈련에도 적합하다).
- 문화 배경에 대한 이해를 촉진시킨다.

셋째, 시를 읽는 것도 영어교육(한국어교육)의 목적 가운데 하나이다.

많은 시간과 돈을 들여 외국어를 배우고 가르치는 일은 수준 높은 문화 교류를 위해서이다. 그것은 쇼핑하고 관광하기 위해서라기보다는 우리 문화를 외국에 알리고, 외국의 우수한 문화를 배우고, 국제 무역을 하고, 국제 정치

외교를 원만하고 효율적으로 해내기 위해서이다.

또한 한국문학을 교육하는 일은 한국 문화의 일부인 한국문학을 읽고 향유하려는 목적도 있다(외국어교육에서 문학을 배우는 것도 마찬가지이다). 따라서 한국문학교육은 한국문화교육(한국어교육)의 중요한 목표이자 목적의 일부이다.

또한 김정우(2001 : 176~183)는 문화교육의 자료로서의 시의 가치를 두 가지 측면에서 보고 있다. 첫째, 어휘교육에서 시는 미묘한 의미의 이해와 활용에 가치가 있다. 외국인이 한국어를 대할 때 어려움을 겪는 것 가운데 하나는 단어의 미묘한 의미에 있다고 본다. 이럴 경우 시는 훌륭한 교육 자료가 될 수 있다. 가령 '푸르다'는 말은 '맑은 가을 하늘이나 깊은 바다, 풀의 빛깔과 같이 밝고 선명하다'와 같은 사전적 정의로는 말의 미묘한 의미를 제대로 파악하지 못한다. 푸른 하늘, 푸른 산 등과 푸른 과일, 푸른 보리에서 전자는 광학적인 차이가 있을 뿐 아니라 후자는 색깔보다는 열매나 곡식의 설익은 상태에 초점이 놓이게 된다. 또한 '서슬이 푸르다'와 같은 경우는 심리적인 상태를 나타내는 말이다. 이렇듯 어휘의 미묘한 차이는 시를 통할 때 더욱 효과적일 수 있다. 푸른 하늘 은하수 하얀 쪽배엔(윤극영, 「반달」), 옛 동산에 푸른 달은 잠들고(신석초, 「가야금」), 온 하늘에 넘쳐 흐르는 푸른 광명을(서정주, 「광화문」) 등에서 '푸른'이라는 어휘는 다른 단어들과의 관계, 문맥, 분위기 등을 통해 섬세하게 의미를 파악하고 느낄 수 있게 된다.

둘째, 시는 구와 문장교육에서 사고의 조직과 관습의 활용이라는 가치가 있다. 시의 핵심적 특징 가운데 하나가 리듬인데, 리듬이라는 것은 사고의 조직과 표현과 밀접하게 관련되어 있다. 시에 쓰이는 언어 조직은 단순히 음성적 혹은 음악적 차원의 리듬에 국한된 것이 아니라, 한국인의 생각과 감정을 드러내는 효과적인 방법과 밀접하게 관련되어 있다는 것이다. 가령 '산에는/ 꽃 피네// 꽃이/ 피네// 갈 봄/ 여름 없이// 꽃이/ 피네//(김소월, 「산유화」)에서 두 마디씩 의미론적 연관 관계를 형성하고, 그 교체에 의해 의미론적인 율격을 갖게 된다. 이는 시조, 가사, 판소리 사설, 창가, 민요 등에서도 볼 수 있는 것으로,

오랜 동안 형성되어 온 한민족의 사고 조직과 관습이 반영되어 온 결과이다.

신주철(2006 : 63~64)은 한국어교육 고급과정에서의 시교육의 의의를 몇 가지로 제시한바 있다.

- 시 교육은 정서적 언어 구사를 이해하고 스스로도 표현해보고 싶다는 자극을 유발할 수 있다.
- 지적인 사유 훈련을 가능하게 한다.
- 비유적이거나 함축적인 언어를 통해 언어 경제를 경험할 수 있다.
- 설명하거나 주장하기 위해 직설적으로 구사하는 언어와는 달리 묘사하려는 형상적 언어를 접할 수 있다.
- 능동적이고 창발적인 참여를 이끌어낼 수 있다.
- 시는 여러 주제로 접근이 가능한, 다양하게 준비된 자료로서 민속적 관점, 역사적 관점, 심리적 관점 등에서 활용할 수 있다.

이밖에 시는 문학 문화, 정신 세계, 사회 역사적인 문화 등과 관련된다는 점에서 교육적으로 중요한 가치가 있다. 문학은 언어의 정수를 표현한 것이자 국민들이 보편적으로 향유하는 매체이다. 따라서 문학을 문학답게 교육하는 것은 문학 문화의 문법에 참여하는 것이다. 작가의 세계를 알고, 문학의 특성을 알고, 당대 독자들의 향유 문화를 알고, 문학과 사회 역사적인 문화를 안다는 것이 바로 그것이다.

또한 문학은 정신 세계를 표현하는 다양한 매체 가운데, 언어적인 형상화를 통해 나타난 독특한 세계를 담고 있다. 이것은 문학을 통해 언어 수행 양상과 인간을 이해할 수 있게 된다는 점에서 그 중요성이 더해진다.

더구나 문학 행위가 개인적 차원에 국한되는 것이 아니라 사회역사적인 문화적 맥락 속에서 이루어진다는 점에서 시대와 조응하는 문학의 특성을 이해하는 것은 교육적으로 중요한 의미가 있다. 언어라는 것이 진공 속에서 이루어지는 것이 아니라 삶의 맥락 속에서 이루어지기 때문이다.

5. 시를 활용한 한국문화교육의 방법

여기에서는 기존에 제시된 방법들을 문학중심 종합적 접근, 문화교육적 접근, 위계적 접근 등으로 나누어 기존 연구자들이 제시한 방법을 소개하고자 한다.

1) 종합적 접근

이 접근에서는 시(문학)를 의사소통, 문화, 문학 차원 등 종합적인 교육 대상으로 삼는다. 외국어교육에서 시(문학) 작품을 활용하여 의사소통 능력을 길러주고, 시(문학)를 통하여 사회문화를 이해하는 능력을 길러주고, 시(문학)를 통하여 교양 능력 등을 길러준다고 본다.

윤여탁(2003)은 한국(외국)어교육에서 시교육에 대한 편견은 시의 본질이나 속성에 대한 이해가 부족하거나 그 교수·학습 방법을 모색하는 데 게으른 교사로부터 시작된 것이라 진단한다. 시적 언어가 일상 언어와 사뭇 다름에도 불구하고, 시의 형식, 내용, 맥락 등과 같은 문학 내외적인 측면에서 장점을 가지고 있으며, 외국어 학습자는 자국어 학습을 통하여 이미 어느 정도 시에 대한 지식과 경험을 가지고 있으므로, 이를 적극적으로 활용하여 가르칠 필요가 있다고 주장한다.

한국어교육에서 현대시교육은 외국어교육 이론을 받아들이면서 한국의 특수성을 반영하는 교육이 되어야 한다. 서구시 교육에서는 시의 리듬이나 시의 소리에서 보이는 규칙성 등을 활용하는 언어 학습을 많이 하고 있지만, 한국의 현대시 교육에서는 보편성을 지닐 수 있는 시의 내용이나 한국 시가의 전통과 연결될 수 있는 이미지, 비유, 상징 체계 등을 활용하는 방법을 찾아야 한다는 것이다.

또한 시(문학) 교육은 교양 교육 차원에서도 이루어진다. 외국인이 교양 차원에서 한국 문학을 학습하고자 하는 경우도 있다. 이 경우에 시의 일반적인 특성을 잘 보여주면서 한국어 학습에 도움을 줄 수 있는 제재가 선정되어야 한다. 그리고 한국 시의 특성과 문화를 잘 보여주면서, 학습자들이 쉽게 이해할 수 있는 언어, 리듬, 내용을 가진 시들이 적절하다고 본다. 김소월의 시 가운데 「못 잊어」,24) 「산유화」, 「예전에는 미처 몰랐어요」 등을 들고 있다.

또한 시(문학) 교육은 문화 교육 차원에서도 이루어진다. 한국인의 정체성을 확인해야 하는 해외 동포나 한국문화를 배워 한국의 문화를 이해하고 언어생활에 도움을 받고자 하는 외국인 학습자들이 해당한다. 여기에는 한국의 전통 문화의 특성을 잘 보여주는 한국의 민요나 설화, 그것을 서정적으로 형상화한 시 작품을 가르침으로써 문화 능력을 길러줄 수 있다고 본다. 김소월의 시 가운데 「접동새」, 「춘향과 이도령」, 「나무리벌노래」 등을 들고 있다.

그리고 시(문학) 교육은 한국의 현대시 또는 문학을 전공하는 차원에서도 이루어진다. 한국 문학을 전공하는 학습자는 한국 문학사의 맥락에서 현대시를 본격적으로 배워야 한다. 한국 시론, 한국시문학사, 한국의 시인과 작품도 학습해야 한다는 것이다. 여기에 김소월의 「진달래꽃」, 「초혼」 등이 해당한다.

결론적으로 한국어교육에서 문학교육은 의사소통 능력, 문화 능력, 문학 능력이 위계적, 통합적으로 설정될 수 있으며, 이 문학 능력 중에서도 교양 교육, 문화 교육, 문학교육이 위계적, 통합적으로 자리 잡고 있다는 것이다. 그리고 학습자들의 요구에 맞는 각기 다른 목표를 설정하고 이에 맞는 교수-학습 방법 모색이 중요하다는 것이다(윤여탁, 2003).

---

24) 한국문학에 대한 교양을 필요로 하는 외국인 학습자들에게 한국 현대시의 특성과 문화를 잘 보여주면서, 학습자들이 쉽게 이해할 수 있는 언어, 리듬, 내용을 가진 시들이 적절하다고 할 때, 이 시는 음악성을 구현하면서 그렇게 어렵지 않은 한국어로 정서를 잘 나타내고 있으며, 현대시의 새로운 전통과 모색을 잘 보여주고 있다는 점에서 좋은 교육 자료가 될 수 있다는 것이다.

2) 문화교육적 접근

이 접근은 외국어로서의 한국어교육에서 문학의 활용은 문화교육에 기여하는 방향으로 이루어져야 한다고 본다.

김정우(2001 : 176~188)는 시를 통한 한국문화교육의 방법을 제시하였다. 창의적인 사고, 주체적이고 능동적인 태도가 요구되는 시대가 도래하였으므로, 주체적인 학습 능력을 길러주는 것이 중요하다고 보았다. 시를 통한 문화 교육의 방법론으로 상호텍스트성(intertextuality)에 기반한 교육 방법을 통한 문화 교육을 제안하였다. 이는 하나의 텍스트를 중심으로 그 텍스트와 다양한 연관성을 형성해 나가는 학습 방법이다. 이를 위해 학습 내용의 연관 가능성이 풍부하며 분량이나 난이도가 많거나 높지 않은 텍스트(시)에서 출발할 것을 제안한다.

이선이(2003)는 외국어교육은 학습자 변인에 따라 크게 세 가지 과정 즉 단순히 목표어의 어학적 능력을 추구하는 기능형 과정, 심화된 목표어의 연구를 추구하는 지식형 과정, 목표어를 통해 여러 종류의 업종과 다른 학문을 추구하는 연계지식 과정 등에 따라 문화의 의미는 다른 함의를 가지지만, 외국어로서의 한국어교육에서의 문화란 지식형 과정이나 연계지식형 과정에서 필요로 하는 수준 높은 문화학습을 요구하는 것이 아니라 이들 모두에게 공분모로서 필요한 문화내용이 학습 내용이 되어야 한다고 보았다. 따라서 한국어교육에서 문화의 의미는 총체적인 한국이해라 보고 있다. 즉 한국어교육에서 문화란 한국이라는 특정 지역에 대한 감각을 포괄적으로 학습해나가는 것을 함의한다. 따라서 한국어교육에서 문화이해의 기본 범주와 내용은 자연환경의 이해, 역사의 이해, 생활문화의 이해, 가치의식의 이해 등으로 나눌 수 있다고 보았다. 구체적인 내용을 들면 다음과 같다(이선희, 2003 : 162~164).

■ 자연환경의 이해

① 한반도의 기본적인 지리적 특성 : 위도와 경도, 반도적 특성, 지형 등

② 기후적 특성 : 사계절의 특성 등

③ 각 도의 이름과 지방적 특성 : 식생, 특산물, 관광지, 문화재 등

④ 자연환경과 관련된 언어 : 절기(우수, 경칩), 속담(봄바람에 여우가 눈물 흘린다) 등

■ 역사의 이해

① 한국의 역사적 명칭 변천 : 고조선, 삼국시대, 신라, 자유당 정권, 유신시대, 문민정부, 국민의 정부, 참여정부 등

② 시대별 특징적 요소 : 역사적인 제도, 인물, 문화재, 문화유산 등

③ 역사와 관련된 언어 : 공휴일(개천절, 삼일절), 함흥차사, 화냥년 등

■ 생활문화의 이해

① 의식주와 관련된 명칭과 역사적 변화 : 밥, 된장, 초가집, 한복 등

② 세시풍속의 명칭과 그 의미 : 설날, 추석, 정월 대보름, 단오 등

③ 관혼상제(冠婚喪祭) 및 기타 통과제의와 그 의미 : 돌, 집들이, 환갑 등

④ 일상적 삶과 휴식, 취미생활 : 주말여행, 여름휴가, 동호회, 핸드폰, 버스, 자동차 이용법 등

⑤ 생활문화와 관련된 언어 : 성씨, 속담, 덕담 등

■ 가치의식의 이해

① 유교문화를 중심으로 불교문화와 도교문화의 습합 : 충효, 인의예지, 인연, 초탈 등

② 음양오행사상 : 모음조화의 원리, 요일명칭, 태극기, 항렬 등

③ 전통미의식의 이해 : 멋과 여유, 정한의 미학, 자연미 등

④ 가치의식과 관련된 언어의 이해 : 어휘(님, 인연 등), 속담(개똥밭에 굴러도 이승이 좋다) 등

박목월 시 「나그네」[25]를 대상으로 각각의 항목을 소개하면 다음과 같다(이선희, 2003 : 165~168).

```
                            나그네
                                              박목월


        강나루 건너서
        밀밭길을

        구름에 달 가듯이
        가는 나그네.

        길은 외줄기
        남도 삼백 리

        술 익는 마을마다
        타는 저녁놀

        구름에 달 가듯이
        가는 나그네.
```

① 자연환경의 이해

시를 통해 지리적, 기후적, 풍토적인 자연 환경을 이해하도록 하는데, 지리적 공간을 나타내는 강나루, 밀밭길, 남도 삼백리 길 등을 통해서, 한국사회가 농업사회에서 산업사회로 전환되기 이전의 풍경이라는 역사적인 상황과 관련하여 한국 지리 환경을 이해할 수 있도록 한다. 봄의 밀밭길도 기후와 연결시켜 봄과 관련된 절기, 속담 등도 활용한다.

② 역사의 이해

정착생활을 기반으로 하는 농경사회에서 유랑하는 나그네의 의미를 생각하게 한다. 이 시가 일제강점기와 관련되어 있음을 설명하고, 이 시대의 역사적인 특징들을 다양한 자료를 통해 이해시킨다.

---

25) 조지훈의 「완화삼」에 화답(和答)한 화답시. 다음과 같은 부제가 있다. '술 익는 강마을의 저녁 노을이여―지훈에게'

③ 생활 문화의 이해

농촌 공동체의 마을을 통해 한국의 전통적인 의식주 문화를 설명한다. 도시화 이전의 한국의 마을 모습과 한국인의 의생활과 식생활의 모습을 이해하고 그 문화적인 의미를 생각하게 한다. 이 시에 등장하는 술을 통해 한국의 음주문화를 이해하게 할 수 있다.

④ 가치의식의 이해

나그네가 인간과 자연의 조화로움을 추구하는 인식과 연결되어 있음을 이해시킨다. 유교가 강하게 작용하는 현실이기는 하지만, 도교적인 미의식도 한국인의 가치의식을 형성하고 있다는 것도 이해시킨다. 나아가 한국의 문화적 특징을 가치 내지 미적인 차원과 연관시켜 설명할 수 있다. 또한 이 시에 나오는 '삼백리'의 '삼'(三)이라는 숫자에 대한 한국인의 의식을 이해시킨다.

외국어교육에서 문화의 의미를 종합적 성격을 지닌, 지역에 대한 감각화를 지향한다는 점을 전제로 한 이선이(2003)의 시(문학)교육 방법은 현 시기의 문화교육은 지역학(Area Studies)적인 총체적 시각을 확보하는 방향에서 이루어진다고 보면서, 이에 따라 한국문화의 변별적 지표를 범주화하여 그것을 시(문학)교육의 내용으로 삼았다는 점에서 의의가 있다.

김진호(2012)는 외국어로서의 한국어교육에서 문화교육에서의 문학교육의 의의를 밝히고, 시문학을 활용한 한국문화교육의 방법론을 모색하고 있다.[26] 문화교육에서의 문학교육의 의의를 사회언어학적인 관점에서의 필요성과 인류문화적인 관점에서의 필요성에서 다룬다. 사회언어학적인 관점에서 보면 언어에는 사회·문화적 배경이 내포되어 있기 마련이고 따라서 언어교육은 반드시 문화교육이 병행되어야 한다는 것이다. 또한 인류문화적인 관점에서 보면

---

26) 스토리텔링 방법을 활용하여 김소월의 작품에 적용하고 있다.

언어는 문화권에 따라 다른 모습으로 나타난다. 한국문화에서 존칭어가 발달하여 있다든지 우리와 집단 의식이 강한 언어 사용을 보이는 것은 한국 문화의 특색을 반영한 것이다.

시문학을 활용한 한국문화교육의 방법론으로서 문학 작품의 이해 단계에 맞춘 교수학습 모형과 문화 수업의 교수·학습 모형을 제안한다(김진호, 2012 : 85~94). 첫째, 문학 작품의 이해에 맞춘 교수학습은 본격적인 문화 수업에 앞서 문학 작품이 지닌 의미 분석과 파악을 하도록 하는 수업에 해당한다. 이는 관례적으로 해온 문학교육의 한 부분과 크게 다르지 않다. 교수·학습 모형을 제시하면 다음과 같다.

■ 문학 작품의 이해 단계에 맞춘 교수·학습 모형
　　1단계 : 읽기 전 단계―시대 개관 및 작가 소개
　　2단계 : 읽기 단계―작품 낭송, 어휘 및 행과 연의 의미 파악, 구체적인 질문을
　　　　　　　　　유도한 시의 의미 파악
　　3단계 : 읽은 후 단계―말하기 단계, 패러디 쓰기, 감상 쓰기

둘째, 문화 이해에 초점을 둔 교수·학습은 문학(시)를 활용한 한국문화에 대한 이해 수업에 해당한다. 특히 스토리텔링 방법을 활용하여 문화 수업에 적용하고 있다. 스토리텔링이란 이야기를 전달하는 방법에 초점을 두고 듣는 사람에게 감정을 살려 생동감 있는 이야기를 들려주는 것을 의미한다(김진호, 2012 : 80). 스토리텔링 방법은 일반적으로 알려져 있듯이 재미있고 자연스럽게 학습 목표에 도달할 수 있는 방법으로, 문화 수업에 학생들이 관심을 갖고 적극적으로 참여하게 하여 한국문화를 이해할 수 있게 하는 것이다.

■ 문화 수업의 교수·학습 모형
　　1단계 : 시대, 작가에 대한 구성 단계―시대 상황에 대한 스토리텔링 구성, 작가
　　　　　에 대한 스토리텔링 구성

시대 상황에 대한 스토리텔링 구성	교사 : 김소월이 살았던 당시의 시대에 대한 스토리텔링 방법으로 이야기를 구 성해 보세요. 학생 : 작품 분석의 기본 모형 단계에서 준비했던 시대 상황에 대한 자료를 근 거로 스토리텔링을 구성한다.

2단계 : 작품에 대한 구성 단계—화자의 입장에서 정서 스토리텔링 구성, 화자의
입장에서 이미지 스토리텔링 구성, 화자의 입장에서 개인적 입장과 반응
스토리텔링 구성, 화자의 입장에서 민족적 입장과 반응 스토리텔링 구성,
청자의 입장에서 개인적 입장과 반응 스토리텔링 구성, 청자의 입장에서
민족적 입장과 반응 스토리텔링 구성

화자의 입장에서 정서 스토리텔링 구성	교사 : 애상적 정서와 여인이 품고 있는 한의 정서를 유도할 수 있는 스토 리텔링을 구성하도록 유도한다. 학생 : 이별을 맞고 있는 여성적 화자를 찾을 수 있으며, 여성적 화자가 대 처하는 상황은 어떠한가에 대한 스토리텔링을 구성할 수 있다.
청자의 입장에서 민족적 입장과 반응 스토리텔링 구성	교사 : 일제 강점하에서 고향과 조국을 잃게 되는 상황에서 화자의 이야기 를 듣고 반응할 수 있는 스토리텔링을 유도할 수 있다. 학생 : 타의에 의해 민족의 아픔을 승화할 수 있는 스토리텔링으로 구성할 수 있다.

3단계 : 작품에 대한 스토리텔링 단계 구성에 따른 실제 스토리텔링 발화의 단계
—위에 구성한 스토리텔링 요목에 맞춘 실제 발화의 단계

실제 스토리텔링 발화 단계	다양하게 구성된 스토리텔링 구성을 통해 학생들이 다양하게 반응하는 스 토리텔링의 발화 단계.

4단계 : 1~3단계를 통해 느낀 점 말하기 단계—한국 문화의 이해 단계

한국문화의 이해 단계	개인적 이별상황에서 느껴지게 되는 애상적 정서의 원인과 민족적 차원에 서 고향과 조국을 잃게 되는 상황의 원인에서 발견되는 한의 정서를 이해 할 수 있고, 학생들의 본국에서는 이와 같은 민족적 아픔이 있었는지 자유 롭게 이야기하며 한국민들이 품게 되었던 한의 정서를 공유하고 이해할 수 있는 계기가 마련된다.

3) 위계적 접근

여기에서는 시(문학)교육을 고급과정에서 다루고 있는 관점을 소개한다. 신주철
(2006 : 63~64)은 고급과정에서의 시 교육의 의의를 다음과 같이 정리하고 있다.

① 시 교육은 정서적 언어 구사를 이해하고 스스로도 표현해보고 싶다는 자극을 유발할 수 있다.

② 지적인 사유 훈련을 가능하게 한다.

③ 비유적이거나 함축적인 언어를 통해 언어 경제를 경험할 수 있다.

④ 설명하거나 주장하기 위해 직설적으로 구사하는 언어와는 달리 묘사하려는 형상적 언어를 접할 수 있다.

⑤ 능동적이고 창발적인 참여를 이끌어낼 수 있다.

⑥ 시는 여러 주제로 접근이 가능한 다양하게 준비된 자료이다.

신주철은 언어학습은 최종적인 목적이 아니라 과정으로서의 성격이 강한 것이며, 고급과정에서까지 기능적인 언어 교수에 그친다면, 학습자들이 문화를 통해 깊고 넓은 시각과 깊은 사유 능력을 확보함으로써 인간적 성숙을 이르는 기회를 놓치게 된다고 비판한다.

그러면서 고급과정에서의 시교육은 경험하고, 이해하고, 느끼는 것 등을 통해 인지와 정서를 통합하고 서로의 경험과 생각의 나눔을 지향한다고 하였다. 새로운 어휘와 표현을 익히는 것도 중요하지만, 한국 시를 맛보거나 시를 통해 다른 문화권의 삶을 통찰하는 것을 최종 목표로 삼는다는 것이다.

이러한 점을 전제로 신주철(2013 : 143-151)에서는 「진달래꽃」과 「서시」를 선정하여 교실 수업 이전의 활동, 교실에서의 수업 활동으로 나누어 제시한다. 교실 수업 이전의 활동에서는 '시를 여러 번 읽으면서 이미지를 만들어 느끼려고 노력한다', '시의 의미를 이해한다', '이별을 맞는(예감하는) 한국인(여인)의 전통적인 태도를 생각하고 이해한다', '자신의 '서시'를 짧게 써본다' 등과 같은 수업 목표를 제시하고, '한국친구와 두 작품에 대해 이야기를 나눈다', '아래에서 모르는 단어를 친구에게 물어보거나 사전을 찾아서 예문을 하나씩 써온다', '자신의 이해와 감상을 적어오고 수업 중에 친구들과 이야기를 나눈다' 등과 같은 과제를 제안한다.

교실에서의 수업 활동을 살펴 보면 한 학생이 사회를 맡아 진행하고, 학생들은 한국 시와 관련하여 자신들이 겪은 경험을 말하였으며, 한국 시를 읽었을 때의 느낌과 시에 얽힌 일화를 말하였다. 학생들은 한국 사람들이 시를 좋아하는 이유가 무엇인지 생각해 보고 그 이유를 발표하기도 하였다.

특히 '여러분 나라에서 앞과 같이 이별을 예감하거나 이별의 상황에 있는 여인이 표현했을 것으로 생각되는 바와 무엇이 어떻게 다른가'에 대한 물음에 대하여 다양한 반응이 있었다고 하였다. 한국 사람들이 떠나는 또는 떠난 사람에 대해 미련이 많은 것 같다, 한국 여인이 자신을 낮추고 남자를 하늘처럼 바라보고 있는 것 같다. 이 작품처럼 실제로 조용히 보낼 수 있을까 등의 대답이 그것이다.

또한 '앞 시를 통해 한국인이 생각하고 표현하는 방식(또는 한국문화)을 조금 더 알게 되었다고 생각합니까? 그렇다면 무엇입니까?'라는 물음에서 대하여도 다양한 반응이 있었다고 하였다. '한국 사람은 슬픔이나 외로움을 가슴 깊이 묻고 외면은 조용히 살아갈 수 있는 것 같은데 아마 이런 것을 한이라고 하는 것일까, 한국어의 표현이 대단하고 한국인이 아름답다고 느낀다, 한국인은 일본인과 달리 행동과 속마음이 비교적 일치한다고 생각했는데, 「진달래꽃」에서 마음속으로는 헤어지기 싫어도 겉으로는 아무렇지 않은 것처럼 기꺼이 보낼 때도 있다는 것을 알았다' 등의 대답이 있었다고 하였다.

이 같은 교수-학습은 고급과정에서 수업 과정을 통해 학생들은 자신에 대한 반성, 자국 문화와의 비교, 한국어에 대한 새로운 인식에 이르기까지 폭넓은 대화가 가능하였다는 점, 간략하게나마 자신을 대상으로 「서시」를 패러디하여 창작을 해봤다는 것은 시(문학)교육이 이해 감상 차원에서 표현 창작 차원으로 확장될 가능성을 열어 놓았다는 점에서 의의가 있다.

그러나 이와 같은 수업은 고급 과정뿐 아니라 초, 중급 과정에서도 이루어져야 한다. 각 과정의 수준에 적합한 작품을 선정하고 거기에 적절한 교수학습이 이루어지면 되기 때문이다. 특히 초급 과정에서는 대중 가요뿐 아니라 민요, 동요, 동시, 가곡 등 시적인 텍스트를 적극적으로 활용하도록 하면 될 것이다.

4) 문학과 어학의 통합적 접근

오지혜(2012)는 한국어 활동에서 학습자들의 언어 인식과 언어 감각을 길러 주는 일이 매우 중요한데, 그것을 계발시켜주기 위해 언어의 어감[27]에 대한 감수성 교육뿐 아니라 메타언어 능력, 언어문화 능력에 대한 교육이 필요하다 고 주장한다. 언어 인식의 문제는 시적 문법을 토대로 한 시적 텍스트의 이해 교육을 통해 가능하다고 보고, 학습자들의 자율적인 시적 텍스트 변형을 통한 한국어 어감 이해 교육 방안을 모색하고 있다. 이를 위해 입력-출력 연계의 읽기-쓰기 통합, 문학 언어 텍스트 기반의 어학 교육, 학습자 주도적인 발견 -탐구 활동이라는 관점을 취하고, 시적 어감 이해 단계를 '원 텍스트의 선택 적 입력을 통한 어감 인식하기 → 원 텍스트와 변형 텍스트 간의 조율을 통한 어감 전환하기 → 변형 텍스트의 조직적 재구성을 통한 어감 통합하기' 등 3 단계로 제시하였다.

'원 텍스트의 선택적 입력을 통한 어감 인식하기' 단계에서 학습자들은 의 미상 어감과 관련된 언어 형태, 의미 측면에서의 두드러지고, 유의미한 부분 을 찾아 집중하는 선택적 입력을 하게 된다. 이 과정에서 학습자들은 어휘, 형 태, 통사, 담화 차원에서 언어의 어감을 인식하게 된다.

'원 텍스트와 변형 텍스트 간의 조율을 통한 어감 전환하기' 단계에서 학습 자들은 어휘, 형태, 통사, 담화적 차원에서 언어를 대체, 전환, 결속, 조직하는 변형을 통해 지각된 입력을 조정하게 된다. 여기에서 시적 맥락을 고려한 이 러한 조정 과정을 거쳐 어감의 수용 단계로 넘어간다.

가령 '돌담에 속삭이는 햇발같이'(김영랑, 「돌담에 속삭이는 햇발」)에서 어휘 차원 에서 '돌담'이 '돌벽'이나 '담장'으로 어감 대체가 이루어지고, 형태 차원에서 '내게는 잠도 오지 않았나 보다'(서정주, 「국화 옆에서」)는 '내게는 잠도 오지 않았

---

27) 어감이란 "언어의 느낌, 어조, 의도에 의해 나타나는 의미상의 미묘한 차이"(오지혜, 2012 : 19~ 20)를 말한다.

고'로 어감 전환이 일어난다. 통사차원에서 '네 이름을 남 몰래 쓴다 민주주의여.'(김지하, 「타는 목마름으로」)는 '민주주의여 네 이름을 남 몰래 쓴다'로 어감 결속이 이루어진다. 그리고 담화 차원의 어감 조직은 예컨대, 「국화 옆에서」(서정주)의 경우 시간의 방향성에 따라 원래의 1-2-3-4 연의 구성이 4-3-1-2, 2-4-3-1, 2-1-4-3 등의 순으로 순서화한다.

'변형 텍스트의 조직적 재구성을 통한 어감 통합하기'에서는 유의미한 입력에 대한 조직적인 재구성 활동을 통한 어감 통합이 이루어진다. 이 단계에서는 선택적으로 수용된 입력을 조직적으로 전환하는 활동이 중요하다.

참고 문헌

김진호(2012), 「외국어로서의 한국어교육에서 시문학을 활용한 한국 문화 교육 연구 : 김소월의 작품을 중심으로」, 단국대박사논문.

김정우(2001), 「시를 통한 한국 문화 교육의 가능성과 방법」, 『선청어문』 제29집, 서울대국어교육과.

송무 외(1998), 『시적 텍스트를 이용한 영어 교육』, 신아사.

신주철(2013), 「한국시 교육의 실제」, 『한국어교육에서 한국문학 교육의 이론과 실제』, 커뮤니케이션북스.

오지혜(2012), 「시적 텍스트 변형을 통한 한국어 어감 이해 교육 연구」, 서울대박사논문.

윤여탁(2003), 「문학교육과 한국어교육」, 『한국어교육』 14, 국제한국어교육학회.

윤여탁(2003), 「한국어교육에서 문학교육 방법 – 현대시를 중심으로」, 『국어교육』 111, 한국어교육학회..

이선이(2003), 「문학을 활용한 한국문화 교육 방법」, 『한국어교육』, 14-1, 국제한국어교육학회.

임경순(2005), 「한국어 문화 교육의 방안 연구」, 『한중인문학연구』 14, 한중인문학회.

임경순(2006), 「문화중심 언어와 문화의 통합 교수학습 방법 연구」, 『한중인문학연구』 19, 한중인문학회.

임경순(2007), 「한국 문화 이해론 서설」, 『선청어문』 36집, 서울대사범대학국어교육과.

임경순(2009), 「한국어교육에서 시교육의 의의와 방법」, 『교육논총』, 한국외대교육대학원.

Carter, R. & Long, M. N.(1991), *Teaching Literature*, New York : Longman.

Collie. J. & Slater. S.(1987), *Literature in the Language Classroom : A Resource Book of Ideas and Activities*, Cambridge University Press.

Collins, R. & Cooper, P. J.(2005), *The Power of Story : Teaching Through Storytelling*, Long Grove : Waveland Press.

Lazar, G.(1993), *Literature and Language Teaching : A guide for teachers and trainers*, Cambridge: Cambridge U.P..

Seelye, H. N.(1993), *Teaching Culture : Strategies for intercultural communication*, Illinois : National Textbook co.

제5장   설화·전래동화를 활용한 한국문화교육

문학을 활용하여 한국문화를 교육하는 데는 두 가지 점에서 다양성이 있다. 하나는 문학이 다양하다는 것이고, 다른 하나는 교육 방법이 다양하다는 것이다. 시대를 기준으로 보면 문학을 고전문학과 현대문학으로 크게 나눌 수 있지만, 양식을 기준으로 나누면 크게 운문과 산문으로 나눌 수 있고, 운문과 산문은 시대에 따라 매우 다양한 장르들로 나눌 수 있다.

산문 문학의 하나인 설화는 고전 문학이면서 오늘날에도 여전히 사람들이 향유하는 문학이다. 또한 설화는 구비문학의 하나로 아주 먼 옛날부터 입에서 입으로 전해 오면서, 우리 민족의 삶을 잘 보여준다. 따라서 설화를 활용하여 한국문화를 학습한다는 것은 한민족의 삶을 이해하는 데에 매우 중요한 의미를 지닌다.

설화 가운데는 어린이들에게 어울리는 전래동화가 있다. 전래동화는 한국의 언어뿐 아니라 그것을 통하여 문화를 배울 수 있는 소중한 자료이다.

이번 장에서는 고전 문학 교육의 가치와 대상, 설화와 전래 동화를 활용한 한국문화교육의 방법 등을 살펴봄으로써 주로 고전문학을 활용한 문화교육의 내용과 방법을 탐색해 보도록 한다.

1. 고전문학 교육의 가치

김종철(2002)은 외국인을 위한 한국어교육에서 한국 고전문학 교육의 중요성을 다음과 같이 들었다.

첫째, 고전문학은 한국어의 역사에서 표현의 정수이다. 그 표현은 오늘날의 한국어에도 이어지고 있다는 점에서 고전문학은 한국어교육의 중요한 교재이다.

둘째, 고전문학은 한국인의 언어 생활사에서 삶과 세계를 인식하는 틀과 지향하는 가치를 잘 표현한 것이다. 따라서 고전문학을 통해 한국인의 사고방식, 가치관, 표현 방식 등을 알 수 있게 됨으로써 고급한 수준의 한국어를 구사할 수 있게 된다.

셋째, 고전문학은 한국인이 성취한 인류사적 고전이다. 따라서 한국 고전문학을 학습하는 것은 한국 문화가 세계 문화의 일원으로서 이룬 최고의 성과를 이해하는 것이다.

양민정(2003 : 285)은 김종철이 제시한 세 가지에 덧붙여 고전문학교육의 중요성을 언급하고 있다.

넷째, 고전문학은 교훈과 교양적 내용을 담고 있으므로, 교육적으로 유용하다.

다섯째, 고전문학은 정화된 감정과 세련된 감각으로 다듬어져 있어서 독자들의 감정을 정화 발전시키는 데 도움을 준다.

여섯째, 고전문학은 당대인의 생활과 관념을 담고 있으므로, 중세적인 사회와 문화를 함축적으로 보여주는 매개체이다.

일곱째, 고전문학에 담긴 고전어로서의 일상언어와 특정한 어휘들을 학습하면서 실제적인 언어들을 간접적, 통합적 방법으로 배울 수 있다.

양민정(2006 : 105)은 고전문학을 통한 문화교육의 중요성에도 불구하고, 한국어교육에서 고전문학의 활용은 거의 전무하다고 진단하고 그 이유로 한국어 문법교육 측면에서 볼 때 문장의 구조적 복잡함, 고어의 난해함과 생경함 등을 들 수 있고, 어휘교육 측면에서는 고어와 한자어의 어려움, 그리고 문화의 측면에서 중세의 낯설고 독특한 문화가 현실감과 거리가 있게 느껴진다는 데에서 찾고 있다. 이와 같은 이유로 어휘, 문법, 문화의 측면뿐 아니라 문학의 측면에서도 외국어로서의 한국어교육에서 고전문학이 소외되어 왔다. 그러나 이것은 비단 고전문학에만 해당되는 것이 아니라 문학 전반에 해당되는 것이라 볼 수 있다. 더욱이 한국어교육이 기초적인 어휘나 문법에만 지나치게 치중되어 온 나머지, 한국 문학을 비롯한 한국 문화에 대한 깊이 있는 교육은 등한시되어 온 것을 부인하기는 어렵다.

그럼에도 불구하고 앞에서 문학교육의 가치, 시(문학)의 교육적 가치 등을 언급하면서 살펴보았듯이 문학의 교육적 가치와 중요성은 보편적으로 인정되어 왔다고 볼 수 있다. 특히 고전문학 교육의 가치에 대하여 여러 연구자들이 밝혔듯이 고전문학 또한 그 가치와 중요성은 강조되어 왔다.

요컨대 고전문학이 지닌 교육적 가치는 한국어 어휘 및 문법 지식, 한국어 학습에 대한 긍정적 동기 부여, 한국 문학과 문화에 대한 이해 능력, 자국문학 및 문화와 한국문학 및 문화와의 비교 능력을 길러준다는 데서 찾을 수 있을 것이다.

2. 고전문학 교육의 대상

문학 작품 선정 기준에 대하여 G. Lazar(1993 : 52~56)은 다음과 같이 제시하고 있다.

■ 코스의 유형(Type of course)
　학생의 수준(level), 한국어를 배우는 이유, 요구되는 한국어의 종류(kind), 코스의 길이/강도(intensity)

■ 학생의 유형(Type of students)

나이, 지적 성숙도, 정서적 이해, 흥미/취미, 문화적 배경, 언어적 유창성 (proficiency), 문학적 배경

■ 기타 텍스트 관련 요소들

텍스트 이용의 유용성(availability), 텍스트의 길이, 텍스트의 개발가능성 (exploitability), 교수요목(syllabus) 적합성

G. Lazar(1993 : 52~56)이 제안한 문학 작품을 선정할 때 고려해야할 범주는 코스의 유형과 학생의 유형 그리고 기타 관련 요소들로 구성되어 있다. 물론 그는 그가 제시한 것들 외에 다른 요소들도 고려할 필요가 있다고 언급하고 있다. 그렇지만 이것은 한국어교육을 위한 문학작품 선정의 일반적인 기준이라 할 수 있다.

윤영(1999 : 42~46)은 한국어교육에서 문학텍스트 선정 기준을 다음과 같이 제시하고 있다.

- 외국인 학습자에게는 흥미가 있는 작품
- 문학적으로 가치가 있는 작품
- 시간과 공간을 초월하는 보편적인 주제를 다루고 있는 작품
- 한국 문화의 특성을 보여주는 작품
- 학생들의 언어능력을 고려한 작품
- 가능한 한 현대 작품
- 의도된 수업 시간에 적절한 작품의 양
- 매체를 적극적으로 수용

신윤경(2008 : 42)은 한국어교육에서 문학 텍스트 선정 기준을 교육과정과 수업 목표, 텍스트, 주제 및 활용성 등에서 제시하고 있다.

항목		고려 요인	점수
교육 목적	1	일반 목적/특수 목적(학문 목적, 직업 목적)을 위한 과정인가?	
학습 목표	2	언어 용법 학습/쓰기/말하기/듣기/문화 등을 위한 활동인가?	
활용성	3	수업 목표(언어 용법, 쓰기, 말하기, 듣기, 문화)에 맞는 활용 가능성이 충분한가?	5-4-3-2-1
작품성	4	문학사적으로 가치를 인정받는가?	5-4-3-2-1
	5	대중적인 텍스트인가?	5-4-3-2-1
문체	6	현대어로 쓰인 텍스트인가?	5-4-3-2-1
	7	어휘 수준이 적절한가?	5-4-3-2-1
길이	8	수업시간에 절절한 분량인가?(50분, 2-3시간)	5-4-3-2-1
		분량이 적절치 않다면 발췌할 만한 부분이 맥락의 영향을 받는가?	5-4-3-2-1
주제 및 소재	9	한국의 긍정적인 면을 부각시키고 있는가?	5-4-3-2-1
	10	한국인의 전통적 가치관 또는 보편적 가치관을 담고 있는가?	
	11	흥미를 주는 소재인가?	5-4-3-2-1
	12	문화 요소를 배울만한 부분이 많은가?	5-4-3-2-1

　　그런데 문학 일반에 대한 논의에 비하여 고전문학 작품의 특수성을 고려한 선정기준에 대한 논의는 드문 편인데, 홍혜준(2004 : 538~539)은 R. A. Carter & M. N. Long(1991)이 정리한 것을 참고하여, 한국문화 교육에서 고전문학 작품 선정의 방향을 다음과 같이 언급한바 있다.

　　첫째, 한국문화 교육 측면에서는 한국인의 생활 풍속이나 생활 방식을 배울 수 있는 작품이 유용하다. 예컨대 '농가월령가'나 '시집살이요'를 활용할 수 있다. 또한 한국의 풍물이나 지리 등을 학습할 경우, 한국의 자연과 환경이 잘 드러난 기행 가사, 지역 민요 등을 활용할 수 있다.

　　둘째, 언어교육의 측면에서 한국어의 독특한 언어유희, 말장난, 리듬, 통사 구조 등을 학습할 수 있다. 초급단계에서는 동요, 중급단계에서는 시조, 가사의 율격, 고급단계에서는 판소리, 탈춤 등을 활용할 수 있다.

　　셋째, 개인 성장 측면에서는 한국인의 가치관, 세계관을 작품을 통해 배울 수 있다. 흥부전에서의 우애와 해학성, 시조에서의 자연 친화 사상과 충, 효, 예, 심청전의 효 사상 등을 활용할 수 있다.

이상에서 알 수 있듯이 한국 고전문학 자체의 선정 기준에 대한 논의는 매우 미흡한데, 문학 일반과 관련한 선정 기준을 준용하면서 고전문학의 특수성을 고려하여 선정 기준을 제시할 필요가 있다.

3. 설화를 활용한 한국문화교육

1) 설화의 개념과 특징

(1) 설화의 개념

설화는 민족 집단이라는 공동체 속에서 공통의 의식을 바탕으로 자연적으로 발생된 구비문학의 일종으로 일정한 구조의 형식을 가진 꾸며낸 이야기를 말한다. 설화는 구비문학의 한 갈래인 산문 서사양식이며, 설화에는 신화, 전설, 민담 등이 있다. 설화는 자연적이고 집단적으로 형성된 것이며, 민족적, 평민적인 내용을 담고 있다.

신화는 민족 사이에 전승되는 신적 존재와 그 활동에 관한 이야기를 말한다. 전설은 신화와 달리 강한 지역성과 역사성(시대성)을 가지고 있다. 전설은 특정 시대, 특정 지역의 특정 인물에 관한 이야기이다. 민담은 신화의 신성성, 위엄성과 전설의 신빙성과 역사성이 희박하고 흥미 위주로 된 옛 이야기이다.

신화, 전설, 민담의 차이를 여러 측면에서 살펴 보면 다음과 같다(장덕순 외, 1983 : 17~20).

■ 전승자의 태도에서
- 신화 : 신화를 진실되고 신성하다고 인식
- 전설 : 진실되다고 믿고 실제로 있었다고 주장
- 민담 : 신성하지도 않고 사실도 아닌 꾸며낸 이야기임을 선언

■ **시간과 장소에서**

- 신화 : 일상적 경험으로 측정할 수 있는 범위를 넘어선 태초에 일어난 일이고, 특별한 신성장소를 무대로 삼는 것이 예사
- 전설 : 구체적으로 제한된 시간과 장소를 갖는다.
- 민담 : 뚜렷한 장소와 시간이 없다.

■ **증거물에서**

- 신화 : 매우 포괄적이다.
- 전설 : 특정의 개별적 증거물이 있다.
- 민담 : 이야기가 그 자체로 완결되며, 증거물에 호소할 필요가 없다.

■ **주인공 및 그 행위에서**

- 신화 : 주인공은 신이며, 그의 행위는 신이 지닌 능력의 발휘이다.
- 전설 : 주인공은 여러 종류의 인간이되 그의 행위는 인간과 인간, 또는 인간과 사물 사이에서 일어나는 예기치 않던 관계가 대부분이다.
- 민담 : 주인공은 일상적인 인간이다.

■ **전승의 범위에서**

- 신화 : 민족적인 범위에서 전승된다.
- 전설 : 증거물의 성격상 대체로 지역적인 범위를 갖는다.
- 민담 : 지역적인 유형이나 민족적인 유형은 있어도, 어느 지역이나 민족으로 한정되지 않는다.

(2) 설화의 특징

장덕순 외(1983 : 15~17)에서는 설화의 특징을 다음과 같이 언급하고 있다.

첫째, 일정한 구조를 가진 꾸며 낸 이야기이다. 꾸며낸 이야기라는 점에서 서사민요, 서사무가, 판소리, 소설 등 모든 서사문학의 장르들과 일치한다.

둘째, 구전(口傳)된다. 설화는 구전에 적합한 단순하면서도 잘 짜인 구조를 지니며, 표현 역시 복잡하지 않다.

셋째, 산문성(散文性)을 지닌다. 설화는 보통 말로 구연되며, 규칙적인 율격은 발견되지 않는다.

넷째, 구연(口演) 기회에 대체로 제한이 없다. 언제 어느 때나 가리지 않고 이야기를 하고 들을 분위기가 이루어지면 구연할 수 있다.

다섯째, 화자가 청자를 대면해서 청자의 반응을 의식하면서 구연된다. 화자로서의 자격에 제한이 없으며, 양반이나 지식인도 설화를 즐긴다.

여섯째, 문자로 기재될 수 있는 기회가 많다. 양반이나 지식인 등 누구나 즐길 수 있는 것이기 때문이기도 하지만, 설화는 글로 적어도 변질될 가능성이 적기 때문이다.

일곱째, 설화를 정착시켜 기록문학적 복잡성을 가미하면 소설이 된다. 설화에서 소설로의 이행은 구비문학이 기록문학으로 바뀌는 현상에서 가장 큰 비중을 차지한다.

2) 설화 교육의 의의

이성희(1999 : 261~265)는 설화를 통해 교육적으로 기대되는 효과를 다음과 같이 제시하고 있다.

첫째, 한국인의 심성 이해

한국의 설화에는 생활 속의 교훈과 지혜, 꿈과 낭만, 역경을 이겨내는 힘과 용기 등이 녹아들어 있고, 보편적인 인간의 감정에 호소하는 힘이 있다. 한국 설화를 통하여 설화에 담겨 있는 한국인의 정신, 심성을 잘 이해할 수 있게 된다.

둘째, 역사·문화적 어휘 이해

설화에는 역사적인 인물을 다룬 이야기가 상당 부분 차지한다. 특히 『삼국유사』에는 삼국의 역사뿐 아니라 고조선, 기자조선, 위만 조선, 가락국 등의 역사까지 다루고 있으며, 또한 신화, 전설, 민담이 풍부하게 실려 있다. 이러한 설화를 학습한다는 것은 인물뿐 아니라 역사적인 사건들을 아울러 공부할 수 있게 되며 그와 관련한 어휘 등을 알게 된다.

셋째, 관습·미덕·예의범절 이해

설화에는 한국인의 전통적인 관습, 미덕, 예의범절, 가치관 등이 담겨 있다. 따라서 설화를 통해 한국인들의 그러한 특성들을 잘 배울 수 있다. 전통적으로 한국은 웃어른에 대한 공경과 부모에 대한 효를 중시해 왔다. 그것은 생활 속의 예의범절, 사고 방식, 어법에 잘 나타나 있다. 그러한 생각은 오늘날에도 면면히 이어지고 있다.

넷째, 관련 속담, 관용 어구를 통한 어휘 확장

설화에는 많은 어휘들이 사용되었다. 현재 사용되는 어휘들은 적절한 문장과 함께 학습할 수 있도록 하고, 그렇지 않은 어휘들은 관련 속담이나 관용 어구 등과 함께 학습할 수 있도록 한다. 이것은 학습자들이 터득하기 어려운 속담이나 관용 어구를 자연스럽게 학습할 수 있는 기회가 될 것이다.

다섯째, 이야기의 힘(흥미)을 이용한 학습 효과

한국어를 학습하는 방법은 매우 다양하다. 문학 작품 특히 설화에는 감동, 흥미, 교훈적인 요소가 많기 때문에 학습 동기와 효과를 극대화할 수 있다.

여섯째, 우리 문화를 세계에 알리기

오늘날은 세계 각국의 다양한 문화 교류가 활발한 때이다. 다른 문화를 비판적 창의적으로 받아들이는 것과 함께 한국 문화를 세계에 알리는 일도 중요한 과업이다. 설화를 비롯한 많은 문화 구성물들은 한국 문화를 알리는 중요한 자원들이다. 설화는 인간의 보편적인 정서뿐 아니라, 한국인의 삶의 모습이 잘 형상화되어 있으며, 한국인이 누구인가를 알 수 있는 소중한 문화 유산이다.

3) 교육 대상으로서의 설화

이성희(1999 : 265~267)는 설화를 가르칠 때 다음과 같이 분류하여 가르칠 수 있다고 보았다.

첫째, 세계 공통 이야기

설화 가운데는 세계적으로 비슷한 유형의 설화가 있다. 내용이 비슷하므로 설화를 이해하기가 쉽고, 친숙하게 다가갈 수 있다. 학습자들은 자신이 알고 있는 설화를 바탕으로 한국의 설화를 대하면서 한국적인 표현과 문화적 변이를 파악하면서 학습할 수 있다. 따라서 양국 문화에 대한 자연스러운 비교와 상호 이해가 가능하다. 가령 '임금님 귀는 당나귀 귀'와 그리스 신화 '마이더스왕' 이야기, '나무꾼과 선녀'와 '백조처녀(Swan maiden)', '콩쥐 팥쥐'와 '신데렐라(Cinderella)', '해와 달이 된 오누이'와 '늑대와 새끼양들(The Wolf and the Kids)'과 공통점이 많다.

둘째, 한국 사람에게 보편적인 이야기

한국인이라면 누구나 알고 있는 이야기들이 있다. 어렸을 때부터 많이 듣고, 읽어 온 이야기들이라 매우 친숙하다. 따라서 한국 언어 문화를 배우면서 한국인들이 공유하고 있는 이야기를 모른다면, 한국인의 문화를 제대로 이해할 수 없게 된다. 가령 '흥부와 놀부', '콩쥐팥쥐', '심청전', '춘향전' 등은 한국인이라면 누구라도 익히 알고 있는 이야기들로 누가 착한 인물이고, 누가 악한 인물인지를 알고 있다.

셋째, 잘 알려지지 않았으나 흥미 있는 이야기

소화(笑話)로 분류되는 이야기들은 위트와 유머가 담겨있으므로 학습 의욕과 흥미를 유발하고, 읽기, 쓰기, 듣기 등 다양한 영역에서 활용할 수 있다.

넷째, 수준 높은 문학적 완성도를 보이는 이야기

설화 가운데 문학적 완성도가 높은 작품들이 있다. 구성이나 인물의 형상화가 치밀하게 되어 있으므로, 심도 있는 토론 교재로 활용할 수 있다. 가령 '도미와 개루왕', '불귀신이 된 지귀', '머리에 꽂은 석남(石南)' 등이 있다.

4) 설화 교육의 방법

(1) 활동 방법

설화를 활용한 교육 방법은 다양하게 제시될 수 있지만 여기에서는 이성희 (1999 : 268)에서 제시한 것을 소개하고자 한다.

> 가. 토론하기 : 주인공이 왜 그렇게 행동하였나/이 이야기의 주제는 무엇인가/주
> 인공의 생각과 자신의 생각이 다른 점은 무엇인가/등장인물과 같은 사람을
> 알고 있는가/(   )씨가 등장인물이라면 어떻게 행동했겠는가
> 나. 각자 이야기에 나오는 인물이 되어 자신의 입장 설명하기
> 다. 법정 상황으로 연출하기(판사, 검사, 변호사, 피고, 원고 등)
> 라. 작품과 다른 결말의 내용을 창작해 보기
> 마. 작품의 결말 다음에 이어질 내용을 창작해 보기
> 바. 역할놀이(roleplaying)
> 사. 현대를 배경으로 새롭게 구성해 보기(비슷한 사건을 현대의 인물, 배경에서
> 새롭게 각색해 보기)
> 아. 작품의 내용을 낭독하기(배역을 정해서, 감정을 넣어서)
> 자. 연극/TV 드라마 대본으로 구성하기
> 차. 감상문 쓰기
> 카. 주인공에게 편지 쓰기
> 타. 비슷한 주제, 모티브를 가진 자기 나라의 이야기하기
> 파. 빈 칸 채우기─설화의 중간 중간 빈 칸을 만들어 채워 넣기를 한다. 또는
> 주인공들의 대화문으로 구성하여 빈 칸을 만드는 방법도 활용될 수 있다.

(2) 도깨비 설화 교육 방법

수많은 설화 가운데 여기에서는 도깨비 설화를 활용한 교육 방법을 소개하고자 한다. 도깨비 설화는 동북아시아에서 전승되는 이야기로, 특히 한국에서는 민간 전승의 허구적인 이야기의 시금석이라 할 만큼 한국인들의 정서에 뿌리박혀 있다(김열규, 1991 : 32). 어릴 때부터 전해 듣는 이야기 가운데 도깨비

이야기를 빼놓을 수 없으며, 전해지는 이야기도 적지 않다.

그렇다면 도깨비 설화의 교육적 가치는 어디에서 찾아야 할까? 서희정(2005 : 193)에서는 다음과 같이 제시하고 있다.

① 한국 고유의 신비적인 존재인 도깨비의 실체 및 속성을 올바르게 인식시킬 수 있다.
② 도깨비 설화와 유사한 세계 공통 설화나 문학 작품을 제시하거나 유추하게 하면서 상호 문화에 대한 자연스러운 비교와 이해가 가능하다.
③ 현실 생활과 밀접한 관련을 갖는 유교적 실천 덕목인 효, 장유유서, 형제애 등을 통하여 한국적 가치관과 사상을 소개할 수 있다.
④ 작품의 길이가 짧고 사건의 구조가 대립 및 반복 형식으로 전개되므로 단순하고 내용이 명확하여 한국 문학작품을 처음 접하는 학습자들에게 부담 없이 적용할 수 있다.
⑤ 한국인에게 대중적인 소재이므로 학습자의 흥미를 쉽게 유발할 수 있으며, 한국인과의 가치관 공유를 통해 원만한 의사소통을 기대할 수 있다.

이렇듯 도깨비 설화는 흥미 유발뿐 아니라, 의사소통 능력을 길러주고 가치관, 사상 등 문화를 이해하는 교육적인 가치가 있다는 것이다.

그렇다면 한국 설화에 나타난 도깨비는 어떤 성격을 갖고 있을까? 한국 설화에 나타난 도깨비의 성격에 대하여 김병철(2002 : 14~18)은 다음과 같이 제시하고 있다.

① 도깨비는 인간보다 못하거나 때로는 인간보다 우월한 면을 보이는 독특한 존재이다.
② 장난과 심술을 좋아하여 사람을 골탕 먹이기도 하나 해치지는 않는다.
③ 방망이, 등거리, 감투, 보 등의 주물(呪物)로 신통력을 발휘하면서 사람과 친해지기도 하고 부러움을 사기도 한다.

④ 매우 단순하여 사람의 얼굴을 잘 기억하지 못할 뿐만 아니라 모든 사람이 '김' 씨 성을 가진 것으로 알고 있다.

⑤ 사람의 말을 곧이곧대로 믿을 만큼 순진하여 인간이 부를 획득하기 위해 이용하는 경우도 있다.

⑥ 곤경에 처한 사람을 무조건적으로 도와주기도 하나 배신을 당하거나 불의를 보면 보복을 하는 정의적인 속성도 지녔다.

⑦ 좋아하는 것과 싫어하는 것이 분명하다.

⑧ 사람과 씨름하기를 좋아하며 모여서 노래하고 춤추며 놀기를 좋아한다.

⑨ 메밀묵이나 팥죽을 좋아하나 흰 개, 흰 말, 이들의 피를 싫어하고 겁을 먹기도 한다.

(3) 도깨비 설화의 활용 방안

이제 「도깨비 방망이」를 예를 들어 구체적인 도깨비 설화 활용 방안을 찾아 보자. 「도깨비 방망이」는 제주도를 제외한 남한 전 지역에 전승되는 이야기로 알려져 있다(김유진 1990 : 107). 「도깨비 방망이」는 「금방망이 은방망이」, 「부자 방망이」, 「뚝딱 방망이」 등으로도 불린다. 익히 알려져 있듯이 착한 주인공은 도깨비를 만나 부자가 되지만, 그렇지 못한 인물은 착한 주인공을 흉내내다가 오히려 어려움에 처하게 되는 이야기이다.

■ 줄거리(서희정, 2005 : 195~196)

① 주인공 고난 : 착하지만 가난한 주인공(동생)이 있었다.

② 자연적 일상 행위 1 : 산에 나무를 하러 가서 아버지, 어머니, 형, 형수를 생각하며 개암을 주웠다.

③ 자연적 일상 행위 2 : 밤이 되어 산 속의 집에 들어가 쉬었다.

④ 도깨비의 등장 : 도깨비가 집에 나타나 방망이를 가지고 많은 보물을 나오게 하면서 놀았다.

⑤ 방망이 획득 : 배고픈 주인공이 개암을 씹는 소리에 도깨비가 놀라서 방망이를 두고 도망갔다.

⑥ 주인공 부 획득 : 주인공은 도깨비방망이를 이용하여 부자가 되었다.

⑦ 대립 인물 등장 : 이 소문을 들은 욕심쟁이(형)도 산에 나무를 하러 갔다.

⑧ 의도적 모방 행위 1 : 개암을 발견하고 자신이 먹을 것부터 챙긴 후에 가족들을 생각했다.

⑨ 의도적 모방 행위 2 : 밤이 되자 빈 집에 들어가 숨었다.

⑩ 도깨비의 재등장 : 도깨비가 집에 나타나 방망이로 많은 보물을 나오게 하였다.

⑪ 의도적 모방 행위 3 : 욕심쟁이가 개암을 씹어 소리를 냈다.

⑫ 도깨비의 응징 : 도깨비는 놀라 도망가지 않고 욕심쟁이를 찾아 혼을 내 주었다.

■ 〈도깨비 방망이〉 활용 방안(서희정, 2005 : 199)

	교육 영역	교육 내용
주제	가치관	효, 형제애, 장유유서, 권선징악
주물	어휘/표현	(1) 방망이 : 빨랫방망이, 다듬잇방망이 방망이를 휘두르다. 방망이로 맞고 홍두깨로 때리다. (2) -질 : 다림질, 걸레질, 부채질, 가위질, 바느질, 딸꾹질, 도둑질 (3) 의성어 : 뚝딱, 딱
대립구조	어휘	형과 동생, 선과 악, 상과 벌, 효과 불효, 이타심과 이기심, 부자와 가난한 사람
	속담	코 : 내 코가 석자, 코를 떼이다. 큰 코 다치다, 코가 빠지다
장르확장	활동 과제	유사 구조로 이야기 만들기, 인물의 고난 양상 추론하기, 대화문으로 만들어 극화하기
	문학작품	'방이설화, 흥부전' 읽기, 판소리 '흥부가' 관람하기

4. 전래동화를 활용한 한국문화교육

1) 전래동화의 개념과 특징

(1) 전래동화의 개념

전래동화란 예부터 전해 오는 동화로서 동심을 바탕으로 하여 꾸며진, 일정한 구조를 가진 이야기를 말한다. 설화 중에서 그 이야기의 밑바탕에 동심이 깔려 있고, 그것이 어린이에게 유익한 것이라면 전래동화이다. 전래동화는 먼 옛날부터 구전되어 왔는데, 일부는 『삼국유사』, 『삼국사기』 등에 정착되었다. 상당수는 지금까지 구전되고 있으며, 채록되어 각종 설화집이나 전래동화집에

수록되기도 하였다(최운식 · 김기창, 1998 : 21~22).

(2) 전래동화의 특징

최운식 · 김기창(1998 : 36~37)은 전래동화의 특징을 다음과 같이 언급하고 있다.

① 전래동화는 구전된다.
② 전래동화는 산문으로 되어 있다.
③ 전래동화는 구연 기회에 제한이 없다.
④ 전래동화는 반드시 화자와 청자의 대면 관계에서 화자가 청자의 반응을 의식하면서 구연된다.
⑤ 전래동화의 화자는 화자로서의 자격 제한이 없고, 일정한 수련을 요하지도 않는다.
⑥ 전래동화는 구비문학의 여러 장르 중에서 문자로 기재될 수 있는 기회를 가장 많이 가진다.

2) 전래동화 교육의 의의

홍혜준(2004 : 545~546)은 전래동화 교육의 의의를 다음과 같이 제시한다.

① 전래동화는 묘사가 별로 없고 설명과 서술 위주로 되어 있어 스토리가 간결하며 단순해서 초급의 학습자에게도 학습의 부담이 적다.
② 전래동화는 상상력의 소산이므로 외국인 학습자는 전래동화의 초시간적, 초공간적인 비현실 세계를 통해 상상력과 창의적 사고를 기를 수 있다.
③ 전래동화는 말로 표현된 것이므로, 외국인 학습자는 언어 기능을 습득할 수 있다. 특히 말하기, 듣기 능력을 신장시키는 데 도움이 된다.
④ 전래동화는 서두와 결말의 일정한 형식을 갖추고 있고, 사건 중심으로 구성되어 있어 외국인 학습자가 이야기의 내용을 알기 쉽고 기억하기에 편리하다.
⑤ 전래동화 속에는 과거 조상들이 겪어 온 삶의 다양한 체험, 사상, 풍속, 습관, 감정, 지혜, 가치관 등이 용해되어 있어, 외국인 학습자는 한국인의 삶의 방

식과 한국적 정서, 가치관을 배울 수 있다.

⑥ 전래동화는 구성에 있어 반복과 대립으로 이루어지는데, 이러한 변화있는 반복은 외국인 학습자가 이야기에 점점 더 기대와 흥미를 느끼게 하고 어구의 반복을 통해 이야기에 리듬감을 더해 준다.

⑦ 전래동화는 흥미와 즐거움을 주는 내용이 많으면서 동시에 권선징악적, 교훈적인 이야기가 많아 외국인 학습자의 심리적 안정과 가치관 형성에 도움이 된다.

⑧ 전래동화는 구연을 통해 전달되는 경우가 많은데, 이 경우 다른 사람에게 정확한 의미를 전달하기 위해서 정확한 발음과 적절한 어휘선택 등 언어적 지식이 요구된다.

⑨ 전래동화를 대화체로 구성하여 역할극을 실시함으로써 외국인 학습자는 집중력을 향상시킬 수 있으며, 의사소통에 대한 자신감을 부여할 수 있다.

3) 전래동화 교육의 방법

홍혜준(2004 : 546~548)은 R. A. Carter & M. N. Long(1991)이 제시한 문학교육의 세 가지 모형에 따라 문화교육의 모형을 각각 문화 모형, 언어 모형, 개인성장 모형으로 나누고 각각에 따른 활동들을 제시하였다.

(1) 문화 모형

활동1 인터뷰하기 : 등장 인물, 배경 등에 대해 인터뷰하고 발표하기

활동2 다른 매체를 이용하여 학습하기 : 전래동화와 판소리 등의 차이 알기

활동3 학습자가 함께 참여하기 : 교사가 가르치는 중에 학습자들이 음향효과를 내는 것과 같은 방식으로 참여하기

(2) 언어 모형

활동4 스토리텔링하기 : 교사가 감정을 살려 스토리텔링하기

활동5 ｜ **학습자가 작품을 낭독하기**

활동6 ｜ **빈칸 메우기** : 등장 인물의 대화에서 생략된 표현 메우기

활동7 ｜ **작품을 학습한 후 다른 장르로 써 보기** : 전래동화를 희곡, 서술문 등으로 바꾸어 써 보기

활동8 ｜ **문장을 문맥에 맞게 재배열하기** : 시간적 순서나 사건의 인과 관계를 고려하여 재배열하기

활동9 ｜ **그림 보고 이야기 구성하기** : 작품과 관련된 그림 자료를 순서대로 맞추고 장면과 상황에 맞게 이야기하기

(3) 개인 성장 모형

활동10 ｜ **개인적 반응 이끌어 내기** : 학습자들이 이야기 장면에 대한 감정 이입을 통해 상황에 대해 개인적 반응하기

활동11 ｜ **작품의 결말 재구성하기**

활동12 ｜ **소그룹별로 토론하기** : 작품을 읽고 나서 주제를 정하여 토론하기

참고 문헌

김병철(2002), 「도깨비설화 연구-〈도깨비를 이용해 부자되기〉형을 중심으로」, 인하대석사논문.

김열규(1991), 『도깨비 날개를 달다』, 춘추사.

김유진(1990), 「「혹부리 할아버지」의 구조와 의미」, 『청람어문학』 3, 청람어문교육학회.

김종철(2002), 「한국 고전문학과 한국어 교육」, 『한국어교육』 1, 서울대사범대학외국인을위한한
　　국어교육지도자과정.

서희정(2005), 「도깨비 설화를 활용한 한국어 교육 방안」, 『한국어교육』 16-3, 국제한국어교육
　　학회.

신윤경(2008), 「한국어 교육을 위한 문학 텍스트 연구 : 문학 텍스트 선정기준과 교수 방법을
　　중심으로」, 고려대박사논문.

양민정(2003), 「고전소설을 활용한 한국어교육 방법」, 『국제지역연구』 7-2, 한국외대외국학종
　　합연구센터.

양민정(2006), 「외국인을 위한 한국문화 교육 방안 연구-한국 고전문학을 중심으로」, 『국제지
　　역연구』 9-4, 한국외대외국학종합연구센터.

윤　영(1999), 「외국인을 위한 소설교육방안」, 이대석사논문, 1999.

이성희(1999), 「설화를 통한 한국어 문화 교육 방안」, 『한국어교육』 10-2, 국제한국어교육학회.

장덕순 외(1983), 『구비문학개설』, 일조각.

최운식·김기창(1998), 『전래동화 교육의 이론과 실제』, 집문당.

홍혜준(2004), 「고전 작품을 통한 한국어 문화 교육 연구」, 『국어교육학연구』 21, 국어교육학회.

Carter, R. & Long, M. N.(1991), *Teaching Literature*, New York : Longman.

Lazar, G.(1993), *Literature and Language Teaching : A guide for teachers and trainers*,
　　Cambridge : Cambridge U.P..

제6장 | 스토리텔링(소설)을 활용한 한국문화교육

수많은 질문 가운데 인간의 본질을 묻는 물음만큼 복잡하고 첨예한 것은 없을 것이다. 어떤 관점에서 인간의 본질을 문제삼느냐에 따라서 인간에 대한 이해가 달라질 것이고, 그에 따른 논의와 실천도 달라질 것이다. 어찌되었든 인간이 문제된다는 점에서는 그 중요성은 강조될 필요가 있다. 지금까지 인간에 대하여 여러 관점이 주어졌다. 그 중에서도 인간을 '이야기하는 인간(Homo narrans)'의 관점에서 보는 것은 주목할 만하다. 그것은 인간이 이야기를 창조하며, 수용하는 소통행위를 하는 존재이자, 이야기로 가득한 세계에 살고 있으며, 이야기를 통해서 세상을 변혁시켜 나가는 존재라는 의미를 지닌다. 말하자면 이야기를 떠난 인간을 상상할 수 없다는 전제와 인식에서 출발한다.

이야기는 인간이 언어를 잘 활용할 수 있게 하고, 인간의 사상과 감정을 이해하고 표현할 수 있게 할 뿐 아니라, 미적인 안목과 문화를 이해하게 해주는 매우 중요한 문화 가운데 하나이다.

이번 장에서는 이야기하기 즉 스토리텔링이란 무엇이고, 그 교육적인 의의는 어디에 있으며, 유형은 무엇인지를 살펴보게 될 것이다. 아울러 이야기 문학의 대표라 할 수 있는 소설을 예를 들어 교육 내용과 방법을 살펴보고자 한다.

1. 스토리텔링의 개념

스토리텔링은 이야기적 사고의 구현 즉 '이야기 행위의 과정과 결과'를 포괄한다. 스토리텔링은 이야기-생산수용자(story-protioner)가 현실적, 비현실적 사건(event)이 담긴 이야기를 특정한 매체를 매개로 이야기-수용생산자(story-recepducer)와 소통하는 행위를 말한다.[28]

이야기에는 언어, 반·비언어적인 요소, 이야기를 하는 주체, 이야기를 듣는 주체, 이야기와 이야기 행위, 사회 문화적 맥락 등이 기본적으로 작용하는 매우 복합적이고 복잡한 행위에 해당한다.

사고의 측면에서 볼 때 스토리텔링은 이야기적 사고(narrative mode of thought)와 밀접하게 관련되어 있다. 보편적인 진리 조건을 탐색하는 논리-과학적 사고(logico-scientific or paradigmatic mode of thought)와는 달리 이야기적 사고는 사건들 간의 특별한 관계를 탐색한다(J. Bruner, 제2장). 즉 논리학, 수학, 과학 등의 사고 양식을 나타내는 논리-과학적인 사고 양식은 분석, 증명, 논변, 가설에 의한 경험적인 발견과 관련되어 있는 반면에 이야기, 드라마, 역사 등의 사고 양식을 나타내는 이야기적 사고 양식은 인간이나 인간의 의도, 행위와 그 과정을 특정한 시공간 속에 포착함으로써 의미를 발견하고자 한다.[29]

스토리텔링은 이야기 참여 주체들의 소통 행위이되, 이야기가 이루어지는 이야기 판에서 이루어지는 역동적인 행위라 할 수 있다(R. Bauman, 1986 : 3 ; J. M. Folly, 1995 : 45~47). 스토리텔링은 이야기생산자와 이야기를 듣는 이야기수용자가 즐거움, 지식, 권력, 욕망 등을 두고 상호 협력적이거나 경쟁 관계, 혹은 권

---

28) 이러한 정의는 종래 문자 중심적인 이야기에 대한 정의를 넘어서 오늘날 소통되는 다양한 이야기 산물들을 포용할 수 있게 해준다. 또한 이 글에서 제안한 용어인 이야기-생산수용자, 이야기-수용생산자는 생산자이면서 동시에 수용자이자, 수용자이면서 동시에 생산자의 역할을 하는 이야기 소통 현상의 주체를 반영한 용어라 본다. 이 글에서는 특별한 경우가 아니면 전자를 이야기생산자, 후자를 이야기수용자로 쓰고자 한다.

29) 물론 사고의 두 양식은 경험을 질서화하고 현실(reality)을 구성하는 변별적인 방법에 해당한다. 한쪽을 무시하거나 축소시켜버리면 사고의 풍부한 다양성을 포착하는 데 실패하고 만다.

력 관계에 놓여 있다(임경순, 2004).

여기에서 이야기를 재현하는 매체에 주목할 필요가 있다. 오늘날 이야기는 단지 구술성, 문자성을 넘어서 다양한 매체로 구현된다. 즉 전통적인 서사 문학뿐 아니라, 만화, 애니메이션, 영화, 하이퍼텍스트 문학, 컴퓨터 게임, 광고, 디자인, 홈쇼핑, 테마파크, 스포츠, 구술적 이야기 등이 그것이다. 즉 이야기는 음성, 문자, 영상 그리고 그것들의 다양한 조합으로 구현되는 것이며, 그 과정과 결과는 인간과 기계를 통한 기술의 영향을 받는다.[30]

상기 예를 든 장르들은 오늘날 문화콘텐츠와 관련하여 다각도로 연구, 실행되고 있다는 점에서 스토리텔링은 무궁무진한 가능성을 지닌 영역이라 하겠다.[31]

한편, 이야기성 즉 시공간 속에서 살아가는 인간의 삶과 행위를 기본 뼈대로 삼는 사건과 그것들을 줄거리로 엮어내는 속성에 주목한다면, 인간이란 결국 자기(우리)의 이야기를 엮어가는 존재인 셈이다. 인간은 주어진 시공간 속에서 자신들의 사건을 줄거리로 만들어가는 존재이기 때문이다. 이런 점에서 삶이란 이야기를 엮어가는 행위라 할 수 있을 것이다.[32]

2. 스토리텔링 교육의 의의

인간은 이야기로 가득한 세상에 살고 있다. M. J. Toolan(1993)은 이렇게 말한다.

---

30) 영상, 패션, 사이버 문학, 만화, 테마 파크 등 오늘날 다양한 문화 현상을 스토리텔링으로 분석, 해석하고 그 의미를 천착해 들어가는 일련의 연구는 다음 참조. 최혜실(2003), 최혜실(2001), 특히 디지털미디어를 스토리텔링으로 접근하는 논의는 다음 참조. 이인화 외(2003), C. H. Miller, 이연숙 외 역(2006) 등.

31) 여기에 기존 연구물 가운데 단행본 몇 권만 소개하면 다음과 같다. 백승국(2004), 미디어문화교육연구회(2005), 고은미 외(2006), 김만수(2006), 인문콘텐츠학회(2006), 최혜실(2006) 등.

32) 이야기를 형식적·구조적으로 사유하는 것과는 달리, F. 커머드, A. 메킨타이어, F. 제임슨, P. 리쾨르 등은 이야기를 삶과의 관련 속에서 사유하고 있다.

아침식사를 하는 것에서부터 잠자리에 드는 것에 이르기까지, 또는 사랑하는 것에 이르기까지 우리가 행하는 모든 것(그리고 그것들이 어떻게 ─ 어떤 순서로 ─ 여러 삽화를 지니는 이야기를 만들어 내게 되는가에 주목하라)은 하나의 이야기 ─ 시작, 중간, 끝, 그리고 인물, 배경, 극적인 사건(해결된 난제들이나 갈등), 서스펜스, 수수께끼, '인간적인 관심사' 그리고 도덕 등을 지니는 하나의 이야기 ─ 로 보여지고 설정되고 설명될 수 있다. 크든 작든 그런 이야기에서 우리는 우리 자신과 우리를 둘러싸고 있는 세계에 대한 더 많은 것을 알게 된다. 이야기를 만들어 내고, 이해하며, 보존하는 것은 또한 다른 사실들에 대한 이해를 돕는 일종의 사실 인식이다 (M. J. Toolan(1989), 김병욱·오연희 옮김(1993 : 15-16)).

이야기의 편재성(遍在性, 널리 퍼져 있는 특성)이야말로 이야기로서의 인간 존재를 극명하게 보여준다. 이 사실은 이야기의 중요성을 증명하는 강력한 근거가 된다. 그렇다면 이야기를 잘 하고 못 하는 일이 교육적으로 중요한 일이다.

이야기 혹은 이야기교육의 의의는 여러 학자들에 의해 논의된 바 있다.

A. Wright(1997)는 스토리텔링의 교육적 의의를 '1. 동기부여 Motivation, 2. 의미 Meaning ─ 의미 발견과 발견을 통한 보상과 동기 부여, 3. 유창성 Fluency ─ 듣기와 읽기, 말하기와 쓰기. 이야기는 언어의 모든 네 가지 기능의 유창성을 쌓기 위한 완벽한 식단 제공, 4. 언어 의식 language Awareness ─ 이야기는 학생들이 외국어에 대한 총체적인 느낌을 익히게 하고 외국어 말소리를 알아듣도록 도와줌. 5. 의사소통 communication, 6. 일반적 교육과정 General Curriculum ─ 이야기는 다른 교과(학문)에 활용되고, 이해력, 분석력, 표현력 등을 발달시키는 데 이용됨' 등을 제시하였다.

임경순(2003 : 93~106)은 이야기교육의 의의를 세계 인식 능력 신장, 자아 정체성 형성, 윤리적 주체 형성, 유희적 향유능력 신장 등을 들었는데, 여기에 언어 능력의 신장은 기본적인 전제로 삼고 있다.

R. Collins & P. J. Cooper(2005 : 11~18)는 이야기 하기의 가치로 '1. 상상력과 시각화의 발달, 2. 언어의 아름다움과 리듬 감상력 발달, 3. 어휘 증진, 4. 말

하기 능력 증진, 5. 개인적 차원에서 어른과 상호작용 허용, 6. 쓰기 능력 증진, 7. 읽기 능력 증진과 읽기 흥미 촉진, 8. 비판적이고 창의적인 사고 능력 증진, 9. 직관력 증진, 10. 문학을 인간 경험의 거울로 보도록 하는 데 기여, 11. 자신과 타자의 문화적 유산을 이해하도록 기여함 등을 들었다.

교수·학습 차원에서 보면, 첫째 스토리텔링은 교수·학습의 강력한 도구이다. 학습자들은 경험적이고 문화적인 앎으로서의 스토리텔링 지식을 통하여 자신의 경험을 조직하고 의미를 부여한다. 또한 질문과 대화를 촉진시키고, 언어 능력과 언어 수행 능력을 길러줄 뿐 아니라, 학습자들은 나아가 자신의 이야기를 통해 관심, 욕망, 공포, 성취, 꿈을 공유함으로써, J. Bruner가 말한 "문화 창조 공동체(culture creating community)"의 구성원이 된다. 둘째, 스토리텔링은 모든 연령과 학년, 모든 학습 주제에서 사용될 수 있다. 스토리텔링은 모든 연령의 교육적 상황에 사용될 수 있으며, 단원의 전개, 개념 설명, 실험 단계 등 모든 학습 과정과 주제 등에서 사용될 수 있다. 셋째, 스토리텔링은 다양한 가르침을 제공해준다. 이야기의 복합성과 다층성은 다양한 의미 해석이 가능하게 하고, 풍부한 사고력, 상상력, 감동, 교훈의 세계를 만끽하게 해준다. 뿐만 아니라 그것은 학습에 대한 흥미를 유발하고 학습 효과를 높여준다(R. Collins & P. J. Cooper, 2005 : 2~4).

3. 스토리텔링의 유형

이야기가 구현되는 매체에 따라 이야기를 나누면 음성 매체 이야기, 문자 매체 이야기, 다매체 이야기로 나눌 수 있다. 이들은 각각 소리, 글자, 그리고 영상, 그림, 소리, 글자, 몸짓 등이 복합되어 있는 이야기이다. 음성 매체 이야기에는 구비서사(신화, 전설, 민담), 동화·소설 구연, 무가, 서사시, 라디오 뉴스, 다큐멘터리, 드라마, 일상 이야기, 대화, 정신분석 등이 있고, 문자 매체 이야기에는 동화, 우화, 소설, 전기, 자서전, 수필, 신문 기사, 인문·사회·자연 과학 이야기가 있으며, 다매체 이야기에는 그림 동화, 애니메이션, 연극, 영화, TV 드라마, TV 다큐멘터리, TV 뉴스, 컴퓨터 문예, 게임, 플래쉬, 만화 등이 있다.

스토리텔링의 역사는 구전 시대, 문자 시대, 디지털 시대로 나누어 볼 수 있다. 물론 문자 이전의 구전 시대에는 알타미라 동굴, 쇼베 동굴 벽화를 통해 확인할 수 있듯이 그림 등을 통한 스토리텔링이 있었으며, 문자 시대에는 음성 등을 매체로 하는 스토리텔링이, 디지털 시대인 오늘날에는 디지털을 통한 음성, 문자, 이미지 등으로 이루어지는 스토리텔링이 존재한다. 이는 스토리텔링의 매체가 시간의 흐름에 따라 중층적으로 자리잡고 있음을 의미하지만, 매체에 따른 이야기의 양상이 고정되었다는 것을 의미하지는 않는다.

오늘날 우리는 구텐베르크 은하 끝에 위치한 인쇄 문화의 산물인 문자 매체 이야기(허구적이거나 비허구적이거나)뿐 아니라, 디지털을 매개로 한 멀티미디어 문화 속에 살고 있다. 디지털 기술을 매체 환경 또는 표현 수단으로 수용하여 이루어지는 디지털 스토리텔링(digital storytelling)은 문자 문화와는 달리 상호 작용성, 네트워크성, 복합성 등을 특징으로 한다. UCC(www.pandora.tv, www.youtube.com), 디지털 자서전(www.storycenter.org/www.dstory.com), 하이퍼 텍스트 소설(www.booktopia. com), 게임, 블로그 등 웹 상에서 이루어지는 것들이 이러한 특성을 담고 있다.

또한 음성을 매체로 한 스토리텔링은 일상 생활 속에서 중요한 스토리텔링 문화를 형성하고 있다. 말실수를 두고 형성되는 불협화음이 적절한 스토리텔링을 매개로 할 때 관점과 습관이 바뀌고, 나아가 사람 사이의 관계를 변화시킴으로써 삶의 질을 바꿀 수 있다.

또한 스토리텔링은 일터 속에서도 힘을 갖는다. 논리적 설명보다는 스토리텔링이 사람의 마음을 움직이고 사고 방식까지 바꾸게 함으로써 기업을 혁신하는 데에 커다란 기여를 하기도 한다.

그리고 스토리텔링은 상품, 기업의 이미지 등의 마케팅(김민주, 2003), 소나기

마을, 만해 마을과 같은 테마 파크 공간 구성(최혜실, 2004), 『수학 귀신』, 『이야기로 읽는 한국사』 등과 같은 지식 콘텐츠를 효과적으로 전달하는 데도 위력을 발휘한다.

교육적 차원에서 스토리텔링이 교육현장에서 이루어지는 경우는 다양하다. 일단 교실 안에서의 스토리텔링은 정규, 비정규 수업 시간에서 활용될 수 있다. 교육과정에 따라 진행되는 수업 시간에 스토리텔링이 활용되고, 그 밖의 특별 활동이나 수업 전·후 시간에 활용될 수 있다. 또한 교실 밖에서는 이야기 경연 대회, 각종 사회 교육 기관 등에서 활용될 수 있다.

4. 문학 작품 선정 기준과 소설의 교육적 가치

1) 문학 작품 선정 기준

T. K. Adeyanju(1978 : 136-137)는 외국어 교실에서 성공적으로 문학 텍스트를 사용하기 위해서 문학 교재 선정의 중요성을 강조하면서, 다음과 같은 8가지 기준을 제시하고 있다.

① 현대작가의 작품으로 목표문화의 가치가 풍부한 작품
② 작품이 문화적으로 의미 있는 것이라면, 미적으로 대단할 필요는 없다.
③ 교실에서 수업하기에 너무 길거나 어려운 문체가 아닌 작품
④ 흥미 있는 구성과 이해할 수 있는 배경을 지닌 작품
⑤ 문학 작품 전체를 읽는데 학생들의 흥미를 잃게 할 수 있기 때문에 작품을 단순화하거나 축약하지 말아야 한다.
⑥ 학습자들의 흥미를 반영한 작품
⑦ 심리적으로 수용 가능한 작품
⑧ 학생들이 최소한의 노력으로 개념, 상황, 암시, 지시 등을 접근할 수 있는 작품

2) 소설의 교육적 가치

소설의 교육적 가치에 대하여 많은 연구자들이 언급한 바 있다. 특히 우한용은 외국인을 위한 한국어교육에서 문학의 효용을 언급하면서 소설의 교육적 가치를 다음과 같이 언급하였다(우한용, 2000 : 45~47).

① 대화적 맥락에서 미세한 감정의 표현과 그 수용의 세목을 확인할 수 있는 좋은 자료
② 풍속과 관습 이해를 통해 문화 이해에 기여
③ 다양한 인간과 그들의 행동에 대한 이해를 통해 인간 이해에 기여
④ 문화적 원형(상징) 이해를 통해 언어와 문화 이해에 기여
⑤ 소설의 언어는 대화를 지향하는 언어로 의사소통 능력 신장에 기여
⑥ 일상 언어의 전범을 제공하여 언어 능력에 기여
⑦ 삶을 총체적으로 형상화하기 때문에 인간 삶의 총체적 이해에 기여
⑧ 삶의 의미를 생각하게 하여 진정한 삶을 깨닫도록 하는 데 기여
⑨ 풍부한 상상력과 창의력을 통한 사고력 향상에 기여
⑩ 미적 세계를 통한 심미적 능력 향상에 기여[33]

5. 소설을 활용한 한국문화교육 방법

1) 고전 소설을 활용한 한국문화교육

「춘향전」은 고전 소설의 대표적인 작품 가운데 하나이다. 「춘향전」을 중심으로 고전소설을 통한 한국 언어 문화 교육의 가치와 방법을 다음과 같이 살펴볼 수 있다.

---

[33] 구인환 외(2007)에서는 문학교육의 의의를 상상력의 세련, 삶의 총체적 체험, 문학적 문화의 고양으로 보고 있다.

(1) 「춘향전」의 언어 문화 교육적 가치

「춘향전」의 언어 문화 교육적 가치는 '어휘, 표현 등이 훌륭하고 풍부하다는 점', '언어적 차원을 넘어 고전소설 창작 당대의 한국인들의 생활상, 서민적 정서, 남녀 애정담, 가치관 등 한국의 중세 문화를 흥미 있고 쉽게 익힐 수 있다는 점', '당대에 가장 많이 읽힌 한국의 대표적 판소리계 소설이라는 점', '현대에서도 판소리, 영화, 패러디 소설 등 다양한 장르로 재생산되고 있다는 점', '외국 소설에도 유사한 주제의 작품이 있어서 대비가 가능하다는 점' 등을 들 수 있을 것이다(양민정, 2003 : 288).

(2) 「춘향전」의 서사 구조

「춘향전」의 서사 구조는 서사의 일반 구조인 '발단-전개-위기-절정-결말'로 살펴볼 수 있다.

발단에서는 춘향이 성참판의 서녀(庶女)로 태어나고, 사또 이한림의 자제 이몽룡이 방자와 같이 광한루에 올라 춘향이 그네 뛰는 모습을 보고, 방자를 시켜 춘향을 불러 온다.

전개에서는 이몽룡이 책방에서 춘향만 생각하게 되고, 사또가 퇴청한 후 몽룡이 방자와 함께 춘향의 집을 찾아 춘향과 사랑을 나눈다.

위기에서는 몽룡과 춘향은 이별하게 되고, 변 사또가 부임하여 기생 점고 끝에 춘향을 불러 오고, 춘향이 수청을 거절하게 되어, 형장을 맞고 하옥된다. 옥중 춘향이 꿈에 황릉묘(黃陵廟)에 가게 되는데, 꿈 해몽도 하고 점을 친다. 몽룡이 장원 급제하여 전라도 어사가 된다.

절정에서는 이 몽룡이 거지 차림으로 남원에 와서 춘향 집에 찾아가나, 월매가 푸대접한다. 몽룡이 월매, 향단과 함께 감옥으로 춘향을 찾아간다. 변 사또 생일 잔치에 몽룡이 암행 어사로 출도하고, 변 사또가 파직된다. 어사와 춘향이 상면하고, 월매가 기뻐한다.

결말에서 이몽룡은 이조 참의, 대사성이 되고 춘향은 정렬 부인이 된다.

(3) 「춘향전」의 언어 문화 교육 방법

「춘향전」을 자료로 읽기, 쓰기, 말하기, 듣기 등 다양한 언어 문화 교육을 실시할 수 있다. 여기에서는 양민정(2003 : 289~291)에서 제안한 것을 소개하기로 한다.

■▶ 읽기 교육

① 원 텍스트를 현대어로 번역하여 작품의 일부분을 읽게 한다.

② 미리 작품을 읽어 오도록 과제를 부여한다.

③ 토속어 등을 포함한 풍부한 어휘와 해학적이고 서민적인 표현을 익힌다.

④ 한국 문화적 특징이 나타난 부분을 중점적으로 교육한다. 당시의 신분 계급, 단오절과 그네 풍습. 도령의 학문하는 모습, 장모와 사위 관계의 특수성 등

■▶ 듣기 교육

① 판소리 「춘향가」를 들려주거나 비디오 등 영상매체를 보여주고 소설과는 다른 장르적 차이에 따른 감상의 차이를 이야기한다.

② 작품의 한 대목을 귓속말로 전달하여 듣고 말하는 능력을 기른다.

■▶ 말하기 교육

① 「춘향전」의 여러 장면을 그린 그림을 이야기 순서대로 이야기하게 한다. 춘향이 그네 타는 장면, 사랑과 이별의 장면, 변사또에게 저항하는 장면, 옥중 장면, 어사또 출현 장면, 춘향과 이몽룡의 재회 장면 등

② 열녀의 개념을 설명하고 외국인 학습자의 열녀관과 비교하여 토론한다.

③ 춘향, 이몽룡, 변학도, 방자, 월매 등 각 인물의 특성과 사건의 전개에 대해 이야기해 본다.

④ 외국인 학습자의 나라에 판소리와 유사한 장르 혹은 「춘향전」과 비슷한 주제의 작품이 있는지 발표한다.

■▶ 쓰기 교육

① 판소리의 장르적 특성, 한국적 민속과 중세사회적 문화를 이해시킨다. 그리고 학습자들에게 내용을 이야기하기, 인상적인 대목을 대본을 써서 역할극으로

연행하기, 사설의 일부를 노래로 불러보기 등을 한다.

② 학습한 「춘향전」을 서술문 형태로 길게 써 본다.

③ 「춘향전」을 대사, 행동, 지문 등을 포함한 대본을 작성하고 역할극을 해본다.

④ 「춘향전」을 읽고서 감상문을 써보게 한다.

⑤ 결말을 바꾸어 써 보거나 이어 쓰게 한다.

2) 현대소설을 활용한 한국문화교육

김해옥(2004)은 이효석의 「산협」을 중심으로 한국 언어 문화 교육 방법을 다음과 같이 제시하였다.

(1) 「산협」의 언어 문화 교육적 가치

① 서구의 유목, 해양문화와는 다른 동아시아의 전통적인 농경문화 속에 잠재된 한국 문화의 특질을 담고 있다.

② 공씨 가문의 가부장제 문화의 집단주의적 특성이 잘 표현되어 있다.

③ 한국의 자연환경, 생활문화, 한국인의 가치관이 담겨 있다.

④ 서사구조가 사계절을 배경으로 전개되고 있어 한반도의 기후적, 지리적, 풍토적 특성이 잘 드러나 있다.

⑤ 강원도 남안리 지역의 마을 공동체의 의식주 생활문화, 유교, 불교 문화, 무속신앙, 음양오행사상, 가부장제 여성들의 정한, 한국적 자연미 등을 담고 있다.

⑥ 소금받이 연례행사, 단오, 혼례, 출산 등의 문화를 중심모티브로 하여 언어문화 교육의 중요한 자료를 제공한다.

(2) 「산협」의 서사구조

발단(기) - 전개(승) - 위기/절정(전) - 대단원(결)의 구조로 되어 있다. 이는 시간적으로 봄(아침) - 여름(점심) - 가을(저녁) - 겨울(밤)으로 이어지고, 공간적으로 산협의 외부 도시에서 산협 내부 - 산협 - 산협 - 산협에서 외부 도시로 배치되어 있다. 단계별 주요 모티브는 발단에서는 소금받이(콩과 소금의 교환), 혼례와 외양간 초야 의식, 농경사회의 파종, 전개에서는 두 여인의 임신, 위기－절정에서는 두 여인의 해산, 대단원에서는 아이의 죽음과 공재도의 떠남이다.

(3) 「산협」의 한국 언어 문화

가부장 문화에서의 남성의 역할

작품 배경인 남안리는 부농인 공재도와 농군들로 구성된 전통적인 한국의 농경 사회이다. 공재도는 마을 구성원의 단결과 집안의 화목을 최고 덕목으로 삼는 유교적 가부장에의 대표적 남성상으로 등장한다.

가부장 문화에서의 여성의 역할

본부인인 송씨 부인, 씨받이 첩인 원주 집, 송씨의 동서인 현씨, 공재도의 노모 등은 가부장제 가족 구조 속에서 살아가는 전형적인 한국적 여성상을 나타낸다. 이들은 가부장제 속에서 위계질서를 통해 자신의 욕망을 실현하고 권력을 획득하기 위해 갈등을 펼친다.

관습, 의식, 전통들

① 소금 받이 연례 행사
② 혼례의식들
③ 외양간 초야 의식

문화 속에 존재하는 대상들과 생산물들

농경 사회 문화의 대상, 생산물과 관련된 어휘. 농군, 대장장이, 머슴, 소장수, 볏단, 볏섬, 보리, 삼, 여물, 옥수수, 잡곤, 조, 짚 등.

문화의 가치를 구체화하는 속담, 격언, 공식적 표현들

① "그렇게 고운 여자도 세상에 있나 싶어. 달같이 희멀건데……" : 동아시아 농경문화에 보편적으로 나타나는 여성의 에너지를 달에 비유하는 것
② "소같이 튼튼한 아들을 낳아서 송씨 일분의 대를 이어야만 장한 일인데 하고 우거서 외양간 안에 밀어 넣는 것이다." : 농경 사회의 노동력의 원천과 대를 잇는 것에 대한 관념

③ "평생에 두 번씩이나 국수를 먹이구": 국수를 먹이다—결혼하다는 의미. 국
수는 결혼을 제유적으로 표현한다.

■ 한국 문화의 종교적 신념과 가치 체계

① 유교 문화 : 장재도의 장자 혈통 계승에 대한 신념—유교적 가부장제 의식

② 불교 문화 : 송씨 부인이 오대산 월정사에서 백일기도 하는 행위

③ 무속, 민간 신앙관 : 송씨 부인이 어려움에 처했을 때 무당에게 점, 사주를 보
는 행위

■ 문화의 금기(여성의 순결 이데올로기)

유교적 가부장제에서 여성의 성적 순결과 정절 요구

■ 문화의 은유적, 내포적 의미들

달은 여성성을 상징하고, 소는 다산성과 강인한 생명력을 상징한다. 이것은 농경
사회가 자연 환경과 밀접한 관련을 가지면서 생활 문화가 형성되었음을 보여준다.

(4) 「산협」의 수준별 언어 문화 교육 방법

■ 초급—프로젝트 활동을 통한 언어 문화 학습

초급에서는 작가와 작품에 대한 관련 정보 알기, 한국의 지정학적 위치를 조사
하기, 한국의 기후, 역사, 지리에 대한 관련 자료를 조사하기, 동아시아의 중간부
문화로서 반도문화의 특질을 조사하기, 기초 어휘를 학습하기 등이 포함된다.

■ 중급—문학 공간 답사, 역할극을 통한 서사 줄거리의 이해

중급단계에서 근거리 학습자는 이효석의 문학관과 생가 방문, 원거리 학습자는
인터넷을 통한 자료 열람 활동이 가능하다. 역할극을 통해 서사 줄거리를 이해하
고, 가부장제 가족 제도에서 여성과 남성의 역할에 대해 토론하기, 외국문학 작품
과 비교하기 등을 들 수 있다.

■ 고급—문학 작품 읽기와 한국문화 학습

고급단계에서는 작품 이해, 감상, 비평하기, 한국의 전통 문화, 의식주 생활 문화
를 이해하고 토론하기, 한국의 역사, 지리에 대하여 연구하기, 한국의 현대문화와

전통 문화를 비교하고 토론하기, 비교 문화의 관점에서 한국 문화의 특징을 이해하기 등의 활동이 가능하다.

김동환(2009)은 외국인 학습자들이 겪는 어려움은 '문화 간 차이에서 오는 소통 장애'에 있다고 보고, 목표 문화뿐 아니라 학습자의 문화도 교육에 적극적으로 끌어들임으로써 이러한 어려움을 극복할 수 있도록 하는 것이 바람직하다고 주장한다. 이를 위해 학습자가 가지고 있는 언어적 능력을 한국어 학습에 전이시켜 줄 수 있도록 하는 '연결고리'가 필요하며, 그 구체적인 예증으로서 보편적 서사 모티프를 제시한다. 가령 이야기에 보편적으로 존재하는 서사 모티프로서의 '금기 모티프'는 문화 간 동질성이 강조되는 사례-<장자못 전설>류; 중국의 <함호 전설>과 한국의 <장자못 전설>-와 이질성이 강조되는 사례-<뱀신랑 설화>류; 중국의 <사랑고사>와 한국의 <구렁덩덩신선비>-를 통해 보편성에 기반한 동이성(同異性)을 확인할 수 있다.

그는 구체적으로 '이야기 만들어 가기'를 통해 언어능력과 문화능력의 함양이라는 목표를 설정하고, 이를 달성하기 위해 어휘나 문법, 듣기와 읽기, 말하기와 쓰기 등의 통합적인 수업 방법을 제안한다. 그가 제안한 교수학습의 구조는 다음과 같다(김동환, 2009 : 197).

과정적 단계	학습 요목	언어	활동 내역
도입	텍스트 소개와 경험의 도출	한국어	(질의·응답) 말하기
A	토대 텍스트 수용	모국어	읽기 또는 듣기
B	서사 단락 정리		(줄거리) 말하기 또는 쓰기 *수정 정리
C	서사 단락의 기본 요소 추출		토론하기 *수정 정리
전환	토대 텍스트의 기본 요소와 대응되게 목표 텍스트의 기본 요소 제시	모국어+한국어	*매체 활용 모티프 상기
C'	기본 요소 이해하기	한국어	*도구로서의 문화교육 말하기(토론하기)/어휘
B'	기본 요소의 서사 단락화 하기		어휘 문법
A'	서사 단락을 확장하여 텍스트 완성		쓰기 또는 말하기
마무리	목표 텍스트 제시와 비교·이해	한국어	텍스트 간의 차별성 평가 *목표로서의 문화교육

*표시는 교수자의 활동영역을 표시함.

위의 표에서 '전환' 단계를 정점으로 도입-마무리, A-A', B-B', C-C' 등이 각각 대응된다. 전환 단계에서는 모국어와 한국어가 주된 언어이지만, 그 이전 단계에서는 모국어가, 그 이후 단계에서는 한국어가 주된 언어가 된다. 그러니까 학습자의 언어를 통한 이야기 경험을 살려 이야기를 큰 단위에서 작은 단위로 분석해 들어가고, 이를 바탕으로 역으로 한국 이야기는 작은 단위에서 큰 단위로 확장해가면서 이야기를 완성해 나가는 구조이다.

1) 도입 단계
  - 금기 모티프를 중심으로 두 텍스트 소개
    * 〈함호 전설〉과 〈사랑고사〉의 명칭, 줄거리, 특징
  - 활동 안내, -텍스트 경험 말하기
2) A 단계
  - 대상 텍스트를 모국어로 경험(읽기 혹은 듣기)
    * 모국어/목표어 텍스트, 수준별 반편성 고려
3) B 단계
  - 텍스트의 내용을 서사 단락으로 나누기(말하기 또는 쓰기)
    * 〈함호전설〉:9-10문장(9단계), 〈사랑고사〉: 5-6문장(7단계)으로 표현
4) C 단계
  - 서사 단락의 기본 요소 추출
    * 모둠 활동, 토의, 카드 앞 뒤에 작성
5) 전환 단계
  - 모국어 텍스트와 유사한 한국어 텍스트 이해
  - 한국어 텍스트의 서사 기본 요소 제시
    * 기본 요소의 대응 관계 제시
6) C' 단계
  - 기본 요소 이해
    * 문화 교육 실시: 시아버지와 며느리의 관계(가족 문화) 등
  - 쓰기와 관련된 필수적인 이해 활동
    * 형태 변화, 이야기의 연결, 추가 사항, 어법 등

7) B' 단계

　－ 서사 단락으로 쓰기

　　* 기본 요소에 필요한 요소 부가하여 문장 완성.

　　* 문장 성분, 구조 학습

8) A' 단계

　－ 이야기 완성하기

9) 마무리 단계

　－ 한국어 이야기 텍스트와 완성한 이야기 비교

　　* 다양한 맥락과 시각에서 비교, 언어 문화 차이 인식

이러한 수업 과정은 학습자 수준 고려 등의 문제는 차치하고, 학습자의 보편적인 이야기 경험에서 출발하여 목표 언어의 이야기를 분석, 이해, 창작해 나가면서 언어와 문화를 학습하는 데에 유용한 방법을 제공할 수 있을 것으로 보인다.

정원기(2016)는 박사학위 논문에서 일반 목적의 외국인 학습자들을 대상으로 '소설을 통한 한국어교육의 문화교육 방안'을 제안한다. 학습자가 소설의 줄거리를 이해하는 것이 아닌 소설 속에 내재한 문화 항목을 통해 문화를 이해하고, 담화 상황에 적용할 수 있도록 하는 방안을 모색한다.

소설을 활용한 단계별 한국 문화 항목을 각각 성취문화, 정보문화, 행동문화에 따라 나눈다(정원기, 2016 : 85-86).

- 성취문화 문화 항목 - 초급: 한복, 강강술래, 연날리기

　　　　　　　　　　　중급: 판소리, 민요

　　　　　　　　　　　고급: 한국 전쟁 등

- 정보문화 문화 항목 - 초급: 결혼문화

　　　　　　　　　　　중급: 흥정과 덤

　　　　　　　　　　　고급: 다문화, 국제결혼 등

- 행동문화 문화 항목 - 초급: 계절에 따른 날씨

　　　　　　　　　　　중급: 사주보기, 굿하기

　　　　　　　　　　　고급: 빈부격차, 도농격차 등

이를 바탕으로 소설 텍스트를 선정하기 위한 공통 기준으로 '짧지만 문화교육으로 가치가 있는 텍스트, 문화교육의 제재가 되는 텍스트, 문화 항목의 배경 지식이 되는 텍스트, 문화 항목의 공유 텍스트, 외국 학습자의 언어 수준을 고려한 텍스트, 외국인 학습자들의 관심과 흥미를 끌 수 있는 텍스트' 등을 든다. 등급별 세부 기준으로는 초급: 관심과 흥미를 고려하고 문화 교육으로 가치가 있으며 어렵지 않은 내용으로 3-4 문장 이내의 텍스트, 중급: 문화교육으로 가치가 있으며 어느 정도의 문화어가 제시된 1-2 문단 이내의 텍스트, 고급: 문화 교육으로 가치가 있으며 어느 정도 난이도가 있는 문화어가 제시된 1-2 단락 이내의 텍스트 등을 제시한다.

이상을 토대로 선정한 등급별 소설 목록과 문화 항목을 제시한다(정원기, 2016 : 98-99).

- 초급: 성취문화-「요람기」(오영수), 연날리기 부분; 행동문화「소나기」(황순원), 한국의 계절에 따른 날씨; 정보문화-「혼불」(최명희), 전통 혼례
- 중급: 성취문화-「서편제」(이청준), 판소리; 행동문화「역마」(김동리), 사주 팔자; 정보문화「운수 좋은 날」(현진건), 흥정과 덤
- 고급: 성취문화-「수난 이대」(하근찬), 한국 전쟁; 행동문화「난장이가 쏘아올린 작은 공」(조세희), 빈부격차; 정보문화「코끼리」(김재영), 다문화 사회

정원기(2016)는 소설을 통한 문화교육을 위해 문화를 성취, 정보, 행동 문화로 나누고, 이를 수준 별 기준에 따라 각각에 적합한 소설 제재를 선정하여 문화 항목을 추출하고 구체적인 교육 방법을 모색하고 있다.

3) 현대소설을 활용한 한국문학교육

한국어교육에서 현대소설을 활용한 문학교육의 내용과 방법에 대한 논의는 꾸준히 이루어지고 있다(우한용, 2004, 2010; 김해옥, 2004; 임경순, 2005, 2006, 2007; 김동

환, 2008, 2010; 김순자, 2010, 조수진, 2014).[34] 이 논의는 소설(이야기)이 일차적으로 문학이라는 측면을 지니고 있다는 점에 주목하고, 그것을 교육하는데 초점을 둔 견해이다. 이 또한 문화교육이라는 큰 범주에 속한다 할 것이다.

소설은 언어, 문화 교육을 위한 유용한 자료이다. 소설언어는 한국어의 기본 어휘 목록의 자료이자 한국어의 문형을 추출하거나, 한국어의 화법의 전형을 제공하거나, 다양한 문체 효과를 알게 하는 교육 자료로 활용할 수 있다. 또한 소설은 풍속과 관습을 이해하는 자료를 제공한다든지, 인간 행동을 이해하는데 도움을 준다든지, 문화적 원형을 이해하는데 도움을 줌으로써 한국어교육에 기여할 수 있다(우한용, 2004).

소설은 언어, 문화적인 것뿐만 아니라 소설 자체로서의 교육적인 유용성이 있다. 김순자(2010)는 박사논문에서 언어 중심, 의사소통 중심의 한국어교육이 지닌 한계를 비판하고, 고급 언어 능력을 길러 주기 위해서는 문학교육, 특히 소설을 활용한 교육이 필요하다고 지적한다. 그리하여 소설 교육의 방법을 모색한다. 이를 위해 그녀는 180명의 학부 및 대학원생 외국인 한국어 학습자를 대상으로 설문 조사를 실시한다. 그것을 통해 외국인 학습자가 한국 현대소설을 통해 얻고자 하는 것은 한국 문화 이해, 한국어 능력 향상, 소설의 이해와 감상 등이라는 점을 확인한다. 특히 학생들은 소설에서 중요한 것으로 주제, 언어, 구조를 꼽았다. 이를 바탕으로 그녀는 소설의 언어와 구조 요소를 통해 주제를 이끌 수 있는 방법을 제안한다.

소설 언어 교육의 내용과 방법에는 어휘와 문형 및 담화 교육으로 나눈다. 주요섭의 「사랑손님과 어머니」에 적용한 소설 어휘 교육 방법으로 '텍스트에서 관련 단어 찾아서 연결하기, 정의/설명에 맞는 어휘 고르기, 어휘 분류하기, 단어 배열하기, 문장 완성하기, 선택하기' 등을 제시한다. 문형 교육 방법에는 '의역, 재진술, 단순화 작업, 재구성 방법' 등을 사용할 수 있다고 한다.

---

34) 외국어로서의 혹은 한국어교육에서의 한국문학교육 연구의 현황에 대한 논의는 다음 참조. 류종렬(2012), 「외국어로서의 한국문학교육 연구의 현황과 과제」, 『한중인문학연구』 35, 한중인문학회.

그러나 문학 작품의 경우에는 문법적인 통사구조보다는 담화 구조를 중심에 두어야 한다고 제안한다. 소설은 단어와 문장보다 큰 단위를 가진 언어체이기 때문이다. 할리데이와 하산이 제시한 담화 결속성 표지에 따라 '대용, 생략, 지시, 접속(첨가 관계, 인과 관계, 시간 관계), 어휘적 결속(반복, 동의어, 반의어)' 등과 관련한 활동을 제시하기도 한다(김순자, 2010 : 45-58).

소설 구조 교육의 내용과 방법으로는 배경, 인물, 줄거리와 플롯, 그리고 어조, 분위기, 시점 교육 등을 제안한다. 그리고 소설의 주제 교육은 텍스트의 언어, 구조와의 관계 속에서 이루어져야 한다고 보면서, 교사는 이것들에 대한 교육을 통해 학생들이 주제를 정확하게 파악할 수 있도록 해야 한다고 본다. 또한 소설 내적 요소를 통한 주제 파악 교육뿐 아니라 소설의 상호텍스트성을 통한 교육도 이루어질 수 있다고 본다. 이를 통해 작품에 대한 이해와 (재)해석 활동을 다양하게 전개할 수 있다고 한다.

조수진(2014)은 박사논문에서 국내의 한국어교육에서 문학 교육의 비중이 크지 않은 현실에서 그나마 학문 목적의 해외 한국학 영역에서 명맥이 유지되고 있는 문학 교육 상황에서 외국인에게 문학을 가르치는 근본적인 이유가 무엇인지를 물으면서 논의를 시작한다. 그것은 문학 작품이 정서를 유발하는 언어의 특성을 지닐 뿐 아니라, 문화적 공동체의 정신 문화로서의 특질을 갖는다는 점이다. 따라서 외국인이 그가 속해 있지 않은 문화를 이해한다는 것은 그 정신문화의 속성을 지닌 문학적인 정서를 이해한다는 것을 의미한다는 것이다. 정서는 문학과 문학교육에서 오래 전부터 논의되어 온 개념이자 주제일 뿐 아니라, 문학의 본질을 규정하는 것으로서 그 중요성은 결코 간과할 수 없다는 점에서 그녀의 문제 제기와 접근은 의의가 있다 할 것이다.

조수진(2014)은 문학에서 정서의 유형으로 크게 사랑의 정서, 이별의 정서, 화해의 정서, 아이러니의 정서 등 네 가지를 들고 있다. 이러한 정서는 작가의 표현이나 수용의 과정을 통해 구현되는데, 그녀는 표현 측면에 주목한다. 문학에서 정서 표현은 '글쓴이의 정서가 작품화자의 목소리를 통해 작품에 형상화되고, 이것을 독자 또는 학습자가 수용해서 자기화하는 과정'이라 할 수 있는데(조수진, 2014 : 44). 그녀가 말하는 문학적 정서 표현 능력이란 '작품과 독자가 경험의 상호 작용의 결과물로 표현하는 이야기 형성 능력'이라 한다(조수진, 2014 : 48).

그렇다면 문학적 정서 표현 능력을 길러주기 위해 어떻게 해야 하는가? 정서 표현 교육의 목표를 '한국어 학습자의 문학적 정서 표현 능력 향상'으로 설정하고 하위 목표로 '1) 지적 상상작용을 위한 문화 정서 표현 교육, 2) 심미적 정서 체험을 위한 표현 교육, 3) 정서적 언어활동을 위한 표현 교육, 4) 문학적 정서를 위한 표현 교육'을 제안한다.

그리고 이를 달성하기 위하여 대표적인 작품을 예를 들어 교육 내용, 교수·학습 모형, 교수·학습의 실제를 아래와 같이 제시한다.

① 정서 유형에 따른 교육 내용(조수진, 2010 : 116-117)

정서 유형	대상 작품	교육 내용	
사랑	〈소나기〉	언어 표현	사랑의 은유 표현
		사회문화적 맥락	전통적 농촌 문화, 이성 간의 정서
		독자의 정서 경험	수줍음, 친밀감, 그리움의 정서적 변화
이별	〈메밀꽃 필 무렵〉	언어 표현	장돌뱅이와 이별의 환유 표현
		사회문화적 맥락	장돌뱅이의 직업적 애환
		독자의 정서 경험	메밀꽃 핀 달밤의 풍경, 자연과 인간의 회화적 정서, 나귀와 허생원의 일치감에서 오는 이별의 순환적 정서
화해	〈수난 이대〉	언어 표현	'외나무다리'의 상징 표현, 의성어, 의태어 표현의 효과
		사회문화적 맥락	일제 징용과 한국 전쟁의 시대적 갈등
		독자의 정서 경험	시대와 인물들의 화해의 정서
아이러니	〈엘리베이터에 낀 그 남자는 어떻게 되었나〉	언어 표현	운수 나쁜 날 감정 표현
		사회문화적 맥락	현대 사회 공간의 아이러니
		독자의 정서 경험	현대인의 인간관계 현대 사회 일상의 경험

② 정서 표현 교수 · 학습 모형(조수진, 2010 : 121-122)

정서 표현 교육			
정서 층위	정서 작용	교육 모형	교육 방법
문화적 정서	인지적 작용	문화를 배우기 위한 언어 모형, 문화 지식 모형	교사 중심 명시적 방법, 학습자 중심 암묵적 지식의 이해와 문화 반응 표현 방법
심리적 정서	기본 감정 표현	텍스트 중심 언어 모형, 감정 표현을 향상하는 언어 모형	총체적 언어 교수법, 문학텍스트를 읽고 공감하여 표현하는 방법
문학적 정서	심미 체험	테스트와 독자의 상호 작용 모형	세계·텍스트·독자의 상호작용으로 나타나는 정서 반응 표현 방법, 심미적 정서 경험 표현 활동

이 모형은 정서의 세 층위에 따라 정서 표현 교육을 위한 모형과 방법을 제안한다. 인간의 기본 감정 표현은 심리적 정서에 해당하는 것이며, 이를 표현하는 정서적 언어 활동은 언어 모형을 통해 그 향상을 도모할 수 있다고 본다. 또한 지적 상상 작용을 통한 인지적 작용으로 사회문화적으로 반응하는 문화적 정서 표현은 문화 지식 모형이나 문화를 배우기 위한 언어 모형을 적용할 수 있다. 그리고 심미적 체험으로 나타나는 문학적 정서 표현은 학습자와 문학 작품의 상호 작용 모형을 적용할 수 있다고 본다.

이러한 모형을 구체적으로 적용한 사례를 제시한다.

③ 정서 표현 교수·학습의 실제(조수진, 2014 : 124-126)

'사랑'의 정서 표현 교육을 위한 〈소나기〉 교수-학습 방법

정서 표현 교육			
정서 층위	정서 작용	교육 모형	교육 방법
문화적 정서	인지적 작용	문화를 배우기 위한 언어 모형, 문화 지식 모형	1) 교사는 아래 표현과 관련된 사진을 학생들에게 보여주면서 한국 농촌의 토속적 정서를 느끼게 하고 작품의 배경이 되는 농촌의 풍경을 설명한다. - 한국 농촌의 배경 표현 : 개울, 징검다리, 조약돌, 허수아비, 송아지, 원두막, 수수, 대추, 호두 등 - 늦가을 정취 : 갈밭, 갈꽃, 벼 가을걷이, 추수가 끝난 벌판 등 - 전통 풍습 : 제사(차례)를 지내다, 추석 선물을 보내다 - 전통적 사고 : 전답을 팔다(재산을 팔다), 악상을 당하다(자식이 부모보다 먼저 죽어서는 안 된다) 2) 작품의 배경이 되는 계절과 날씨, 개울가의 풍경, 갈밭, 조약돌의

정서 표현 교육			
정서 층위	정서 작용	교육 모형	교육 방법
			크기 등을 상상하며 학생들에게 그림으로 표현하게 한다. 작품의 배경이 묘사된 짧은 제시문을 주고 그림을 그리게 한 후 여러 명 혹은 대표 학생이 나와 칠판에 작품의 배경을 그려볼 수 있다.
심리적 정서	기본 감정 표현	문학텍스트 언어 모형	1) 작품의 문맥에 따라 소년의 심리를 표현할 수 있는 말을 찾아본다. 2) '비'하면 연상되는 것을 자유롭게 이야기하면서 문화적으로 표현될 수 있는 '비'에 대한 배경지식을 확인해 본다. 3) 〈A는 B다〉는 은유 표현을 학습한다. 이 작품에서 사랑의 표현으로 나타나는 '소나기, 조약돌, 대추, 호두' 등을 찾아서 사랑의 은유 표현으로 바꾸어 보고 이에 대한 설명을 쓰게 한다.
문학적 정서	심미 체험	테스트와 독자의 상호 작용 모형	1) 작품에 나타난 인물의 정서를 학습자의 경험과 관련된 스토리 형성과 말하기교육으로 이끌어낸다. 2) 제시된 텍스트의 주요 부분을 읽고 다음의 수줍음, 친밀감, 그리움과 같이 사랑할 때 느꼈던 자신의 감정을 중심으로 자신의 경험을 이야기한다. 3) 수줍음 - 좋아하는 이성 앞에서 창피했던 경험을 이야기한다. 소년이 소녀를 보고 도망가다가 넘어지는 장면을 제시글로 주고 문학적인 상황을 상상하게 한다. 좋아하는 이성을 대하는 소년의 수줍은 태도에 대한 자신의 생각을 이야기해 본다. 4) 친밀감 - 소년과 소녀가 친해지게 된 계기와 자신의 경험을 이야기한다. 5) 그리움 - 〈소나기〉와 관련된 노래 예민의 〈산골 소녀의 사랑 이야기〉를 듣고 소녀를 기다리는 소년의 마음을 상상해서 말해 본다. 그리고 누군가를 그리워하는 감정을 이야기해 본다.

참고 문헌

고은미 외(2006), 『문화콘텐츠와 스토리텔링』, 신아출판사.

구인환 외(2007), 『문학교육론』 5판, 삼지원.

김동환(2008), 「공유 텍스트를 통한 한국어교육의 한 방법」, 『국어교육학연구』 31, 국어교육학회.

김동환(2009), 「서사 모티프의 문화 간 이야기화 양상과 한국어교육」, 『국어교육학연구』 35, 국어교육학회.

김동환(2010), 「한국어교육의 효율성 제고를 위한 읽기텍스트 선정 전략 연구—문화교육을 위한 현대소설 제재를 중심으로」, 『국어교육학연구』 39, 국어교육학회.

김만수(2006), 『문화콘테츠 유형론』, 글누림.

김민주(2003), 『성공하는 기업에는 스토리가 있다』, 청림출판.

김순자(2010), 「한국어교육에서 소설 텍스트 교육 연구」, 부산대박사논문.

김해옥(2004), 「문학 작품을 통한 한국 언어, 문화 교육 방법」, 『비교문화연구』 8, 경희대비교문화연구소.

류종렬(2012), 「외국어로서의 한국문학교육 연구의 현황과 과제」, 『한중인문학연구』 35, 한중인문학회.

미디어문화교육연구회(2005), 『문화콘텐츠학의 탄생』, 다홀미디어.

백승국(2004), 『문화기호학과 문화콘텐츠』, 다홀미디어.

양민정(2003), 「고전소설을 활용한 한국어교육 방법」, 『국제지역연구』 7권 2호, 한국외대 외국학종합연구센터.

우한용(2000), 「외국인을 위한 한국어교육에서 문학의 효용」, 『외국인을 위한 한국어교육 연구』 3, 서울대사범대외국인을위한한국어교육지도자과정.

우한용(2010), 「소설 텍스트 중심으로 본 문학능력과 한국어교육」, 『한국어와 문화』 7, 숙명여대한국어문화연구소.

윤 영(2011), 「한국어교육에서 영화를 활용한 소설 교육 연구」, 연세대박사학위논문.

이인화 외(2003), 『디지털 스토리텔링』, 황금가지.

인문콘텐츠학회(2006), 『문화콘텐츠 입문』, 북코리아.

임경순(2004), 「이야기 구연의 방법과 의의에 대한 연구」, 『국어교육』 제114호, 한국어교육학회.

임경순(2007), 「스토리텔링과 언어문화교육」, 『한국어문학연구』 26집, 한국외국어대학교.

임경순(2013), 『국어교육학과 서사교육론』, 한국문화사.

정원기(2016), 「소설 텍스트를 통한 한국어교육의 문화교육 방안 연구」, 한성대박사논문.

조수진(2014), 「문학적 정서 표현 교육 방안 연구—한국어 학습자를 중심으로」, 한국외대박사학
　　위논문.

최혜실(2001), 『디지털 시대의 문화 읽기』, 소명출판.

최혜실(2003), 『디지털 시대의 영상 문화』, 소명출판.

최혜실(2004), 「문학 작품의 테마파크화 연구 : '소나기마을'과 '만해마을'을 중심으로」, 『어문연
　　구』 제32권 제4호, 한국어문교육연구회.

최혜실(2006), 『문화콘텐츠, 스토리텔링을 만나다』, 삼성경제연구소.

Adeyanju, T. K.(1978), "Teaching Literature and human values in ESL : Objectives and
　　selection", ELT journal 32(2).

Bauman, R.(1986), Story, Performance, and Event : Contextual studies of oral narrative,
　　Cambridge University Press.

Collins, R. & Cooper, P. J.(2005), The Power of Story : Teaching Through Storytelling,
　　Long Grove : Waveland Press.

Folly, J. M.(1995), The Singer of Tales in Performance, Indiana University Press.

Miller, C. H., 이연숙 외 역(2006), 『디지털미디어 스토리텔링』, 커뮤니케이션북스.

Toolan, M. J.(1989), Narrative : A Critical Linguistic Introduction, 김병욱・오연희 옮김(1993),
　　『서사론 : 비평언어학적 서설』, 형설출판사.

Wright, A.(1997), Storytelling with children, Oxford : Oxford University Press.

제7장 　드라마를 활용한 한국문화교육

　　우리는 일상 생활에서 어떤 현상이나 사건을 두고 극적이라는 말을 자주 쓴다. 예상과는 달리 다른 사건으로 진행된다거나, 어떤 상황에서 기대하지 못했던 일들이 벌어진다거나 할 때 극적이라는 말을 쓴다. 이러한 극적인 현상은 일상 생활뿐 아니라 희곡, 연극, 뮤지컬, TV 연속극 등에서도 보이는 속성이다. 후자는 인위적으로 극적인 속성을 잘 빚어 놓았다는 점에서 예술적 차원에서 극적인 감흥을 갖게 된다.

　　이러한 극적인 것을 속성으로 하는 드라마는 특정한 배경 속에서 특정한 인물들이 펼쳐가는 사건과 갈등을 핵심으로 한다. 이들이 주고 받는 대화와 이들이 행하는 행동을 통해서 긴장감을 느끼고, 카타르시스를 갖게 된다.

　　드라마는 특정한 상황에 자연스럽게 어울리는 대화를 주고 받고, 행동을 한다는 점에서 언어적 비언어적인 특성을 지닌다. 뿐만 아니라 드라마는 인간의 행위를 핵심적인 사건으로 다룬다는 점에서 당대의 문화적인 현상을 잘 구현하고 있다고 할 수 있다. 따라서 드라마를 통해서 언어, 문학, 문화를 학습한다는 것은 매우 유용한 방법이 될 수 있다.

　　이 장에서는 드라마란 무엇이고, 드라마의 교육적 가치는 무엇인지를 살펴볼 것이다. 특히 드라마를 교육적으로 활용한 방법으로 널리 사용되고 있는 교육연극을 그 개념, 특징, 방법 등을 구체적으로 탐구하고자 한다.

1. 드라마의 개념

드라마(drama)란 극적인 사건이나 상황을 일컫는 말이다. 우리는 흔히 '극적 (劇的, dramatic)'이라는 말을 사용한다. 예컨대 "극적으로 살아 났어", "극적으로 다시 만났지", "극적인 승부였어" 등이 그것이다. 여기에서 사용된 극적이라 는 말은 '예기치 못한 일', '획기적인 일' 등의 의미가 담겨 있다. 여기에는 전 개된 사건을 통해 다음에 어떤 일이 일어날지를 알고 싶어 하는 강한 욕구에 의한 마음의 흥분 상태인 긴장(suspense)이 수반된다.

이러한 극적인 것은 일상 생활뿐 아니라, 드라마의 문학 형식인 희곡(play), 무대에서 펼쳐지는 연극(theatre), TV 드라마, 영화 등에서 폭넓게 발견된다.

극적인 사건이나 상황은 그것이 일어나는 배경(시간, 공간), 사건을 이끌어가 는 주체와 그들의 말과 행위, 이들로 인해 발생하는 갈등, 그리고 사건의 전개 (플롯) 등으로 구성된다.

2. 드라마의 교육적 가치

드라마의 교육적 가치에 대하여 동서양을 막론하고 많은 연구자들이 동의 하고 있다. 일찍이 Geraldime Siks(1959 ; 황정현 역, 2004 : 38)는 드라마의 교육적 가치에 대하여 '창의적으로 표현하는 자신감과 능력, 긍정적인 사회적 태도와 관계, 정서 안정, 신체적 균형, 삶의 철학(개인적 삶의 방식에 대한 호기심)' 등을 든 바 있다.

J. W. Stewig · C. Buege(1994 ; 황정현 역, 2004 : 2장, 4장)는 드라마의 교육적 가치 를 창의성 발달, 협동력 증진, 감정 표현을 위한 건전한 방식 제공, 추리력(사 고력) 발달, 언어적(음성언어, 어휘) 비언어적 능력 발달, 의사소통 능력 발달 등을 들었다.

S. Phillips(2000 ; 원명옥 역, 2001 : 서문)는 드라마의 교육적 가치를 다음과 같이 언급하고 있다.

① 동기 : 동기 유발과 흥미 제공
② 친숙한 활동 : 어릴 때부터 해온 놀이로 생활의 일부
③ 자신감 : 역할을 맡음으로써 일상적인 정체성에서 탈피할 수 있고, 심리적 억압에서 해방
④ 그룹 활력 : 그룹 활동을 하면서 그룹으로 결정하고, 서로의 의견에 귀를 기울이고 협력
⑤ 다양한 학습 방식 : 보기, 듣기, 말하기, 신체 등 다양한 방식을 통해 정보를 학습
⑥ 언어 개인화 : 읽었거나 들은 텍스트의 내용에 감정이나 인성을 부가하여 자신에게 맞도록 언어 사용.
⑦ 맥락에서의 언어 : 드라마는 의미를 명료하게 해주는 맥락 속에서 아동들로 하여금 낯선 언어의 의미를 추측하도록 함.
⑧ 범-교과 내용 : 드라마는 단지 언어적 목표 이상의 다른 교과나 학문, 문화 등의 주제, 내용 등을 다룰 수 있음.
⑨ 수업 진행 : 수업의 진행이나 교실 분위기를 생동감 있게 바꿀 수 있음.

영어교육에서 논의한 것이기는 하지만, 외국어교육이라는 틀 속에서 보면 크게 참조할 수 있겠는데, 최근 『영어 학습지도를 위한 문학 텍스트 활용 방법』(임병빈·한상택·강문구, 2007 : 106)에서 드라마의 교육적 가치를 다음과 같이 제시한바 있다.

① 드라마 활동은 재미있기 때문에 교실에 웃음을 선사하고 더욱 더 수업시간을 자유로운 형태로 이끌어준다.
② 드라마 활동은 기억력을 상기시켜준다.
③ 드라마 기법들을 개발하기 위해 창의성을 필요로 한다.
④ 학생 자신들을 여러 상황에서 시연할 수 있도록 함으로써 언어학습에 동기유발을 가져다 줄 수 있다.

⑤ 읽기 능력뿐만 아니라 듣기와 말하기, 쓰기 능력을 향상시키도록 도와준다.

⑥ 학생들의 잠재적인 어휘들을 도출시켜 줄 수 있다.

⑦ 학생들로 하여금 짝으로, 그룹으로, 또는 교사와 유의미적이고 현실적인 방법으로 상호 작용하도록 해준다.

⑧ 언어학습에 자신감을 조장시켜 줄 수 있다(반복, 기억하는 자연적 언어표현 습득 과정을 가질 수 있다).

⑨ 언어학습의 즐거움을 만끽하도록 도와준다(신체표현, 자기성찰 언어사용, 어투, 발성법을 즐겁게 활용할 수 있다).

요컨대 드라마의 교육적 가치는 드라마가 지닌 친숙함으로 말미암아 학습의 동기 유발뿐 아니라 어휘력, 의사소통 능력 등과 같은 언어 능력, 그리고 가치관, 정서, 신체 발달과 같은 정신적 육체적 발달 등에 기여하는 데서 찾을 수 있다.

3. 교육연극의 개념과 교수·학습 모형

1) 교육연극(DIE)의 개념과 특징

교육연극(DIE : Drama in Education)은 연극을 교육방법의 매개로서 현장에서 활용하여 교수 효과를 극대화하려는 것이다. 교사는 학생들에게 프로그램을 통해서 창의적이고 능동적으로 대처할 수 있도록 유도하고 자극시킬 수 있다. 교육연극은 관객이 따로 없이 능동적으로 공동 작업을 수행하고, 연극만들기를 통해서 사회적 기술[35]을 습득하고 다른 과목에도 활용할 수 있는 방법이기도 하다.

---

35) 사회적 기술이란 사람이 사회 생활을 하는 데 필요한 여러 가지 기술 즉 말하기, 듣기, 읽기, 쓰기(창작) 등 의사를 표현하고 이해하기, 사고하기, 자신을 파악하기, 환경에 적응하기 등의 기술을 말한다.

교육연극과 전문연극의 차이점을 정리하면 다음과 같다(박은희, 2000 : 33~34).

전문연극	교육연극
순수예술로써의 연극지향 예술성이 강조된 공연이 목적 (아동극, 청소년극은 교훈적인 내용을 예술적 감상용 연극으로 제작)	연극방법을 교육현장에 응용하여 효율적인 교육효과지향 *DIE : 단편적인 '연극만들기'를 통한 사회적 기술 익히기 *TIE : 전문교육단이 효율적 교육효과를 중요시하는 공연
훈련받은 연극인이 전문분야별로 담당하여 작업한다.	훈련받은 교육연극 종사자(교사 또는 교육 연극전문가)가 교육대상이 프로그램 과정을 창의적으로, 스스로 능동적으로 대처할 수 있도록 유도하고 자극시키는 역할분담. 실제작업은 교육대상이 한다.
관객이 객석에서 감상 (어린이부터 어른까지 객석에 앉아서 감상)	*TIE : 관객(교육대상)이 참여하여 공연을 완성 *DIE : 관객이 따로 없는 능동적인 공동 작업 체험
어린이부터 어른까지 한가지 방법을 적용: 작가가 쓴 희곡을 교사나 연출가의 지시를 받으며 연습하여 공연을 목적으로 작업한다.	연령별로 적용방법을 차별화 : 저학년에서 고학년으로 성장함에 따라 (DIE 혹은 YOUTH THEATRE)를 적용
13세 미만 어린이는 물론 유치원 어린이에게도 공연행위를 권장	13세 미만 어린이에게 기성인을 모방하는 공연행위는 삼가도록 유도

*DIE : Drama-In-Education. *TIE : Theatre-In-Education.

교육연극은 간단한 워밍업(일반적인 게임, 맨손체조, 노래 부르기 등)에서 시작하여 타블로(tableau)만들기, 즉흥극(improvisation), 역할놀이(role play), 스토리텔링(story telling), 신체표현(movement) 등의 방법을 통해 자기 표현(self-expression), 개성 발달, 사회적 기술 등을 학습하게 하는 일을 말한다(박은희, 2000 : 34).

교육연극(DIE)의 특징은 다음과 같다.

① 교육연극은 무엇인가에 관한 것이며 반드시 의미를 갖고 있어야 한다. 이것은 개인 기술의 훈련이 아니다.
② 교육연극은 "창조성", "자기 표현", "개성", "상상력의 자유로운 이용"을 강조한다.
③ 교육연극은 감각지각, 환경과 사회조건에 대한 민감성을 강조한다.
④ 교육연극은 게임구조나 연극게임에 바탕을 둔다.
⑤ 워밍업에는 신체적이고 감각적이고 지적인 행위의 훈련이 포함된다.
⑥ 교육연극은 훈련이 전부는 아니며 의사결정 과정을 포함한다.

⑦ 교육연극은 행위이며 경험이다.

⑧ 교육연극은 과정, 공연, 기술 가운데 어느 것이 더 중요시 되는 유형이 있다.

⑨ 역할 속의 교사(Teacher-in-role)는 수업의 일부로서 역할을 갖고 사실상 학생들의 학습잠재력을 증진시키기 위해 참여한다.

⑩ 교육연극은 사회적 기술(social skills), 말하기 기술, 동작 기술 등을 발전시키고 믿음을 쌓고, 이성적 행위를 하고, 이해에 변화를 준다(박은희, 2000 : 33~35).

⑪ 교육연극은 감정을 표현하고 타인의 감정을 이해하는 능력을 길러준다.

⑫ 교육연극은 인간의 삶과 문화에 대한 이해력을 증진시켜준다.

2) 교육연극의 목표

교육연극의 목표는 언어적 측면뿐 아니라 미적, 도덕적, 창의적, 사회적 측면 등에서 광범하게 설정할 수 있다.

① 의사소통 능력 증진

② 사고력 신장

③ 창의성 발달

④ 심미성 발달

⑤ 자기 이해 능력 발달

⑥ 도덕적 정신적 발달

⑦ 사회적 성장과 협동력 신장

3) 교육연극의 교육적 기능

교육연극의 교육적 기능은 드라마의 교육적 가치, 교육연극의 목표 등과 밀접하게 관련되어 있다. 따라서 앞에서 언급한 가치와 목표에 따른 교육적 기능을 상정할 수 있겠다.

교육연극의 교육적 기능에 대하여 김정은(2004 : 38~39)은 아래 네 가지를 언급하고 있다.

① 교육연극은 참여자에게 연극을 교육하는 기능이 있다.

② 교육연극은 참여자에게 사회화 활동을 교육하는 교육매체의 기능이 있다.

③ 교육연극은 참여자에게 교과내용을 교육하는 학습도구의 기능이 있다.

④ 교육연극은 참여자에게 교육연극 매체를 통해서 개인적인 카타르시스는 물론, 집단 카타르시스의 효과를 얻는 치료기제의 기능이 있다.

그렇지만 이것 외에도 교육연극은 어휘, 의사소통능력, 사고력, 창의성, 심미성, 자기 이해력, 도덕성, 협동심 등 넓은 의미의 문화능력으로 포괄할 수 있는 능력을 길러주는 교육적 기능과 관련되어 있음을 알 수 있다.

4) 교육연극의 교수·학습 모형

일반적으로 교육연극의 교수·학습 모형으로 'Warm up→준비단계→발표단계→Follow up' 과정을 설정하지만, 여기에서는 권재원(2005 : 133)이 제시한 것을 바탕으로 수정 제시하면 다음과 같다.

활동 단계	준비 단계		연습 단계		발표 단계		평가 단계		심화 단계
활동 목표	필요한 어휘,기능의 습득과 형식에의 친근성	⇒	내용의 구성, 연습 및 재구성	⇒	실제 공연	⇒	피드백	⇒	적용, 응용, 심화 발전
활동 내용	신체언어, 판토마임 게임 등		조별 연습, 조별 내용 구성, 리허설		준비된 상황극 및 즉흥극 공연		토론, 평가지, 감상문		다른 상황에 적용, 비교 및 평가, 대안 모색

① 1단계 : 준비 단계(Warm up)

간단한 신체동작과 발성, 어색함을 제거하기 위한 놀이 등으로 구성

② 2단계 : 연습 단계

연극으로 구성할 상황을 제시하며 학생들은 이것을 소재로 실제 연극을 제

작한다. 소품이나 의상에 구애 받을 필요 없다. 교사는 학생들이 연극 대본을 완성하고 배역 연습을 할 수 있도록 지도한다.

③ 3단계 : 발표 단계

실제 연극을 공연하는 단계로 학생들은 제작자이며, 배우이며, 관객이 된다.

④ 4단계 : 평가 단계(Follow up)

공연, 감상한 경험을 토대로 토론과 평가가 이루어진다.

⑤ 5단계 : 심화 단계

평가를 토대로 연극을 새롭게 모색해 보거나, 다른 문화적 상황을 설정하여 연극을 재구성하여 본다. 연극을 비교 평가해 보고 바람직한 대안과 의미를 모색한다.

4. 교육연극을 활용한 한국문화교육

1) 언어기능 교육

(1) 교육연극을 활용한 말하기교육

교육연극을 활용한 말하기교육의 활동과 방법을 소개하면 다음과 같다(최은실, 2007).

활동1 릴레이 말하기를 사용하여 이야기를 바꾸어 말하기

릴레이 말하기란 모둠원 5-6명이 그룹이 되어 한 명이 앞에서 말을 하면 그 뒤를 이어서 계속 말하는 형식이다. 릴레이식 말하기를 통해서 이야기를 바꾸어 즉흥극을 할 수 있다.

활동2 인터뷰 활동으로 인상 깊은 장면 말하기

인터뷰 활동이란 모형 마이크를 이용하여 교실을 TV 생중계장으로 만들어,

한명은 신문 기자, 리포터, 경찰관 등 질문자의 역할을 맡고, 다른 사람은 이야기 속에 등장하는 인물이 되어 질문에 대한 대답을 한다.

활동 3 　조각 만들기를 통해 속담 속의 상황에 따라 말하기

짝 혹은 모둠에게 표현할 속담을 정하고 장면을 묘사한 다음 정지 동작으로 표현하게 한다. 보통은 5-6명이 한 조가 되어 속담을 정하고 떠오르는 장면을 논의하여 조각 군상을 배치하듯 장면에 어울리는 동작을 만들어 멈춘다.

활동 4 　지브리쉬어로 의사 소통한 후 통역해서 말하기

지브리쉬어란 아무 의미가 없는 단어로 대화하는 것으로 정해진 하나의 소리로만 말하며 몸짓, 표정으로 의사 소통을 한다.

활동 5 　역할놀이를 꾸며 대화하기

역할놀이는 구체적인 상황을 설정하여 간접적으로 경험해 보게 함으로써 의도하고자 하는 목표에 도달하게 하는 방법이다. 역할 놀이를 함으로써, 학습자들은 주어진 문제를 더 정확하고 실감나게 이해하게 된다.

활동 6 　사진을 보고 정지 동작을 만든 후 느낀 점 말하기

사진을 보고 사건을 만들어 정지 장면을 사건이 시작되는 장면, 전개되는 장면, 정리되는 장면으로 꾸며 보고 느낀 점을 말해 본다.

활동 7 　종이를 이용하여 내 마음을 형상화하여 말하기

종이를 나누어주고, 종이를 자르거나, 구기거나, 접거나, 찢거나 해서 있었던 일 등 가장 기억에 남는 사건이나 생각을 표현하게 한다. 그리고 왜 그렇게 표현했는지 그 이유를 설명하게 한다.

이야기를 읽고 감동을 방송극으로 나타내기

이야기를 읽고 느낀 점을 다양하게 표현하는 방법으로 아나운서가 되어 뉴스 보도 형식으로 구성할 수도 있고, 리포터나 다른 라디오 프로그램 형식으로 구성할 수도 있다.

2) 문학교육

(1) 희곡 「살아 있는 이중생 각하」(오영진)를 활용한 재판극

★ 「살아 있는 이중생 각하」

■ 개요

오영진(吳泳鎭)의 작품 「살아 있는 이중생 각하」는 1949년 5월 극예술협의회에서 초연되었으나, 별 주목을 받지 못하다 1957년 극단 '신협'이 '인생차압'으로 개명하여 공연하면서 인기를 끈 작품이다. 이 작품은 1940년대 말, 서울을 배경을 한 희곡으로 3막 4장으로 구성되어 있다. 풍자적이고 비판적인 성격이 강한 작품으로, 친일 잔재 세력의 청산과 새 시대의 개막을 염원하는 주제를 담고 있다. 이 작품은 광복과 함께 마땅히 청산되었어야 할 친일세력이 광복 후에도 새로운 외세에 아첨해서 부와 권력을 누리며 여전히 건재하는 사회상을 풍자하면서, 새로운 시대의 도래를 암시하고 있다.

■ 등장 인물

① 이중생(李重生) : 자신의 치부를 위해 반민족 행위도 서슴지 않는 친일 잔재 세력, 기회주의자, 극단적 이기주의자, 배금주의자, 전형적인 탐욕형 인물

② 우씨(禹氏) : 남편을 최고로 알고 존경하지만 하인들에게서조차 존경을 못 받는 인물

③ 하주(夏珠) : 교양이 없는, 탐욕형 인물

④ 송달지(宋達之) : 고지식하고 착하지만 현실 감각이 없고 행동이 굼뜬 지식인, 뒷부분에서 성격의 변화를 보이는 인물

⑤ 하연(夏姸) : 아버지의 일에 관심을 보이지 않고 나름대로 취직을 하는 인물

⑥ 하식(夏植) : 혈육인 아버지를 비판하는 미래지향적 인물. 신세대적 인물, 반
공주의자

⑦ 이중건(李重建) : 상황의 흐름을 파악하지 못하고 부적절한 행동으로 웃음을
유발하는 희극적인 인물

⑧ 최영후(崔榮厚) : 이중생의 고문 변호사. 자신의 이익을 위해 지식을 팔아먹
는 자, 영악한 기회주의자

⑨ 임표운(林杓運) : 이중생의 비서

⑩ 김 의원 : 매우 합리적이며 객관성을 지닌 인물임과 동시에 비타협적이고 의
지적인 성격의 소유자이다. 사건의 전환과 클라이막스를 형성하는 데 중요한
역할을 하는 인물

⑪ 용석 아범 : 자신의 의견을 한 번도 피력하지 못하는 소극적인 인물

⑫ 맹인 1·2 : 긴장에서 풍자적 웃음으로 넘어가는 교량 역할

▮ 줄거리

① 1막

제1막은 이중생의 집에 손님이 오게 되어 있어 분주하게 준비를 하는 것으로 시
작된다. 이러한 준비 과정에서 이중생의 가족과 그 주변의 인물들에 관련된 사정들
이 드러난다. 이중생은 일제 시대에는 친일을 하여 돈을 벌었으며 해방 후에는 목
재 회사와 산림 산업을 맡아 거드름을 부리며 살지만 본디 천박하고 보잘것없는 인
품의 인물이라는 것 등 가족 인물들이 드러난다. 손님맞이 준비에 한창 분주한 집
에 들어온 이중생은 비서 임표운과 함께 장차 일이 잘 풀리면 산림 회사를 불하받
아 돈을 많이 버는 것은 물론이고 장차 장관까지도 할 수 있으리라고 장담을 한다.
그러나 일은 불길하게 전개된다. 시경의 형사가 이중생을 체포하러 들이닥치고, 인
천에 가 있던 둘째딸 하연은 인천 별장이 아버지 것이 아니라 관리인을 속여 뺏은
것이 탄로나서 쫓겨났으며, 란돌프란 자는 미국 원조 기관 직원을 사칭한 가짜였다
는 사실이 밝혀진다.

② 2막

제2막 제1장은 한 달쯤 지난 뒤다. 이중생은 배임 횡령, 공문서 위조, 탈세 등의
혐의로 체포 수감되었고, 그 형인 이중건은 땅 팔아 산 집이 이중생의 이름으로 되
어 있어 이번 사건으로 집을 빼앗겼다며 집 찾아내라고 이중생의 집에 드러누웠다.

이중생은 최 변호사의 도움으로 가석방되어 나오고, 이중생과 최 변호사는 이중생이 유서를 남기고 자살하는 것처럼 꾸며 재산을 보호하려는 모의를 한다.

제2막 제2장은 그 다음날 저녁이다. 이중생이 재산 관리인으로 지정하고자 하는 사위 송달지는 천성이 착하기 때문에 고민에 빠진다. 송달지는 망설이지만 이중생은 전재산을 사위 송달지에게, 그리고 형 이중건과 최 변호사에게 상당량의 돈을 주도록 하는 유서를 써 놓고 면도칼로 동맥을 끊어 죽은 것으로 하기로 작정한다. 송달지가 응하지 않자 이중생은 큰딸 하주에게 병원의 도장을 가져 오게 하여 사망진단서까지 직접 작성하고 5일장으로 부고 인쇄하여 치상(治喪) 준비를 시킨다.

③ 3막

이중생의 집에 조문객들이 몰려들고 송달지가 상주가 되어 장례를 치른다. 국회특위의 김의원이 나타나 송달지에게 조사가 마무리되면 재산이 국고로 환수될 가능성이 많은 만큼 차라리 무료 병원을 설립하는 데 재산을 헌납할 것을 권한다. 이에 의사인 송달지는 허락을 하고 관속에 누워 이야기를 듣고 있던 이중생은 김의원이 돌아가자 사위를 꾸중한다. 이 때 학병으로 끌려가 생사를 알 수 없던 아들 하식이 돌아오고 아버지를 책망한다. 일을 도와주기 위해 와 있던 아낙에게 귀신 취급을 받은 이중생은 정말로 자살을 한다

■ 재판극을 활용한 교수-학습 방법(민병욱, 2004 : 13~15)

1. 공연 전 준비 단계

　1.1 교사 주관 단계

　　1.1.1 교사의 환영인사, 참여자 학생구성원들의 상호 소개 그리고 재판극의 연극 기법과 규칙을 설명한다.

　　1.1.2 재판극을 시작하기 전 단계로서, 역할 놀이, 즉석 토론 등을 통하여 집단 활동을 한다.

　　1.1.3 교사는 연극놀이의 방법과 과정을 설명하면서 학생들이 공동 토론을 통하여 재판극의 배역을 결정하도록 유도한다. 이 때 배역으로는 재판장, 원고(검사), 피고(이중건), 배심원(일반 학생들)을 설정하여 이중건을 배심원이 재판하는 과정으로 만들어가도록 한다.

　1.2 교사와 학생의 공동 활동 단계 : 상상적 역할 활동

　　1.2.1 교사는 학생들이 허구적 인물들, 이중생, 송달지, 이중건, 김의원,

최변호사 등과 접촉하여 장면 즉흥극을 실연하도록 하여 허구적인
법원 공간이나 재판 과정으로 진입하도록 한다.

　1.2.2 학생들은 허구적으로 상상한 인물들, 재판을 구성하고 있는 가상
　　　 인물들과 텍스트 속의 허구적 인물을 현실에서 존재하고 있는 인
　　　 물로 구체화하여 설정한다.

　1.2.3 학생들은 가상 인물과 허구적 인물을 나이, 성별, 직업, 용모, 의
　　　 상 등에서부터 시작하여 성격, 습관 등까지 구체화해 간다.

2. 공연 단계─학생들의 공연활동

　2.1 학생들은 인물의 감정과 정서 그리고 처해 있는 상황에서의 행동과 그
　　　 범위를 즉흥 장면으로 만들어 간다.

　2.2 학생들은 즉흥 장면을 연속화하여 재판의 시작에서 끝에 이르는 과정으
　　　 로 만들어간다.

　2.3 학생들은 재판 과정에서 인물들이 처해 있는 상황과 그 상황에서의 감정
　　　 과 정서를 설정하고 표현한다.

3. 공연 후 평가 단계─공연 후 토론

　3.1 학생들에게 서로 다른 역할과 서로 다른 장면을 실연하도록 하고 참여하
　　　 지 않은 학생들에게도 그 기회를 준다.

　3.2 공연에서 제기된 문제와 그 해결과정 그 자체를 예술미학적인 관점에서
　　　 가 아니라 내용적인 관점에서 비판적으로 분석하지 않고 명료하고 사실
　　　 적으로 설명한다.

　3.3 학생들은 '평가 중점'에 비추어서 문제와 그 해결방안을 토론하고 평가한다.

3) 문화교육

(1) 「시집가는 날」(오영진)을 활용한 교육연극

★ 「시집가는 날」(오영진)

■ 개요

　오영진의 「시집가는 날」은 1943년에 「맹진사댁 경사」라는 일문(日文) 시나리오
로 발표되었다가, 해방 후 오늘날까지 영화, 연극, 뮤지컬로 끊임없이 공연되는 작
품이다. 1956년에 오영진 각색, 이만일 감독에 의해 처음으로 영화화되었고, 1962

년에는 이용민 감독의 〈맹진사댁 경사〉로 영화화되었다. 1967년에는 뮤지컬(음악극) 대본으로 「시집가는 날」이 쓰였다. 후에 "맹 진사 댁 경사"라는 2막 5장의 희곡으로 각색되기도 했으며, 여러 차례에 걸쳐 TV 드라마와 창극으로 고쳐지기도 했다.

이 작품은 전통 혼례를 소재로 삼은 것이고 그런 점에서도 작가의 전통 문화에 대한 깊은 관심을 엿보게 한다. 양반 사회를 배경으로 인간의 거짓과 진실을 대비시켜 인간의 미묘한 심리 세계를 예리하게 파헤치는 한편, 가문 의식의 허위, 구습 결혼 제도의 모순, 전통적 계층 사회의 비인간성 등을 풍자함으로써 사랑의 참뜻과 인간성의 회복을 강조한다. 그러나 작품의 전체적인 기조는 해학으로서, 등장 인물의 성격과 동작의 과장, 대사의 희극적 사용 등으로 즐거움을 주면서 교훈을 제시하는 '유쾌한 권선 징악'형 작품이다.

▣ 줄거리

① 발단 : 맹 진사는 김판서댁 도령에게 딸 갑분이를 시집 보내기로 함
   - 진사 맹태량은 탐욕적이고 권력 지향적이며 허세가 대단한 인물이다. 그는 가문의 영달을 위해서 자신의 딸 갑분이를 도라지골 김 판서 댁의 아들인 미언에게 시집 보내려 한다. 그는 권문 세가와 혼인을 하게 된다는 생각에 들뜬 나머지 정작 신랑감을 보지도 않고 혼약을 맺고 만다.

② 전개 : 혼례를 앞두고 신랑이 절름발이라는 사실이 전해져 집안에 소동이 일어남.
   - 혼례를 하루 앞둔 날 도라지 골에 산다는 한 선비가 미언이 다리 병신이라는 소문을 퍼뜨리자 온 집 안은 발칵 뒤집혀 소동을 벌인다.

③ 위기 : 맹 진사가 딸을 피신시키고 하녀 입분이를 대신 시집 보내기로 함
   - 그렇다고 혼사를 치르지 않을 수도 없는 형편이다. 갑분이는 한사코 시집을 가지 않겠다고 버티고, 난감해진 맹 진사는 궁리 끝에 갑분이의 몸종인 입분이를 신부로 꾸며 혼례를 치르도록 계책을 꾸민다. 그리고 갑분이는 운산골 숙부(맹효원) 댁에 보낸다.

④ 반전 : 결혼식에 나타난 신랑이 장부인 것에 놀라 다시 갑분이를 시집 보내려 함
   - 혼례 날, 정작 맹 진사 댁에 당도한 신랑 미언은 다리 병신은 고사하고 이목이 빼어난 장부이다. 이에, 대경한 맹 진사는 혼례 날짜를 미루고 갑분이를 데려오려 한다.

⑤ 대단원 : 미언과 혼인한 입분이는 첫날밤을 치르고 신행을 감

　－많은 청혼자들의 위선을 뿌리치고 몸종 입분이를 신부로 맞이한 미언은 그
　　녀의 착한 마음씨를 알고 입분이를 배필로 선택하고 결혼식을 올린다. 미
　　언과 입분이는 첫날밤을 치르고 신랑집으로 신행을 간다.

■ 교육연극을 활용한 교수–학습 방법

① 준비 단계

- 「시집가는 날」에 나오는 어휘, 속담 등을 학습한다.
- 「시집가는 날」을 읽은 다음에, 배역을 나누어 읽도록 한다.
- 정지된 화면(tableau still picture) 방법을 이용하여 결혼식 장면이나 결혼
  과 관련된 이미지나 행위를 정지된 동작과 표정으로 표현하도록 한다.

② 연습 단계

- 모둠별로 「시집가는 날」의 한 장면을 택하여 역할극을 하도록 한다.
- 모둠별로 한국의 전통 결혼 문화와 오늘날의 결혼 문화에 대하여 조사하도
  록 한다. 결혼 제도, 결혼 절차와 방법 등을 조사한다.
- 한국의 전통 결혼 문화와 오늘날의 결혼 문화에 대하여 토론한다.
- 모둠별로 조사하고 토론한 한국 결혼 문화를 참고하여 단막극, 역할극, 즉
  흥극 등을 준비한다. : 연극 대본을 완성하고, 배역을 연습하고 리허설을
  한다.

③ 발표 단계

- 간단한 소품과 의상을 준비하여 연습한 연극을 발표한다.

④ 평가 단계

- 개인, 모둠, 전체를 대상으로 소감을 발표하고 평가한다.

⑤ 심화 단계

- 모둠별로 자기 나라의 결혼 문화에 대하여 조사한다.
- 모둠별로 자기 나라의 결혼 문화를 보여주는 단막극, 역할극, 즉흥극 등을
  준비하여 발표한다.
- 개인, 모둠, 전체를 대상으로 소감을 발표하고 평가한다.
- 한국의 결혼 문화와 다른(자기) 나라의 결혼 문화를 비교하고 바람직한 결
  혼 문화에 대하여 토론한다.

참고 문헌

권재원(2005), 「교육연극이 청소년의 문화관용성에 미치는 효과 연구」, 『사회과교육』 44-4, 한국사회과교육연구학회.

김정은(2004), 「교육연극 프로그램이 유아의 언어 수행 능력 향상에 미치는 영향」, 『교육연극의 현장』, 연극과인간.

민병욱(2004), 「교육연극의 현황과 전망」, 『교육 연극의 현장』, 연극과인간.

박은희(2000), 「교육연극이란 무엇인가」, 『교육연극의 이론과 실제』, 연극과인간.

임병빈·한상택·강문구(2007), 『영어 학습지도를 위한 문학 텍스트 활용 방법』, 한국문화사.

최은실(2007), 「교육연극을 통한 말하기 지도 연구」, 『어문학교육』 34집, 한국어문교육학회.

Phillips. S.(2000), 원명옥 역(2001), 『드라마로 가르치는 초등 영어』, 범문사.

Stewig, J. W.·Buege, C.(1994), 황정현 역(2004), 『총체적 언어교육을 위한 교육연극』, 평민사.

제8장 | 영화를 활용한 한국문화교육

1895년 프랑스의 루미에르 형제가 세계 최초의 영화(활동사진)인 시네마토 그래프를 만든 이후 오늘에 이르기까지 영화는 매우 다양하게 발달해 왔다.

오늘날 영화는 수많은 사람들이 즐겨 보는 대중 예술로서 확고한 위치를 차지하고 있다. 영화만큼 대중적인 기반을 확고하게 자리잡고 있는 것은 드물 것이다.

무엇보다 영화가 지닌 마력으로 인해 교육적으로 활용하고자 하는 시도가 점증하고 있다. 한국의 언어와 문화를 가르치고 배우는 매체로서의 영화는 매우 유용한 수단이 되고 있다. 뿐만 아니라 영화를 하나의 예술로서 감상하는 것은 인간의 지적 정서적인 삶에 큰 영향을 준다.

이번 장에서는 영화의 교육적 가치를 살펴보고 영화 선정의 기준과 영화의 종류, 영화를 활용한 교육 방법 등을 살펴보고자 한다.

1. 영화의 교육적 가치

영화의 교육적 가치에 대하여 여러 연구자들이 긍정적으로 평가하면서 다양한 측면에서 언급하고 있다.

교육 일반의 차원에서 김영서(2003 : 56~58)는 영화 학습의 장점을 다음과 같이 언급하고 있다.

① 시간과 공간을 초월해 사실성과 생동성이 있는 형태로 제시되는 학습도구
② 학습자들에게 개성적인 관람이 가능하게 하는 학습자 중심교수도구
③ 다른 교수 매체보다 다양한 연령과 계층에 이르기까지 일반화되어 있는 대중성 있는 매체
④ 동화상을 통해 다양한 교육 자료를 제공하여 학습의 극대화 도모
⑤ 교육적이면서 동시에 오락적인 특징을 지녀 학습 동기 유발에 효과
⑥ 문법, 어휘 등 여러 가지 언어적 요소를 통합적으로 제시 가능한 잠재력 있는 학습 도구
⑦ 수용 기능(듣기, 읽기)과 생산 기능(말하기, 쓰기)의 4기능을 위한 다양한 학습활동 구현이 용이
⑧ 교수 요목(예, Theme based syllabus)과의 조화되기가 용이
⑨ 학습 진도, 학습 목표, 학습자 언어 능력에 따라 유동적으로 사용 가능
⑩ 시대성 있는 생활 영어(authentic english)가 어느 영화에나 있음
⑪ 문화인지과정의 3단계인 상호 부정 시기, 갈망기, 상호 적응기에 사용 가능.

또한 한국어교육에서 영화의 교육적 차원을 제시한 것으로는 이정희(1999), 김영만(2007) 등을 들 수 있다. 이정희(1999 : 223~226)는 영화를 통한 한국어 교육의 의의를 다음과 같이 언급하고 있다.

① 영화의 대본은 실생활 담화를 가르칠 수 있는 좋은 텍스트이다. ―우리 말의 특징인 문장 성분의 생략 등36) 구어에서만 쓰이는 표현들을 배울 수 있다.
② 통합교과를 실현할 수 있다. ―언어기능, 문법, 문화 등을 통합하여 수업할 수

있다.

③ 실생활과 관련된 과제(task)를 수행하게 할 수 있다. ─영화에 나오는 다양한 상황을 활용하여 실생활 관련 과제를 수행에 적용할 수 있다.

④ 한국어뿐만 아니라 한국의 문화를 학습할 수 있다. ─영화에는 한국인의 생활 방식, 사상, 세계관 등이 담겨 있으므로 문화 수업에 용이하다.

⑤ 한국어 학습에 대한 학습자들의 흥미를 유발할 수 있다. ─영화는 학습자의 흥미를 유발하는 강력한 매체로서 학습 동기 부여에 좋은 매체이다.

또한, 김영만(2007 : 55~57)은 한국어 교육에서 영화 활용의 함의를 다음과 같이 제시하고 있다.

① 계획된 교과서 내용보다 생동감과 현장감 있는 내용을 접할 수 있다.

② 영화 장면을 보면서 듣고 이해하기 때문에 기억하기 쉽고 이해가 빠르다.

③ 흥미 유발이 용이하다.

④ 영화는 당대의 사회상을 그대로 보여주기 때문에 한국 사회나 문화에 대한 이해를 높이는 데에 효과적이다.

⑤ 영화 관련 웹 사이트를 활용하여 보다 많은 자료를 제공할 수 있다.

이상의 논의를 통해 볼 때 영화는 흥미 유발에 좋은 매체일 뿐 아니라, 영화가 지닌 언어, 문화적인 특성으로 말미암아 언어, 기능, 문화 교육을 위해서 교육적 가치가 있음을 알 수 있다.

2. 영화 선정 기준

영화 선정의 기준에 대한 논의는 다양하게 전개되고 있지 않다. 나정선(2002 :

---

36) 한국어는 문장성분 빈번한 생략, 높임법 발달, 조사 발달, 감각적 표현 발달 등의 특징을 지닌다.

52~55)은 이정희(1999)[37]와 김경지(2000)를 토대로 영화선정의 기준을 다음과 같이 제시한바 있다.

① 학습자의 학습동기와 흥미를 유발할 수 있는 주제와 화제여야 한다.
　－학습자들에게 흥미있는 주제, 일어남직한 이야기
② 관련 자료를 이용할 수 있는지를 고려한다.
　－인물이나 사회가 현대를 배경
③ 많은 시각지원이 있는 영화를 선택한다.
　－시각지원이란 시각적 요소가 구두 메시지를 소개하도록 도와주는 정도, 특정한 장소나 상황 선택, 음성을 끄고 화면만으로 이해할 수 있는 정도를 살펴 시각지원 정도를 시험.
④ 영화의 배경이 학생들이 선호하는 세팅(setting)인 것이 좋다.
　－배경은 학습자와 관련된 것일수록 학습자들의 언어 문화 학습을 자극하고 효과도 좋다.
⑤ 화면이 대체적으로 경쾌하고 배우의 발음이 정확한 영화를 선택한다.
⑥ small C에 해당하는 목표 언어의 밀도와 난이도가 높은 영화를 선택한다.
　－언어의 밀도란 특정 장면이 진행되는 동안 사용한 언어의 분량
　－각 단계의 수준에 맞게 이해할 수 있는 양의 대사가 있는 영화를 선택하는 것이 좋다.
⑦ 대사가 깔끔하고 명쾌한 영화를 선택한다.
　－표준어 사용, 말의 속도나 명료성
⑧ 사건의 진행 속도가 너무 빠르거나 복잡한 것은 피한다.
　－흥미를 잃으면 영화 보기를 포기한다.
⑨ 이야기 전개가 너무 복잡하고 전문적인 용어가 많이 포함되어 있는 영화는 피한다.
　－법정 영화, 의료 영화 등 전문 직업을 가진 주요 인물이 등장하는 경우 학습자들이 어려움을 겪을 수 있다.

---

37) 이정희(1999)는 수업에서 활용하여 검증된 작품으로 '101번째 프로포즈, 접속, 편지, 올가미, 박봉곤 가출사건, 무소의 뿔처럼 혼자서 가라, 축제(동화가 삽입된 부분), 미술관 옆 동물원' 등을 들고 있다.

⑩ 과도한 폭력이나 선정적인 영화는 피한다.

⑪ 민족감정을 자극할 수 있는 영화는 피한다.

　　─민족이나 국가 간의 문제를 예민하게 받아들일 수 있다.

⑫ 음성적 신호만이 아닌 모든 신호가 풍부한 영화가 좋다.

　　─대화만이 아니라 이미지, 음악, 몸짓 등 다양한 기호를 통해 배울 수 있는
　　것들이 많다.

⑬ 가치관의 왜곡이 심한 영화는 피한다.

　　─긍정적이고 밝은 것을 지향하는 영화가 좋다.

⑭ 영화에서 등장하는 문화요소나 어휘 수준이 대상 학습자들의 관심과 수준에
　　적절한지를 살펴보아야 한다.[38]

3. 한국 영화 분류

한국 영화는 크게 주제와 생활 문화에 따라 분류할 수 있다(한선, 2008 : 67~69).

1) 주제에 따른 한국 영화

종류	주제	주요 인물	작품
애정/멜로	남녀 간의 사랑	연인	엽기적인 그녀(2001) 동갑내기 과외하기(2003) 너는 내 운명(2005) 내 머리 속의 지우개(2004) 내 여자친구를 소개합니다.(2004) 클래식(2003) 선물(2001) 내 사랑(2007) 행복(2007) 8월의 크리스마스(1998)

---

38) 이밖에도 다음과 같은 것을 들고 있다. 인물이나 사회가 현대를 배경으로 해야 한다. 감독의 작가
정신이 강한 영화는 피한다. 영화의 특성상 픽션이 너무 많이 삽입된 영화는 피한다. 애니메이션
을 활용한다. 가능하면 즐겁고 유머러스한 내용의 영화가 좋다.

종류	주제	주요 인물	작품
휴먼 드라마	가족애 가족구성원의 갈등 인간애	가족 연인	집으로(2002) 어린신부(2004) 말아톤(2005) 내 생애 가장 아름다운 일주일(2005) 우리 형(2004) 어머니는 죽지 않는다(2007)
코믹	등장인물의 갈등과 화해를 웃음으로 표현	가족, 직장 동료	가문의 영광(2002) 미녀는 피로워(2006)
액션	우정과 사랑을 둘러싼 갈등	친구	친구(2001)
SF/환타지	비현실적인 요소를 가미해 낳은 흥미와 볼거리	다양한 계층의 인물	괴물(2006) 디 워(D-War)(2007)
사회 풍자	한국 사회 현실 풍자	경찰과 범죄자	공공의 적(2002)
애니메이션	사랑	스님과 동자승	오세암(2003)

2) 생활 문화에 따른 한국 영화

생활 문화	문화 요소		영화제목	제작 연도	비고
의식주	의식주	한복과 양복	어머니는 죽지 않는다	2007	일상 생활 양식
		음식 문화	식객	2007	
		주거 형태 (온돌, 하숙 등)	한옥이야기	2001	
가정 생활	한국의 가족		간큰 가족	2005	가족애
	출생과 출산		결혼, 가족 그리고 나	1995	삼칠일 등 소개
	결혼, 집들이		나의 사랑 나의 신부	1990	
	결혼 방식	중매(선)	좋은 사람 있으면 소개시켜줘	2002	
		전통 결혼식	아다다	1987	
		현대 결혼식	어린 신부	2004	
	회갑		윤노인의 회갑잔치	2001	나이에 대한 가치관
	효 문화		한 많은 어버이의 삶	2000	효
	명절		추석	2002	
	장례 문화		축제	1996	유교적 장례 절차
여가 생활	여행		연풍연가	1999	한국의 자연환경 소개 에도 적합함
사회 생활 (예절)	교육		선생 김봉두 우리들의 일그러진 영웅	2003 1992	
	신세대 문화 고사성어		엽기적인 그녀 동갑내기 과외하기	2001 2003	고사성어

4. 영화를 활용한 한국문화교육 방법

1) 기능교육과의 통합적 방법

이정희(1999 : 228~231)는 영화를 활용하여 듣기, 말하기, 읽기, 쓰기 등 기능 영역과의 통합적 방법을 제시하고 있다.

(1) '듣기-말하기' 통합

① 장면 듣고 이해하기

　－반복적인 듣기 훈련과 대사 따라하기, 어휘 이해

② 핵심어 찾기

　－배우들의 대화 속에서 핵심이 되는 어휘나 문장을 찾아내는 과정

　－찾아낼 수 있을 때까지 장면을 반복해서 보여줌

③ 인물 설명하기

　－그림을 보고 설명하듯이 등장 인물의 외모 묘사, 성격 등을 자유롭게 이야기

④ 대화 완성하기

　－대본에 나와 있는 내용을 이해하여 대본과 비슷하게 완성하는 것과 학습자가 상상하여 대화를 이어나가는 방법

⑤ 상황을 보고 유추하여 어휘의 의미 설명하기

　－한 장면이나 대화를 주고 어려운 어휘를 상황을 고려하여 의미를 유추하도록 하는 방법

(2) '듣기-쓰기' 통합

① 받아쓰기

　－대화 받아쓰기. 단어－구절－문장으로 확대

② 상상하여 쓰기

　　－영화 뒷부분 이어질 내용, 앞부분에 있었던 내용을 상상하여 쓰기

(3) '듣기–쓰기–말하기' 통합

① 단락별 요지 정리하기

　　－영화를 이야기 단락별로 나누어 학습자들로 하여금 단락의 요지를 정리하게 한다.

② 줄거리·감상문 발표하기

③ 상황에 맞는 대화 만들기

　　－영화를 본 후에 상황에 맞는 대화를 새롭게 만들어 보는 방법, 한 인물의 대사는 기존 것으로 두고, 상대 인물의 대사를 새롭게 구성하도록 할 수 있다.

(4) '읽기–듣기–쓰기–말하기' 통합

① 영화에 나오는 관련된 사건이나 주제에 관한 자료 읽고 토론하기

　　－영화는 현실을 반영하기 때문에 현실과 관련된 여러 사건이 등장하므로 관련 자료를 읽고 토론하도록 한다.

② 문학 작품과의 연계를 통한 읽기

　　－소설을 영화화했거나, 영화를 소설로 만든 작품은 영화와 문학작품을 연계하여 교육하도록 한다.

2) 수준별 위계에 따른 방법

나정선(2002 : 73~77)은 초중고급 단계별로 영화 활용 교육 방안을 제시하였다.

(1) 초급 단계

이 단계는 문화 충격에 따른 불안정한 시기로, 의사소통 능력과 자신의 문화와 목표 문화의 보편성과 다양성을 알 수 있는 문화 활동을 한다.

① 화법 활동
　　－화행의 종류 인식하기
　　－시각적 인상 토론하기
② 교실에서의 문화 활동
　　－문화에 대한 묘사와 설명
　　－목표 문화와 모국 문화 비교·대조하기
③ 모의 실험
　　－문화 내의 유행하는 활동
　　－그림 제시 활동

(2) 중급 단계

문화 충격에서 어느 정도 벗어나는 시기로 자신의 문화와 다른 문화를 비교하고 상황에 따라 문화적으로 적절한 행동을 할 수 있도록 한다.

① 화법 활동
　　－주어진 상황에 따라 화행 분석하기
　　－화자의 의도 알아채기 모의 테스트
② 교실에서의 문화 활동
　　－가치 목록 토론하기 : 가치 목록을 작성하고 토론
　　－자긍심 문제풀기 : 특정 영역, 쟁점과 관련하여 자긍심을 갖는지 묻기
　　－역할극

③ 모의 실험

　　―광고 활용 : 광고문 작성

　　―신문, TV 활용 : 영화 소개문 작성

(3) 고급 단계

문화 충격이나 문화 압력에서 벗어나 새 문화에 대한 자신감을 갖게 되는 시기로 깊이 있고 다양한 문화 활동을 한다.

① 화법 활동

　　―상황에 따른 구어와 문어의 사용양상 비교하기

　　―상대방에 따라 언어 전환하기

　　―전달 효과 분석하기 : 등장 인물들의 언어적, 반언어적(어조, 음색, 속도, 장
　　　단, 강약), 비언어적 표현(표정, 몸짓, 손짓, 의상, 자세) 효과 분석

　　―문화에 따른 공통점과 차이점 이야기

② 교실에서의 문화 활동

　　―문화정보 낚아채기 : 문화 요소를 찾고 정보를 익히기

　　―비언어 표현 익히기

③ 모의 실험

　　―인터넷을 이용하여 문화 정보 수집하기

　　―문화에 관한 읽기 자료

3) 수업 과정에 따른 방법

또한 나정선(2002 : 58~68)은 수업 과정에 따른 방법들을 제시하고 있다.

(1) 사전 준비 활동 단계

영화에 대한 충분한 이해와 지도를 위한 자료 준비

① 영화 미리 보기
② 언어 문화적인 내용들을 파악하기 : 등장인물, 배경, 내용, 문화적 요소, 비언어적 표현 등
③ 영화 선정 이유 작성하기 : 목적, 대상, 내용 등
④ 사용 방법 정하기 : 기술, 시간, 선행 학습 등

(2) 영화 보기 전 도입 활동 단계

학습자의 흥미와 함께 해석의 창의성과 목표문화/자국문화와의 비교, 문화의 다양성 인정 등의 사고 활동이 가능하게 하기 위한 배경지식 활성화

① 영화홍보용 홈페이지 미리보기
② 예측하기
③ 단평(review) 보기

(3) 영화 보기 중 전개 활동 단계

영화를 함께 보면서, 함께 반응을 보인다.

① 비평적 읽기 : 보기뿐 아니라 영화의 내용과 형식 등을 비평적으로 읽는다. 비평적 읽기에는 인물, 갈등, 배경, 플롯, 주제, 배경 음악 등에 대한 읽기 활동을 한다.
② 사회 문화적 성찰하기 : 영화를 사회 문화 현상과 관련지어 생각해 본다. 영화가 주는 감동과 즐거움의 원인이 무엇인지 생각해보고, 그것과 관련하여 사회 문화적 현상에 대하여도 생각해 보게 한다.

③ 영화음악(주제곡) 들려주기

④ 토의하기

⑤ 다양한 차이에 의한 어휘 사용 제시

⑥ 숙어적 표현

(4) 영화 보기 후 후속 활동 단계

영화에서 얻은 정보를 잘 조직하고 이해를 확장 심화하도록 한다. 소그룹 활동이나 과제 제시 활동을 한다.

소그룹 활동으로는 프로젝트(Projects), 인터뷰(Interview), 브레인스토밍(Brainstorming), 문제 해결과 의사결정(Problem solving and decision making), 의견교환(Opinion exchange) 등을 들 수 있다. 과제 활동은 학습자와의 관련성, 현장 적용성이 높은 과제 활동을 하도록 한다.

4) 문화간 소통을 위한 방법

김수진(2010)은 박사논문에서 외국인이 한국문화와 소통하는 과정에서 겪게 되는 문화적인 불통, 갈등, 오해 등이 불가피하게 발생하게 되는데, 이를 해결하기 위해서는 학습자가 지닌 모문화와 목표 문화에 대한 균형 있는 이해와 공감에서 출발해야 한다고 강조한다. 이를 위해 한국문화와의 소통, 즉 문화간 소통을 원활하게 하기 위한 한국문화교육의 내용과 방법을 모색하고자 한다. 구체적인 방안을 마련하기 위해 한국의 정치, 사회, 문화, 심리적 차원 등에서 한국인의 삶에 지대하게 영향을 끼치고 있는 '분단 시대'의 한국 문화에 주목한다. 그리고 분단 시대 한국문화의 형성과 구체적인 내용을 찾기 위해 8편의 한국 영화를 분석한다. 현대 사회에서 영화는 삶으로서의 문화를 효과적으로 재현할 수 있는 매체로서 문화간 소통을 위해 중요한 매개 역할을 할 뿐 아니라, 교육적인 유용성도 지니기 때문이다.

8편의 영화는 다음과 같다. <태극기 휘날리며>(2004), <남부군>(1990), <우리들의 일그러진 영웅>(1992), <아름다운 청년 전태일>(1995), <하얀전쟁>(1992), <칠수와 만수>(1988), <쉬리>(1999), <공동경비구역 JSA>(2000). 이 영화들은 한국 전쟁으로 분단이 시작된 1950년대부터 2000년대에 이르는 시대적 배경을 다루고 있으며, 원작 소설, 희곡, 평전, 수기를 영화화했거나, 영화와 동시에 소설 등이 출간되기도 하였다(김수진, 2010 : 84).

	영화 제목	상영 연도	시대 배경(년대)	원작
1	태극기 휘날리며	2004	1950, 2000	영화소설<태극기 휘날리며>(강제규)
2	남부군	1990	1950	수기<남부군1,2>(이태)
3	우리들의 일그러진 영웅	1992	1960, 1990	소설<우리들의 일그러진 영웅>(이문열)
4	아름다운 청년 전태일	1995	1970, 1990	평전<전태일 평전>(조영래)
5	하얀전쟁	1992	1970	소설<전쟁과 도시>(안정효)
6	칠수와 만수	1988	1980	희곡<칠수와 만수>(오종우)
7	쉬리	1999	1990	영화소설<쉬리>(정석화)
8	공동경비구역 JSA	2000	2000	소설<DMZ>(박상연)

이들 8편의 영화를 분석하여 산물, 실행, 관점, 공동체, 개인이라는 문화차원에 따라 분단 시대 한국 문화 내용을 다음과 같이 추출하여 제시한다(김수진, 2010 : 105-106).

문화의 차원	분단 시대 한국 문화 내용
산물	제주 4.3사건, 여수 순천 사건, 한국전쟁, 조선인민유격대(빨치산 부대), 토벌대, 국민보도연맹, 피난민, 피난열차, 정전협정, 이산가족, 한미연합사, 중립국감독위원회, 포로수용소, 비무장지대, 군대, 군사정권, 반공 정책, 연좌제, 정보기관(중앙정보부, 국가안전기획부, 국가정보원), 주한미군, 기지촌, 인혁당사건, 민청학련사건, 4.19 혁명, 10.26 사건, 국가보안법, 양심수(사상범), 병역제도, 베트남전쟁, 민방위훈련, 야간통행금지, 봉제공장(평화시장), 근로기준법, 노동청, 노동조합, 야학, 애국조회(학교), 선도부(학교), 체벌(학교), 뇌물, 대한뉴스(극장), 70·80년대 개발경제의 산물로서의 아파트와 백화점 등

문화의 차원	분단 시대 한국 문화 내용
실행	좌우 이데올로기 대립, 남북 충돌, 한국전쟁, 전쟁으로 인한 피난, 국가의 민간인 강제 징집, 국민보도연맹원 집단학살, 포로학살, 반공교육, 이산가족 찾기 및 전쟁 희생자 유해발굴 사업, 비무장지대 군사활동, 비무장지대 관광, 중립국감독위원회 활동, 의무 군복무, 남북 정차군사 대립, 남북정보(첩보)활동, 남북당국교류, 남북민간교류, 미군부대 주변 기지촌 활성화, 미국음악/영화/의복/음식 유입, 국가에 의한 시민 생활 통제, 판문점 미루나무 사건, 중동지역 노동자 파견, 베트남전쟁 파병, 베트남전 민간인 살상, 군사독재, 국가와 시민권의 대립(노동조합 운동, 학생 운동), 학교생활(서열 싸움) 등
관점	사회주의, 반공주의, 가족주의(이산의 恨, 생존 의식), 반전주의, 박애주의, 인민혁명주의, 국가주의, 군사주의, 권위주의, 자본주의, 성장주의, 민주주의, 현실에 대한 회의주의(패배주의), 허무주의, 인간주의(휴머니즘), 현실비판의식, 개혁의식, 민족의식, 통일의식, 반미의식, 남북대결의식 등
공동체	가족 공동체, 군대 공동체, 국가 공동체, 민족 공동체, 학교 공동체, 이데올로기(이념) 공동체, 친목 공동체, 정치 공동체, 경제 공동체, 서민 공동체 등
개인	전쟁을 주도하는 개인, 전쟁에 희생된 개인, 이산의 고통을 겪는 개인, 이데올로기의 피해를 겪는 개인, 이데올로기 실현을 위해 행동하는 개인, 이데올로기에 회의를 품는 개인, 이데올로기의 시련 속에서 강인하게 살아남는 개인, 사화경제적으로 소외된 개인, 경제의 고속 성장을 추구하는 개인, 권위주의에 앞장서는 개인, 권위주의에 위협받는 개인 등

이상의 문화 내용들은 한국 전쟁 이후 분단 시대를 살아가는 한국 사회의 거의 모든 문제들을 망라한 것이다. 이를 주제별로 요약하면, '한국전쟁', '비무장지대', '이산가족', '해방과 분단', '반공주의', '한국군대', '주한미군', '경제활동' 등 8대 주제로 집약된다. 이 주제들은 문화간 의사소통 능력을 기르기 위한 한국문화교육에서 교육 내용으로 다루어야 할 것들이다(김수진, 2010 : 109).

분단 시대 한국 문화 교육의 방법을 모색하기 위해 방법적 원리로서 한국 문화-모문화-보편 문화 맥락 형성 접근법을 제안한다. 이는 한국문화를 이해하고, 이를 바탕으로 모문화를 이해하는 접근으로, 한국문화와 모문화와의 비교 대조 등을 통한 문화간 소통을 시도하는 것을 넘어서, 이들 문화들이 갖고 있는 보편적인 구조와 토대에 바탕을 둔 연관성을 통해서 소통이 이루어지는 방향을 모색한 것이다.

이러한 접근법을 '한국의 군사문화와 권위주의', '한국의 경제문화와 성장

주의' 단원에 구체적으로 적용한 교수학습 과정의 예를 제시하면 다음과 같
다(김수진, 2010 : 205-206).

(1) 한국의 군사문화와 권위주의 교수-학습 단계

　　－교과 : 분단 시대 한국 문화의 이해

　　－대상 : 중국인 유학생

　　－단원 : 한국의 군사문화와 권위주의

　　－시간 : 3주(150분/주)

　　－목표 :

　　　　• 분단시대 한국의 군사문화(국군/주한미군)와 군사정치문화를 이해하고 공감
　　　　　한다.

　　　　• 분단시대 한국의 권위주의 서열문화 양상과 개인의 삶을 이해하고 공감한다.

　　　　• 중국 문화대혁명기에 나타난 권위주의 요소를 이해하고 현대적 양상을 확인
　　　　　한다.

　　　　• 보편문화로서의 권위주의를 이해하고 문화간 주체로서 한국문화에 참여한다.

　　[1단계] 한국문화: 학교/군대/ 정치/일상에서의 권위주의문화

　　〈1주차〉

　　－한국문화에 대한 공감 포용 능력

　　　　• 영화 감상(50분) : 〈우리들의 일그러진 영웅〉편집본

　　　　• 모둠별 토론 및 발표①(50분)

　　－한국문화에 대한 지식 정보 능력

　　　　• 1차 자료 제시 : 강의, 질의/응답(50분)

　　　　• 과제❶ : 모둠별 인터뷰 조사(한국문화)

　　〈2주차〉

　　－문화간 행동 능력

　　　　• 과제 활동 발표(40분)

　　　　• 2차 자료 제시 : 강의, 질의/응답(40분)

[2단계] 모문화: 중국의 권위주의 문화

〈2주차〉

−학습자 모문화 능력

- 동영상 자료 시청(20분) : 〈패왕별희〉 인민재판/경극학교 장면, 〈인생〉 결혼식 장면
- 모둠별 토론 및 발표②(50분)
- 과제❷ : 모둠별 지정 주제 조사(모문화)

[3단계] 보편문화: 권위주의문화와 문화간 의사소통

〈3주차〉

−보편문화 능력 문화간 행동 능력

- 과제 활동 발표(40분)
- 동영상 자료 시청(30분)
- 모둠별 토론 및 발표③(50분)
- 종합 활동(30분)
- 과제❸ : 모둠별 토론/연구 보고서(문화간 쟁점에 대한 이해와 해결)

(2) 한국의 경제문화와 성장주의 교수−학습 단계

−교과 : 분단시대 한국문화의 이해

−대상 : 중국인 유학생

−단원 : 한국의 경제문화와 성장주의

−시간 : 3주(150분/주)

- 분단시대 한국의 개발경제정책의 형성과 진행 과정을 이해하고 공감한다.
- 분단시대 한국의 성장주의 빨리빨리문화 양상과 개인의 삶을 이해하고 공감한다.
- 중국 개혁개방에 따른 경제 성장주의와 중국인들의 삶의 변화를 확인한다.
- 성장주의 경제문화의 보편성을 이해하고 문화간 주체로서 한국문화에 참여한다.

[1단계] 한국문화: 산업화 시대의 성장주의 경제 정책과 빨리빨리문화

〈1주차〉

－한국문화에 대한 공감 포용 능력

- 영화 감상(50분) : 〈아름다운 청년 전태일〉 편집본
- 모둠별 토론 및 발표①

－한국문화에 대한 지식 정보 능력

- 1차 자료 제시 : 강의, 질의/응답(50분)
- 과제❶ : 모둠별 조사(한국문화)

〈2주차〉

－문화간 행동 능력

- 과제 활동 발표(40분)
- 2차 자료 제시 : 강의, 질의/응답(40분)

[2단계] 모문화: 중국 개혁개방 경제정책

－학습자 모문화 능력

- 동영상 자료 시청(20분) : 〈부용진〉 쌀두부집 개업 장면, 〈인생〉 대약진운동 철 모으기 장면
- 모둠별 토론 및 발표②(50분)
- 과제❷ : 모둠별 지정 주제 조사(모문화)

[3단계] 보편문화: 성장주의 경제 문화와 문화간 의사소통

〈3주차〉

－보편문화 능력, 문화간 행동 능력

- 과제 활동 발표(40분)
- 동영상 자료 시청(30분)
- 모둠별 토론 및 발표③(50분)
- 종합 활동(30분)
- 과제❸ : 모둠별 토론/연구 보고서(문화간 쟁점에 대한 이해와 해결)

5. 영화를 활용한 한국문화 수업의 실제

1) 영화 활용 수업의 실제1

한선(2008 : 70~72)은 영화 <식객>을 활용하여 한국의 음식문화 수업 실제를 제시하였다. 식객은 원작이 허영만 만화이고, 드라마로는 2008. 6. 17-9. 9. 기간 동안 SBS에서 방영되었으며, 영화로도 제작되었다.

-주제 : 한국의 음식 문화
-교수 대상 : 중급 단계의 다국적 한국어 학습자
-수업 시간 : 50분
-학습 목표 : 1. 다양한 한국 음식의 종류를 알 수 있다.
　　　　　　2. 한국 음식의 이름에서 조리법과 한국 음식의 특징을 이해할 수
　　　　　　　있다.
-학습 과정
  (1) 준비 단계
    • 영화 선정 후 수업을 위해 영화를 편집한다.

  (2) 보기 전 활동
    • 영화 포스터를 활용해 학습자의 동기를 유발시킨다.
      -한국 음식 중에서 어떤 음식을 좋아합니까?
      -그 음식을 어떤 방법으로 만드는지 알고 있습니까?
      -오늘 '한국의 음식'에 관련된 영화를 보면서 공부해 봅시다.(영화 <식객>에 대해 간단히 소개한다.)

  (3) 보기 활동
    • 영화를 보면서 한국 음식 문화의 특징을 말해 본다.
    • 영화 화면을 보면서 그룹별로 주의해서 봐야할 부분을 이야기 해준다.(그룹1 : 음식 이름, 그룹2 : 종류, 그룹3 : 조리법 등)
    • 영화를 본다(20분)

- 대본 제시(대본 읽기→읽은 후 내용 이해하기)
- 각 그룹별로 한국 음식의 종류, 조리법, 한국 음식의 특징을 이야기한다.

〈학습 자료〉
- 특징 : 한국의 음식은 이름을 보면 재료와 조리법을 알 수 있는 것이 많다.
- 음식의 종류 : 국, 탕, 찜, 볶음, 구이, 전, 튀김 등
- 음식의 재료 : 파, 무, 고기, 배추, 양파, 생선, 고추 등
- 조리 표현 : 끓이다, 데치다, 삶다, 볶다, 굽다, 찌다. 썰다, 자르다, 다듬다 등
- 조리 순서 : (   )은/는 (   )을/를 넣고 (   )한 음식이다.

(4) 보기 후 활동
- 그룹별로 한국의 음식 문화의 특징을 요약해 이야기한다.
- 자국의 음식 문화와 비교해 발표한다(공통점과 차이점 등).

2) 영화 활용 수업의 실제2

이정희(1999)는 중급과 고급 단계에서 영화 활용 수업 방안을 제시하였다. 중급 단계에서는 〈접속〉, 〈편지〉를 활용하였고, 고급 단계에서는 〈101번째 프로포즈〉, 〈총잡이〉, 〈301·302〉 등을 활용하였다.

(1) 준비 단계
　－전시 학습 확인
　－수업 목표, 학습 내용 제시
　　*소리 들려주기 *소리와 장면을 동시에 들려주기

(2) 수업 진행 단계
　〈연습 단계〉
　－대본을 소리내어 읽기
　－어휘와 문법 요소 설명

　　　　－내용이나 상황 설명하기

　　　　〈활용 단계〉

　　　　－다양한 과제(Task) 활동

　　(3) 정리 단계

　　　　－자유롭게 자국 문화에 대하여 의견 나누기

　　　　－차시 예고 : 미리 보여주기

3) 영화 활용 수업의 실제3

　　김영만(2007), 박선희(2006) 등은 한국어 고급반에서 영화를 활용한 수업 방법을 제시한바 있다. 여기에서는 김영만(2007 : 62~66)이 제시한 수업의 실제를 소개하면 다음과 같다.

　　〈학습 목표〉

　　가. 학습자가 감명 깊게 본 영화나 관심 있는 영화배우에 대한 개인적인 견해를 피력할 수 있다.

　　나. 영화 관련 웹 사이트를 방문하여 영화 관련 정보를 검색하고 그 내용을 이해할 수 있다.

　　다. 관람하고자 하는 영화에 대한 정보를 정리하여 그 내용을 발표할 수 있다.

　　라. 추천된 영화에 대한 정보를 바탕으로 하여 관람할 영화를 선정할 수 있다.

　　마. 웹 사이트를 통해 영화표를 예매할 수 있다.

　　바. 영화를 관람하고 그 내용을 이해할 수 있다.

　　사. 영화 관람을 통해 느낀 점을 정리하여 전자 게시판에 글을 올릴 수 있다.

　　－주제 : 영화

　　－기능 : 영화 관련 정보구하기, 영화표 예매하기, 영화 관람 후 느낀 점 표현하고 나누기

　　－수업 내용1(1차시) : 한국영화에 대한 관심, 최근 영화 정보 제공 및 영화 선택

과정 포함.

(1) 도입

지금까지 본 영화 중에서 감명 깊었던 작품이나 좋아하는 영화 배우에 대
해 이야기하기

(2) 전개

a. 활동1─영화관 웹 사이트를 방문하여 현재 상영중인 영화에 대한 정보
검색 및 이해

b. 활동2─관람할 영화 선정을 위한 의견 교환 및 관람 희망 영화 선정

c. 활동3─웹사이트를 이용해서 영화표 예매

d. 활동4─영화관 위치 확인, 약속 장소 및 시간 정하기

(3) 마무리

수업 내용 정리 및 확인

영화관람 시간 및 약속 장소 재확인

─수업 내용2(2차시) : 영화 관람, 영화 내용 학습, 한국인의 정서, 가치관 등의
문화를 익히고, 감상 발표 포함.

(1) 도입

영화관에서 다양한 영화 관련 홍보 자료를 보고 영화에 대한 정보나누기

(2) 전개

a. 활동1─영화 관람

b. 활동2─영화 관람 후 새롭게 알게 된 한국어 표현이나 문법 등에 대한
이해 및 정리

c. 활동3─영화 관람 후의 소감을 이야기하기

(3) 마무리

영화 관람 체험 학습 내용 정리

영화 관람 후 소감을 웹 사이트에 올리는 숙제 부과

4) 영화 활용 수업의 실제4

윤영(2011 : 84~101)은 고급학습자들을 대상으로 하여 영화를 활용한 소설 교

육의 방법을 제시하고 있는데, 여기에서는 소설과 영화의 선정 기준과 목록, 영화를 활용한 소설 교육의 단계를 소개하면 다음과 같다.

(1) 소설과 영화의 선정 기준과 목록

소설 선정의 기준으로 읽을 만한 가치가 있는 소설, 작품의 주제나 내용면에서 학습자들의 흥미를 끌 수 있는 소설이면서 한국의 문화를 담고 있는 소설, 고급학습자의 언어 수준에 적절한 소설, 가능하면 현대 소설 등을 제시한다.

그리고 소설을 원작으로 한 각색 영화의 선정 기준으로는 작품성을 인정받은 것, 원작 소설과 비교했을 때 이야기 변형의 정도가 크지 않은 작품 등을 제안한다.

이상을 토대로 영화와 소설 목록을 다음과 같이 제시하고 있다.

영화 활용 소설 교육을 위한 작품 선정 목록(윤영, 2011 : 89~95)

	영화		원작 소설	
	제목	감독, 제작년도	제목	작가, 작품년도
1	꿈	신상옥, 1955	꿈	이광수, 1947
2	백치 아다다	이강천, 1956	백치 아다다	계용묵, 1935
3	흙	권영순, 1960	흙	이광수, 1932
4	상록수	신상옥, 1961	상록수	심 훈, 1935
5	오발탄	유현목, 1961	오발탄	이범선, 1959
6	사랑방 손님과 어머니	신상옥, 1961	사랑손님과 어머니	주요섭, 1935
7	벙어리 삼룡이	신상옥, 1964	벙어리 삼룡이	나도향, 1925
8	잉여인간	유현목, 1964	잉여인간	손창섭, 1958
9	갯마을	김수용, 1965	갯마을	오영수, 1953
10	메밀꽃 필 무렵	이성구, 1967	메일꽃 필무렵	이효석, 1936
11	싸리골의 신화	이만희, 1967	싸리골의 신화	선우휘, 1962
12	안개	김수용, 1967	무진 기행	김승옥, 1964
13	역마	김강윤, 1967	역마	김동리, 1948
14	흙	장일호, 1967	흙	이광수, 1947
15	장군의 수염	이성구, 1968	장군의 수염	이어령, 1966
16	카인의 후예	유현목, 1968	카인의 후예	황순원, 1954
17	독짓는 늙은이	최하원, 1969	독짓는 늙은이	황순원, 1950

	영화		원작 소설	
	제목	감독, 제작년도	제목	작가, 작품년도
18	무녀도	최하원, 1972	무녀도	김동리, 1936
19	석화촌	정진우, 1972	석화촌	이청준, 1972
20	불꽃	유현목, 1975	불꽃	선우휘, 1957
21	삼포가는 길	이만희, 1975	삼포가는 길	황석영, 1973
22	소나기	고영남, 1978	소나기	황순원, 1953
23	깃발 없는 기수	임권택, 1979	깃발 없는 기수	선우휘, 1959
24	을화	변장호, 1979	을화	김동리, 1978
25	장마	유현목, 1979	장마	윤흥길, 1979
26	사람의 아들	유현목, 1980	사람의 아들	이문열, 1979
27	난장이가 소아올린 작은 공	이원세, 1981	난장이가 소아올린 작은 공	조세희, 1978
28	그해 겨울은 따뜻했네	배창호, 1984	그해 겨울은 따뜻했네	박완서, 1983
29	감자	변장호, 1987	감자	김동인, 1925
30	나그네는 길에서도 쉬지 않는다	이장호, 1987	나그네는 길에서도 쉬지 않는다	이제하, 1985
31	아다다	임권택, 1987	백치 아다다	계용묵, 1935
32	꿈	배창호, 1990	꿈	이광수, 1947
33	우리들의 일그러진 영웅	박종원, 1992	우리들의 일그러진 영웅	이문열, 1987
34	하얀전쟁	정지영, 1992	하얀전쟁	안정효, 1983
35	그 섬에 가고 싶다	박광수, 1993	곡두운동회	임철우, 1984
			붉은 산(山), 흰새	임철우, 1990
			그 섬에 가고 싶다	임철우, 1991
36	서편제	임권택, 1993	남도 사람 중 서편제, 소리의 빛, 선학동 나그네	이청준, 1978
37	축제	임권택, 1996	축제	이청준, 1996
38	내 마음의 풍금	이영재, 1999	여제자	하근찬, 1987
39	마요네즈	윤인호, 1999	마요네즈	전혜성, 1997
40	공동경비구역 JSA	박찬욱, 2000	DMZ	박상연, 1997
41	우리들의 행복한 시간	송해영, 2006	우리들의 행복한 시간	공지영, 2005
42	밀양	이창동, 2007	벌레이야기	이청준, 1985

(2) 영화를 활용한 소설 교육의 수업 단계(윤영, 2011 : 101)

    A. 계획 단계

        -수업 목표 설정, 소설텍스트 및 영화의 재구성, 각 차시별 수업 구성 및 학습 목표 설정, 평가 항목 구성

    B. 지도 및 활동 단계

가. 소설 학습

    a. 기초 학습—소설의 장르적 특성 확인. 소설의 서사적 특징 확인

    b. 내용 학습—읽기 전, 읽기, 읽기 후 단계로 구성, 소설의 서사, 언어, 문화 이해를 중심으로 학습

나. 영화 학습

    a. 기초 학습—영화의 서사적 특징을 소설과 비교해서 확인, 영화를 감상하는 데 필요한 기본 개념 확인

    b. 영화 감상—영화 감상 전, 감상, 감상 후 단계로 구성, 소설과의 서사를 비교하며 능동적으로 감상

C. 심화 및 확장 단계

    가. 심화 활동—토의 활동(소설과 영화의 서사 비교(인물, 사건, 배경, 담론))

    나. 확장 활동—다양한 매체 변용 활동, 비교 감상문 쓰기, 영화평 쓰기

D. 마무리 단계

    —정리 및 과제 제시, 평가

참고 문헌

김수진(2010), 「문화간 의사소통능력 신장을 위한 한국문화교육 방법 연구」, 한국외대박사논문.

김영만(2007), 「영화 및 관련 웹 사이트를 이용한 한국어 고급반 수업 구성 연구」, 『한말연구』 20, 한말연구학회.

김영서(2003), 『영화와 영어교육』, 한국문화사.

나정선(2002), 「영화를 활용한 한국어 문화 교육 방안」, 단국대석사논문.

박선희(2006), 「영화를 활용한 한국어 고급반 프로젝트 수업」, 『이중언어학』 30, 이중언어학회.

윤 영(2011), 「한국어 교육에서 영화를 활용한 소설 교육 연구」, 연세대박사논문.

이정희(1999), 「영화를 통한 한국어 수업 방안 연구」, 『한국어교육』 10-1, 국제한국어교육학회.

임경순(2009), 『한국어문화교육을 위한 한국문화의 이해』, 한국외대출판부.

한 선(2008), 「영상 매체를 활용한 한국 생활 문화 교육 방안 연구 : TV드라마와 영화를 중심으로」, 경희대석사논문.

제9장 | 광고를 활용한 한국문화교육

아침에 일어나 저녁에 잠들 때까지 성인이 대하는 광고는 약 3000개에 이른다고 한다. 어느 학자는 우리가 숨쉬는 공기는 산소, 질소, 광고로 이루어져 있다고 말할 정도로 광고는 현대사회에서 삶의 일부분이 되었다.

또한 광고는 다양한 언어 사용 전략을 통해 사회적 실상과 문화를 담아낼 뿐만 아니라, 사회를 지배하고 변화시키는 힘까지 지니고 있다.

광고에 나타난 언어 현상들은 오늘날 언어 사용의 실제 모습을 반영하며, 광고의 기호적 속성은 대중 문화의 하나로 자리잡아가면서 일상 언어 생활에 큰 변화와 영향을 끼친다.

이처럼 위력을 지니고 있는 광고를 교육 현장에서 활용하는 일은 언어와 문화를 교육하는 데에 매우 높은 효과가 있다.

이번 장에서는 광고의 개념과 유형, 광고의 특성과 기능, 광고의 교육적 가치, 그리고 광고를 활용한 언어와 문화교육의 실제를 살펴볼 것이다.

1. 광고의 정의와 유형

1) 광고의 정의

일반적으로 광고의 다섯 가지 핵심 요소로는 유료의 커뮤니케이션, 광범위한 청중들에게 도달, 광고주가 누구인지 알 수 있다, 비인간적인 대중매체를 통해 전달, 설득하고 영향력을 행사한다는 점 등을 들 수 있다.

광고가 무엇인지에 대하여 다양하게 정의되었다. 그 가운데 몇 가지를 소개하면 다음과 같다(정동규, 2001 ; 오두범, 1995).

① 광고주가 청중을 설득하거나 영향력을 미치기 위해 대중매체를 이용하는 유료의 비대면적 의사전달 형태(한국광고학회, 1994)
② 특정 제품, 서비스, 신념, 행동에 관한 정보를 제공하거나 사람들을 설득시킬 목적으로 대중매체에 대가를 지불하고 싣는 메시지(Nylen, 1993)
③ 대가를 지불하고 다양한 매체를 통해 제품, 서비스, 아이디어에 관한 정보를 전달하기 위한 설득적, 비대인적 커뮤니케이션(Bovee & Arens, 1989)
④ 명시된 광고주가 대중매체를 이용하여 전달하는 유료 메시지(Russel & Lane, 1990)
⑤ 대중매체를 통해 표적 청중에게 전달하기 위한 조직이나 제품에 관한 유료의 비대인적 커뮤니케이션의 한 형태(Pride & Ferrel, 1989)
⑥ 상품과 서비스와 의견에 관한 호의적 반응을 야기하고자 의도된 정신 내용을 문자나 음성·도형·음향·영상 등 의미적 기호를 사용하여 표현한 구체물

2) 광고의 유형

광고는 광고 주체, 사용 매체, 광고 목적, 소비 대상 등에 따라 다양한 유형으로 분류된다. 여기에서는 김영순(2005 : 92)가 제시한 광고의 분류에 따른 광고의 종류를 들면 다음과 같다.

〈광고의 분류〉

분류기준	종류	설명
광고 주체	상업적 광고	기업 등 생산자가 광고주인 광고
	비상업적 광고	학교, 정부, 정치집단 등이 광고주인 광고
사용 매체	인쇄 광고	신문, 잡지에 실리는 광고
	방송 광고	텔레비전, 라디오로 전달되는 광고
	옥외 광고	포스터, 간판, 전광판이나 버스, 지하철을 이용하는 광고
	기타 매체 광고	인터넷, 케이블 TV 등으로 전달되는 광고
광고 목적	상품 광고	상품이나 서비스 판매를 목표로 하는 광고
	기업이미지 광고	기업 자체의 이미지를 전달하기 위한 광고
	공익 광고	사회 전체의 공공 이익을 위해 제작되는 광고
소비 대상	소비자 광고	개인 소비자나 가정을 대상으로 전개되는 광고
	비즈니스 광고	사업적인 이유로 상품을 구매하는 사람을 대상으로 하는 광고
	전문직 광고	의사, 변호사 등 전문 직종을 대상으로 하는 광고

광고의 유형에 따라 광고의 내용도 다양하다. 여기에는 이유 제시형, 유머형, 설명형, 증언형, 대화형 등이 있다. 이유 제시형−소비자에게 제품을 구입할 만한 이유를 심어 주는 내용, 유머형−진지한 내용보다 재미 있는 내용으로 소비자가 경계심을 갖지 않고 다가올 수 있게 하는 내용, 설명형−제품이나 서비스를 소비자에게 명확하게 설명해 주는 내용, 증언형−유명인사나 사용해 본 경험이 있는 소비자를 등장시켜 제품의 우수성을 증언해 주는 내용, 대화형−광고 모델의 대화나 독백 등의 형태로 제품을 소개하는 내용 등으로 구성된다.

2. 광고의 특성과 기능

1) 광고의 특성

광고의 특성은 다양한 측면에서 제시할 수 있지만, 무엇보다 광고는 언어를 중심으로 구성된다는 점에서 언어 사용적 특성이 두드러진다고 볼 수 있다.

또한 광고 텍스트만이 지닌 특성을 지니고 있으며, 광고가 수용자의 수용을 중시한다는 점에서도 수용자적인 특성을 지닌다. 뿐만 아니라 광고는 특정한 의도를 지니고 있다는 점에서 이데올로기적인 측면도 지니고 있다 할 것이다. 이를 정리하면 다음과 같다(박인기, 2003 : 147~166).

(1) 언어 사용적 특성

① 두운, 모운, 각운을 통한 인지 향상 추구

㈎ 두운

두운이란 사전적인 의미로는 주로 '시가에서 구나 행의 첫머리에 규칙적으로 같은 운의 글자를 다는 일. 또는 그 운'을 말하는데, 여기에서는 이를 응용하여 단어나 어휘, 문장, 행의 첫머리에 규칙적으로 말이 반복되는 경우를 말한다. 이러한 방식은 리듬감을 주고 의미를 강화시키는 역할을 하기 때문에 수용자들에게 깊은 인상을 갖게 한다.

> 예) 걸면 걸리는, 걸리버~(현대전자)
> 깔, 깔, 깔끔, 깔끄미를 깔자, 깔끄미를 깔자(LG)

㈏ 모운

모운은 사전적으로는 모음과 같은 뜻으로 쓰이는데, 단어, 어휘, 문장, 행 등에서 같은 모음이 반복적으로 쓰이는 경우를 말한다.

> 예) 여드름엔 예그린, 예뻐지니까~
> 알만한 사람은 다 압니다. 알마겔(유한양행)

㈐ 각운

각운은 사전적 의미로는 '시가에서, 구나 행의 끝에 규칙적으로 같은 운의 글자를 다는 일. 또는 그 운'을 말한다. 단어, 어휘, 문장, 행 등의 끝에서 비슷한 말이 반복되는 경우이다.

> 예) 고객이 OK할 때까지, OK! SK!(SK)
>
> 깨끗하게! 맑게! 자신있게!(클린 & 클리어)

② 다양한 문장 사용을 통한 화자의 의도 전달

㈎ 평서문－제품에 대한 확신을 좀 더 강하게 전달할 수 있는 효과를 준다.

> 예) 퍼펙트는 농축하고 또 농축한 세제입니다. 그래서 와이셔츠 한 장을 빼는 데
>
> 1g도 채 들지 않습니다.

㈏ 명령문－소비자에게 개인적으로 좀 더 친밀하게 대화하는 듯한 효과를 준다.

> 예) 닦아내세요! 날마다 조금씩 닦아내세요! 투명한 피부 라끄베르와 상의하세요.

㈐ 의문문－질문 안에 담긴 내용을 당위적으로 받아들이도록 하는 효과를 준다.

> 예) 파격 가격 절단 "아우～아파라. 너무 짤랐나?"
>
> 어머니, 지금 드시는 칼슘이 뼈로 갑니까?

㈑ 감탄문－수용자의 공감을 얻는 효과를 준다.

> 예) 싸졌다! 국제전화 001!

③ 수사법 사용을 통한 함축적 의미 전달

수사법이란 사전적인 의미로는 '효과적·미적 표현을 위하여 문장과 언어를 꾸미는 방법'을 말한다. 이러한 것들을 주로 연구하는 학문 분야에 수사학(rhetoric)이 있는데, 서양에서는 주로 어떤 대상을 설득하기 위하여 말을 잘 하는 기술과 관련되어 사용되어 왔지만, 동양에서는 말과 글을 닦거나 꾸미는 행위라는 의미로 사용되어 왔다. 광고 수사학은 소비자들을 보다 잘 설득하기 위하여 언어적·시각적인 메시지를 사용하는 광고 창작의 기술과 방법을 일컫는다.

㈎ 반복

예) 아름다운 사람들, 아름다운 만남!(아시아나 항공)

㈏ 직유법, 은유법

비유란 표현하고자 하는 대상(원관념)을 그와 유사한 다른 사물(보조 관념)에 빗대어 나타내는 표현 기법을 말한다. 비유가 성립하기 위해서는 주지(원관념)과 매체(보조 관념) 사이에 두 사물의 유사성에 근거한 상관관계가 성립되어야 한다.

비유에는 크게 직유, 은유, 의인, 대유 등이 있다. 직유법은 두 사물이나 관념의 유사성을 근거로 '~처럼, ~같이, ~인양' 등의 비교어를 써서 'A는 B와 같다'는 형식으로 원관념을 보조관념에 직접 비유하는 방법을 말한다(김준오, 2002 : 제3절).

예) 산소같은 여자, 마몽드!(아모레).
다이아몬드처럼 화사하게 빛나는 0.1캐럿 피부(다나한)

은유법은 연결어 없이 두 관념을 직접 비교하는 동일성에 바탕을 두어 'A는 B이다'는 형식으로 원관념과 보조관념을 연결하여 표현하는 방법을 말한다.

예) 침대는 가구가 아닙니다. 과학입니다.(에이스침대)

(다) 생략법

광고에서 특정 요소를 의도적으로 생략하여 수용자가 생략된 부분을 생각하도록 촉구하는 전략에 속한다.

예) 트윈케이크가 답답한 나이라면······ 파우더만으로 불안한 나이라면······(마몽드)

(라) 풍유법, 기타

말하고자 하는 원관념을 숨기고 말하고자 하는 메시지를 직접 드러내지 않고 속담이나 격언을 차용하여 간접적으로 암시하여 유추하게 하는 방법을 말한다.

예) 소 잃고 외양간 고친다.(현대해상보험)

④ 호칭을 통한 수용자와의 대화 시도

1, 2, 3인칭을 사용하여 수용자와의 대화적 관계를 형성한다.

광고에서 수용자들을 주체화시키는 데에 가장 널리 쓰이는 방법은 2인칭을 사용하는 것이다. 또한 1인칭의 사용은 개성을 선언하는 데에 사용되기도 한다. 그리고 '우리'라는 복수형은 모든 사람들에게 적용될 수 있는 보편적 차원으로 확대되는 특성을 갖는다. 물론 인칭대명사를 사용하지 않는 경우에는 전문적인 용어를 사용하고, 과학적 문체를 구사하여 광고에 대한 독자의 신뢰를 높여 구매를 유발시키는 전략을 구사하기도 한다(최윤선, 2004 : 15~16).

예) 귀하의 작은 정성이 그들에게는 큰 힘이 됩니다.(대한 적십자사)

⑤ 언어 규범의 파괴를 통한 관심 유발

의도적인 맞춤법 오기, 약어, 단순화한 철자법, 의도적 문법 요소의 오류와 생략 등이 쓰인다.

예) 누네띠네—눈에 띄네, 제크—제대로 만든 크래커

(2) 텍스트적 특성

광고의 텍스트적 특성은 다음과 같은 것들을 들 수 있다.

① 이성 광고는 수용자의 이성에 호소하고, 감성 광고는 수용자의 감성에 호소한다.
② 광고가 음성이나 문자로 텍스트가 구성되기도 하지만, 오늘날 광고는 대부분 영상과 언어가 결합되어 있다.
③ 전해지는 의미는 광고주에 의해 임의적으로 결정된 것이라는 점에서 현대적인 신화 창조의 특성을 갖는다.
④ 광고는 수용자의 관심과 흥미를 유발함으로써 의도한 바를 달성해야 하기 때문에 끊임없는 텍스트 형식의 파괴를 감행한다.

(3) 수용적 특성

① 광고는 대중을 대상으로 한다는 점에서 대중 문화적인 속성을 지니기 때문에 대중들의 문화적 공감대 형성을 위한 수용과 관계가 깊다. 이는 기호로서의 광고에 대한 공감대 형성으로 이어진다.
② 광고는 수용자를 지향하지만 그것이 소비 주체와 밀접하게 관련되어 있으므로, 수용자로서의 주체와 소비자로서의 주체 즉 이중적인 주체를 호명하는 특성을 갖는다.

(4) 이데올로기적 특성

① 광고는 자본주의의 꽃이라 불리는데, 이는 사회적 가치를 소비사회의 덕목에 종속시키는 측면과 관련된다.

② 광고는 물리적 속성보다 이미지의 차이에서 기인한 차별화를 도모하기 때문에 차이 없는 차별화를 강조한다.

③ 광고는 광고 제작자의 의도적인 신호에 수용자들이 반응하도록 유도한다. 그것은 수용자들이 광고에 수동적, 무의식적으로 반응하도록 유도하는 것이다.

2) 광고의 기능

광고는 마케팅, 커뮤니케이션, 경제적, 문화적, 사회적 측면에서 여러 역할들을 하는데, 광고의 기능은 다음과 같다(김영순, 2005 : 98).

① 마케팅 기능 : 소비자의 욕구에 맞는 제품을 생산, 홍보하여 구매하도록 하는 기업의 총체적인 활동

② 커뮤니케이션 기능 : 소비자에게 상품의 정보를 전달하고 구매하도록 설득하는 활동

③ 경제적 기능 : 광고에 의해 수요와 소비가 연결되어 산업에 기여하고 경제 발전에 이바지하는 활동

④ 문화적 기능 : 사회와 문화를 비춰주는 거울의 역할을 하고 대중문화를 이끌고 창출하는 활동

⑤ 사회적 기능 : 소비자에게 생산된 제품에 대한 올바른 가치관 및 알 권리를 제공하는 활동

또한, 류성기(2000 : 24~25)는 광고의 문화적 측면에서의 기능에 주목하여 다음과 같이 제시하였다.

① 정보 제공 기능 : 재화의 존재, 특성, 가격 등

② 학습적 기능 : 상품과 서비스 설명, 재화의 문화적 규칙 제공, 수신자의 지적
   영역 확장

③ 유혹의 기능 : 설득을 통한 구매 요구

④ 욕망 전환의 기능 : 욕망을 결핍의 감정으로 전환

⑤ 시공간적 요소로서의 기능 : 환상적 과거와 미래의 세계에 대한 관념 형성

⑥ 인식적 불협화음의 축소적 기능 : 광고를 통해 구입한 물품에 대하여 안위감
   을 갖게 함

⑦ 심미적 기능 : 광고 자체가 상품으로서 구성거리

⑧ 창조적 기능 : 수용자의 관심을 유도하여 구매 의욕을 갖게 함

⑨ 감각화의 기능 : 구매함으로써 기쁨, 쾌락, 감각적 만족을 얻도록 유도

⑩ 퇴폐사회 조장적 기능 : 퇴폐적 쾌락추구의 심리를 조장

3. 한국 광고에 나타난 문화적 가치관

한상필(2003)은 1960년대부터 2000년 사이의 잡지(시사지, 여성지) 광고 1,284개를 분석하여 광고에 강조된 문화적 가치관을 다음과 같이 분석하였다.

1) 광고에 나타난 가치관 변천

한상필(2003 : 156~157)에 따르면 1960년대 이후 최근까지 한국의 광고에 나타난 가치관은 전통적 가치관인 집단주의, 권위주의, 도덕주의, 전통적 가족관, 숙명적 자연관에서 서구적 가치관인 개인주의, 평등주의, 물질주의, 현대적 가족관, 정복지향적 자연관으로 큰 변화를 보이고 있다. 1960년대 후반기 한국 광고에 나타난 가치관은 서구적 가치관보다는 권위주의, 집단주의, 숙명적 자연관, 도덕주의 등 전통적 가치관이 강조되었다.

1970년대 이후부터는 점차 서구적 가치관을 표현하는 방향으로 전환되어

갔다. 1980년대 초반부터 전통적 가치관보다는 물질주의, 현대적 가족 가치관을 보이는 서구적 가치관을 강조하기 시작하였다. 특히 88올림픽 이후 1980년대 후반기에는 물질주의, 개인주의, 정복 지향적 자연관을 강조하는 광고들이 많이 등장하기 시작하였다.

1990년대에는 서구화된 광고물들이 가속화되면서 1990년대 후반에는 서구적 가치관을 강조한 광고의 수가 전통적 가치관을 강조한 광고보다 압도적으로 많았다.

이상에서 알 수 있듯이 한국 광고에 나타난 가치관은 전통적 가치관(집단주의, 도덕주의, 전통적 가족 가치관, 숙명적 자연관)에서 서구적 가치관(개인주의, 물질주의, 현대적 가족 가치관, 정복 지향적 자연관, 평등주의) 등을 강조하는 방향으로 변화되어 왔음을 알 수 있다. 이러한 현상은 광고가 변화하는 문화적 가치를 반영하고 있으며, 새로운 가치를 창조하고자 하는 광고 전략과도 밀접한 관련이 있다.

2) 광고에 나타난 표현의 양상

광고 표현상 전통적 가치관으로 분류된 광고는 과거로의 귀향, 과거 집착적 태도, 전통적 풍물과 배경, 속담, 전통미술/건축물, 역사적 인물/사건, 고전 문학을 보여주는 광고이다. 20.7%가 여기에 속한다. 전통적 풍물과 배경(11.2%), 과거로의 귀향(4.8%), 과거 집착적 태도(2.3%) 순으로 나타났다.

광고 표현상 서구적 가치관으로 분류된 광고는 변화, 미래 지향적 태도, 서구적 생활 방식의 강조, 외국모델의 사용, 외국 풍물과 배경, 외국어의 사용, 이국적 분위기, 서양 속담을 보여주는 광고이다. 79.3%가 여기에 속한다. 변화, 새로운 것의 추구를 강조한 광고(23%), 서구식 생활방식(14.3%), 미래지향적 태도(14.3%), 이국적 분위기(9.9%), 외국모델의 사용(9.3%), 외국어의 사용(4.6%), 외국풍물과 배경(3.9%) 순으로 나타났다(한상필, 2003 : 155~156).

전체적으로 서구적 가치관을 담은 광고가 많으며(20.7% : 79.3%), 1980년대 초반 이후 서구적 가치관을 담은 광고가 월등히 증가하고 있다.

4. 광고를 활용한 교육적 효과

광고를 활용한 언어 문화 교육의 효과를 제시하면 다음과 같다(김정은, 2004 : 63).
간결한 언어 표현과 영상을 통하여 한국의 광범위한 현대 사회의 문화 현상을 학습자에게 전달할 수 있으며, 내용 면에서 언어와 문화의 통합 교육이 가능하고, 기능면에서 말하기-듣기-쓰기의 통합 교육이 가능하다. 또한 학습자들이 제2언어 학습과정에서 자신의 모문화와 목표문화의 차이점을 인정하고 이해하는 계기가 되고 이를 통해 목표어와 목표문화에 대한 긍정적, 개방적 태도를 갖게 한다. 그리고 광고에 사용된 언어적 표현과 문화를 교재에서 다루는 문형과 접목시켜 교재와의 관련성 속에서 언어 문화 교육을 진행할 수 있다.

5. 광고를 활용한 한국문화교육 방법

1) 공익광고(비상업광고)를 활용한 수업의 실제

여기에서는 신문영(2007 : 64~69)에서 제안한 수업의 실제를 소개하고자 한다.

🔲 학습 목표
① 상반된 두 편의 TV 공익광고를 보고 이해할 수 있다.
② 공익광고를 통해 시대 흐름에 따른 한국사회 인구정책(출산책) 변화를 유추해 볼 수 있다.
③ 한국이 오늘날 저출산 고령화 사회에 이르게 된 배경을 이해하고, 그 문제점

을 말할 수 있다.

④ 통계자료를 읽고 이해할 수 있다.

■ 도입

① 신문광고(학습 자료1) 제시 : 학습 주제에 대한 관심 유도

　　ㅡ여러분은 이런 광고를 본 적이 있습니까?

　　ㅡ한국 사회의 어떤 모습을 풍자한 광고입니까?

〈학습 자료1〉

• 제목 : 이런 모습, 상상은 해 보셨나요?

• 제작 : 한국방송광고공사 공익광고협의회(2006)

• 신문광고

■ 전개

② 광고 시청 : 학습 주제와 관련된 공익광고 두 편(학습자료 2, 3)을 시청한다.

〈학습 자료2〉

• 제목 : 아름다운 선물
• 제작 : 한국방송광고공사 공익광고협의회(2007)
• TV 광고

영상		자막 및 내레이션
장면1	장면2	〈대사〉 엄마 : 무거워? 　　　　아들 : 안 무거워. 〈자막〉 엄마 힘들다며 짐을 뺏어드는 아들 윤호
장면3	장면4	〈대사〉 형 : 안 아파? 　　　　동생 : 형 그래도 우리가 이긴 거지? 〈자막〉 형제는 용감했다 은석이와 민석이
장면5	장면6	〈대사〉 비 오네 아빠 비 맞겠다. 〈자막〉 아빠 우산부터 챙기는 막내 서영이
장면7	장면8	〈대사〉 애기야 빨리 나와서 나랑 놀자 〈자막〉 네가 태어나지 않았다면 알지 못했을 것들
장면9	장면10	〈자막〉 아이는 미래를 위한 가장 아름다운 선물입니다.

〈학습 자료3〉

• 제목 : 한 자녀 가장
• 제작 : 한국방송광고공사 공익광고협의회(1986)
• TV 광고

영상		자막 및 내레이션
장면1	장면2	〈대사〉 자식이 재산 아닙니까? 많을수록 더 좋죠. 〈자막〉 1930년대
장면3	장면4	〈대사〉 3남 2녀, 다섯은 낳아야죠. 〈자막〉 1950년대
장면5	장면6	〈대사〉 아들 하나, 딸 하나면 만족합니다. 〈자막〉 1970년대
장면7	장면8	〈대사〉 딱 하나만 낳아 정성껏 잘 키우겠어요. 〈자막〉 1980년대
장면9	장면10	〈자막〉 축복 속에 자녀 하나 사랑으로 튼튼하게
장면11	장면12	〈내레이션〉 인생을 보다 알차게 설계하고 실천하는 젊은 부부 사이에 한 자녀 가정이 늘고 있습니다.

② 광고 세부 내용 파악 및 과거 한국사회 인구 변화 유추해 보기
    −광고의 주제
    −광고의 의도
    −한국 사람들의 자녀계획 변천
    −광고가 나오게 된 배경
    −광고를 통해 인구 변화 추측
③ 저출산 고령화의 한국 사회 이해하기
    −통계 자료 읽기
      • 2005년 부부 한 쌍이 낳은 평균 자녀수 1.08명
      • 세계에서 고령화가 가장 빨리 진행
      • 2050년 노인인구 비율 38.2%
      • 2050년 생산가능 인구 1.4명당 부양노인 인구 1명
    −어휘 학습
    −한국 사회가 저출산 고령화 사회가 된 이유
    −저출산 고령화 사회로 인한 문제
④ 학습자 모국의 상황과 비교해서 말하기

■ 정리
① 쓰기 전 단계 준비
    −'저출산 고령화 사회의 해법은 무엇인가'라는 제목으로 글쓰기 예고
    −정리 및 간단한 해결책 생각해 보기

2) 상업 광고를 활용한 수업의 실제

여기에서는 김정은(2004 : 59~62)이 제안한 수업의 실제를 소개한다.

(1) 수업의 실제1

• 광고 : KTF(개강 편)
• 광고 언어 : "나이는 숫자에 불과하다"

• 광고 언어에 나타난 사고 방식 : 기존의 고정 관념에 대한 변화. 나이가 많은 세대가 언제나 젊은 세대를 이끌어간다는 우리의 고정적인 사고의 틀이 "나이는 숫자에 불과하다"라는 광고 언어를 통하여 변화되고 있음을 나타낸다.

🪶 도입

한국 사회에서 '나이'가 갖는 의미에 대해 이야기를 나눈다.

• 학습자의 나라에서 '연소자', '연장자'에 대한 고정관념의 유무에 대해서 이야기를 나눈다.

🪶 전개

• 영상으로 광고 자료를 제공한다.

영상	언어
새 학기 개강으로 강의실은 분주하고 활기차다. 흰머리에 나이가 들어 보이는 한 노신사가 핸드폰으로 검색을 하며 강의실로 들어간다. 시끄럽게 이야기하고 있던 학생들은 노신사를 보자 급하게 자리를 찾아간다. 교탁 앞으로 들어서야 할 노신사는 학생들 옆에 자리를 잡고 앉자 학생들은 모두 의아해 한다. 노신사는 그런 학생들에게 재미있다는 표정을 짓고 교탁 앞에 선 젊은 강사에게 큰 소리로 인사를 한다.	나이는 숫자에 불과하다

• 영상으로 제공된 광고 자료 안에 제시된 상황이 어떤 것이지 말하기를 유도한다.
• 제시된 광고 언어의 주된 표현인 '-에 불과하다'에 대한 의미와 용법을 설명하고 이를 활용한 문장을 만들어 본다.
• 학습자들이 알고 있는 한국사회에서의 연장자에 대한 견해와 이 광고 자료에 나타난 상황을 비교하여 이야기한다.

🪶 정리

• 광고에 나타난 상황과 표현을 완전히 숙지한 후, 한 번 더 광고를 시청한다.
• 광고에 나타난 상황과 표현을 통해 제시된 한국 문화에 대한 학습자의 견해를 쓰기 과제로 부과한다.

(2) 수업의 실제2

> • 광고 : 삼성물산 래미안(당신의 이름 편)
> • 광고 언어 : "당신의 이름이 됩니다."
> • 광고 언어에 나타난 사고 방식 : 귀족주의를 내세운 현대인의 강한 체면의식. 반짝이는 래미안 키홀더를 부각시키고 아파트 내부를 명품의 이미지와 분위기를 자아내어 이러한 "아파트=당신의 이름"이 되니, 이처럼 호화스러운 아파트를 소유하여 체면을 유지하라고 소비문화를 부추기고 있다.

도입
- 학습자 자신이 생각하는 집에 대한 의미를 이야기하고 서로의 생각을 나눈다.

전개
- 영상으로 광고 자료를 제공한다.

영상	언어
오랜만에 발레 공연을 보기 위해 만난 3명의 친구들. 한 여자가 티켓을 꺼내는 순간, 친구들이 놀라는 이유는 그 친구 손에 들린 래미안 키홀더 때문이다. 키홀더를 감싸며 웃는 여자.	당신의 이름이 됩니다.

- 영상으로 제공된 광고 자료 안에 제시된 상황이 어떤 것인지 말하기를 유도한다.
- 제시된 광고 언어의 주된 표현인 '-이(가) 되다'에 대한 의미와 용법을 설명하고 이를 활용한 문장을 만들어 본다.
- 집이 자신의 이름이 되는 체면의식을 지닌 한국 사람에 대한 학습자의 견해를 나눈다.
- 제시된 광고 표현처럼 학습자 자신에게 이름이 되는 것은 어떤 것인지 이야기를 나눈다.

정리
- 광고에 나타난 상황과 표현을 완전히 숙지한 후, 한번 더 광고를 시청한다.
- 광고에 나타난 상황과 표현을 통해 제시된 한국 문화에 대한 학습자의 견해를 쓰기 과제로 부과한다.

참고 문헌

김영순(2005), 『미디어와 문화교육』, 한국문화사.

김정은(2004), 「한국어 교육에서의 언어 문화 교육」, 『이중언어학』 26, 이중언어학회.

김준오(2002), 『시론』, 삼지원.

류성기(2000), 「광고와 국어교육」, 『국어교육』 101호, 국어교육학회.

박인기 외(2003), 『국어교육과 미디어 텍스트』, 삼지원.

신문영(2007), 「공익광고를 활용한 한국어 교실수업 모형 연구」, 경희대석사논문.

오두범(1995), 『광고 커뮤니케이션 신론』, 전예원.

정동규(2001), 「광고언어의 언어학적 활용방안 연구」, 『독어학』 4, 한국독어학회

최윤선(2004), 「프랑스 광고에 드러난 인칭대명사의 담화효과 분석-인쇄매체에 게재된 화장품
　　　　　　광고를 중심으로」, 『한국프랑스학논집』 46집, 한국프랑스학회.

한상필(2003), 「광고를 통해 본 한국문화의 변화」, 『광고연구』 58호, 한국방송광고공사.

제10장 │ 신문을 활용한 한국문화교육

　　오늘날에는 수많은 종류의 신문들이 지구촌에 있다. 우리나라도 종합지 성격의 신문들과 경제 전문지, 스포츠 전문지를 비롯하여 일간지, 주간지 등 다양한 신문들이 발행되고 있다.

　　초창기 신문은 근대 사회가 형성되던 격변기와 때를 같이하여 탄생하고 성장해 갔다. 근대 사회에 들어와 민주적 정치 체제가 정착되고 산업 혁명이 일어나면서 신문의 성격도 큰 변화를 맞이하게 되었다. 이제 신문은 권력의 통제에서 벗어나 자유로운 활동을 벌일 수 있는 대중지로서의 성격을 지니게 되었다.

　　1883년에 벤자민 데이는 일반 대중들을 위한 신문 사업을 구상하고 『뉴욕 선』을 발간하였는데, 이 신문이 큰 성공을 거두어 본격적인 대중지 시대가 열렸다.

　　우리나라에서는 한국 최초의 근대 신문이라 일컬어지는 『한성순보』(1883)를 필두로 『독립신문』, 『대한매일신보』, 『조선일보』, 『중앙일보』 등이 속속 발행되면서 오늘에 이르렀다.

　　신문이 지닌 다양한 장점으로 인하여 교육에 활용하고자 하는 시도가 활발하게 이루어져 왔다.

　　이번 장에서는 신문의 정의와 본질, 신문의 특성과 기능, 신문 활용 교육의 의의, 그리고 신문을 활용한 한국문화교육 방법 등을 살펴보고자 한다.

1. 신문의 정의와 본질

1) 신문의 정의

「신문 등의 진흥에 관한 법률」(2014)에 따르면, 신문이란 '정치·경제·사회·문화·산업·과학·종교·교육·체육 등 전체 분야 또는 특정 분야에 관한 보도·논평·여론 및 정보 등을 전파하기 위하여 같은 명칭으로 월 2회 이상 발행하는 간행물을 말한다.

여기에는 일반일간신문, 특수일간신문, 일반주간신문, 특수주간신문 등이 있다.

가. 일반일간신문 : 정치·경제·사회·문화 등에 관한 보도·논평 및 여론 등을 전파하기 위하여 매일 발행하는 간행물

나. 특수일간신문 : 산업·과학·종교·교육 또는 체육 등 특정 분야(정치를 제외한다)에 국한된 사항의 보도·논평 및 여론 등을 전파하기 위하여 매일 발행하는 간행물

다. 일반주간신문 : 정치·경제·사회·문화 등에 관한 보도·논평 및 여론 등을 전파하기 위하여 매주 1회 발행하는 간행물(주 2회 또는 월 2회 이상 발행하는 것을 포함한다)

라. 특수주간신문 : 산업·과학·종교·교육 또는 체육 등 특정 분야(정치를 제외한다)에 국한된 사항의 보도·논평 및 여론 등을 전파하기 위하여 매주 1회 발행하는 간행물(주 2회 또는 월 2회 이상 발행하는 것을 포함한다)

또한 인터넷신문이란 컴퓨터 등 정보처리능력을 가진 장치와 통신망을 이용하여 정치·경제·사회·문호 등에 관한 보도·논평 및 여론·정보 등을 전파하기 위하여 간행하는 전자간행물로서 독자적 기사 생산과 지속적인 발행 등 대통령령으로 정하는 기준을 충족하는 것을 말한다.

2) 신문의 본질

신문의 본질은 다섯 가지 관점에서 살필 수 있다(서정우, 2002 : 24~31).

① 의사소통적 관점에서 보면, 신문은 인간과 사회의 커뮤니케이션 능력의 확장에 기여한다. 구두 커뮤니케이션에서 문자 커뮤니케이션, 인쇄 커뮤니케이션, 텔레 커뮤니케이션, 컴퓨터 커뮤니케이션으로 진화해 왔다.

② 신경 조직의 관점에서 보면, 인체의 다양한 기관들이 독자적인 기능을 하면서 서로 연결되어 있듯이 신문 또한 사회의 각 부분과 개별적이면서 동시에 상호 보완적으로 존재한다.

③ 언어 관리의 관점에서 보면, 신문은 사회가 수용할 수 있을 만큼의 말이 유통되도록 하며, 언로가 부실하지 않도록 하며, 말을 깨끗하게 하는 관리자이다.

④ 민주화의 관점에서 보면, 나라에서 일어나는 일을 신문을 통해 알기 때문에 신문은 민주화의 견인차가 된다.

⑤ 항해사의 관점에서 보면, 신문은 국가 운영의 방향과 위치를 평가함으로써 국가 운영 주체에 대한 평가자가 된다.

2. 신문 텍스트 유형

신문 텍스트에는 사실 보도 기사, 사설, 칼럼, 시사 만화, 광고 등이 있다.

1) 사실 보도 기사

보도 기사 혹은 스트레이트 기사라고도 한다. 일어난 사실을 있는 그대로 보도하는 기사를 말한다. 일반적으로 육하원칙을 적용하여 작성하게 되며 간결성, 명확성, 객관성이 요구된다.

보도 기사의 일반적인 형식은 다음과 같다.

① 제목 : 기사 속의 핵을 짧은 글로 간추려 표현한 것이다. 표시성, 압축성, 감동성, 품위, 심미성 등의 특성을 지닌다.

② 리드(lead) : 취재기자가 쓰는 첫 문장으로 전체 기사가 담고 있는 내용을 한 마디로 요약한 문장을 말한다. 기자가 기사에 부여하는 의미와 중요성이 축약되어 있고, 독자가 기사를 읽는 방향성도 제시한다.

③ 본문 : 제목과 리드에 이어 독자에게 제시되는 부분이다. 리드를 뒷받침하는 구체적인 사실을 글의 흐름에 따라 단락별로 제시한다.

■ 기사문 예시

'칠곡 계모', 의붓딸들 학대할 때 친딸은…

첫째·셋째는 모진 구박…자신이 낳은 둘째는 안 괴롭혀
둘째딸, 언니·동생이 벌설 때 엄마 몰래 먹을 것 갖다줘

지난해 8월 경북 칠곡에서 발생한 계모의 의붓딸 학대 사건은 현대판 장화홍련전을 떠올리게 한다. 이 사건으로 구속된 임아무개(35)씨는 자신이 낳은 둘째 딸(10·초4)은 괴롭히지 않았다. 하지만 남편 김아무개(37)씨가 전부인과의 사이에서 낳아 데려온 첫째 딸(12·초6)과 셋째 딸(사망 당시 8살)에게는 모질게 대했다.

8일 경찰과 검찰 등의 말을 종합하면, 임씨는 두 의붓딸에게 청양고추를 먹이고, 세탁기에 넣어 돌리기도 했다. 계단에서 밀어 넘어뜨리고, 뜨거운 물을 몸에 부어 화상을 입혔다. 벌을 세우며 밥을 주지 않았다. 아버지 김씨도 언니와 동생에게만 손찌검을 했다.

둘째 딸은 언니와 동생이 불쌍하다고 생각했다고 한다. 밥을 먹지 못하고 벌을 서고 있는 언니와 동생에게 엄마 몰래 먹을 것을 갖다 주기도 했다. 경찰과 아동보호기관에서도 학대 사실을 어느 정도 파악하고 있었지만 적극적인 조처를 하지는 않았다.

경북 칠곡 아동학대 사건 일지

2012년 5월	친부·첫째 딸(12)·셋째 딸(8)·계모 동거 시작
2012년 10월	첫째 딸이 '부모가 때린다'고 경찰에 신고-진술 번복. 사건 접수 않고 아동보호기관에 이첩
2013년 2월	셋째 딸 담임교사, 온몸에 든 멍자국 발견
2013년 4월	첫째 딸 "계모한테 맞았다"며 지구대에 신고.
2013년 8월16일	셋째 딸 새벽 6시13분께 사망(사인은 장기손상)
2013년 10월10일	경북 칠곡경찰서, 계모 구속, 아버지 불구속 입건. "동생 때렸다"고 진술한 첫째 딸은 상해치사 혐의로 소년법원에 사건 송치.
2014년 3월19일	첫째 딸, 판사실에서 비공개 증언(엄마가 강제로 거짓진술 시켰다)
2014년 4월2일	검찰, 공소장 변경해 계모에게 징역 20년, 아버지에게 징역 7년 구형
2014년 4월11일	1심 선고 예정.

셋째 딸은 지난해 8월 집에서 의식을 잃고 쓰러져 병원으로 옮겨졌지만 이틀 만에 숨졌다. 국립과학수사연구원의 부검 결과, 사인은 외부 충격으로 인한 장기 손상이었다. 임씨는 경찰에서 첫째 딸이 범인이라고 했다. 동생과 서로 인형을 갖겠다고 싸우다가 첫째 딸이 동생의 배를 발로 수차례 짓밟았고, 자신은 싸움을 말리며 배를 한차례 주먹으로 때렸을 뿐이라고 주장했다. 첫째 딸도 "엄마 말이 맞다"고 진술했다. 진술이 일치하자 경찰은 지난해 10월 임씨를 구속하고, 첫째 딸을 소년법원에 송치했다. 김씨도 일삼아 두 딸을 학대한 혐의로 불구속 입건됐다.

지난달 반전이 일어났다. 그동안 자신이 동생을 때렸다고 말하던 첫째 딸이 법원에서 '엄마가 강제로 거짓 진술을 시켰다'고 털어놓았다. 첫째 딸은 "엄마가 10여차례 동생의 배를 발로 짓밟았고, 나는 동생을 때리지 않았다"고 증언했다. 검찰은 추가 조사를 벌인 뒤 첫째 딸의 진술에 신빙성이 있다고 판단해 공소장을 변경했다. 검찰은 지난 2일 임씨에게 상해치사 혐의 등으로 징역 20년을, 아버지 김씨에 대해서는 아동복지법 위반 혐의로 징역 7년을 구형했다. 첫째 딸은 재판부에 '아줌마(계모)를 사형시켜 주세요'라고 편지를 써 보냈다.

첫째 딸은 지난달 양육권이 친모로 넘어가면서 임씨로부터 벗어날 수 있었다. 2012년 5월 계모와 함께 살기 시작한 지 거의 2년 만이다. 11일 오전 10시 대구지법에서는 계모 임씨와 아버지 김씨에 대한 1심 선고공판이 열린다.

대구/김일우 기자 cooly@hani.co.kr(한겨레신문, 2014. 4. 8)

2) 사설

사설은 사회 현안에 대해 신문사의 공식 견해를 표명하는 기사이다. 사설은 공동체의 주요 이슈에 대하여 배경, 상황을 설명하고 그 의미를 해설하면서 특정한 관점을 제공하는 공론의 장을 형성하는 역할을 한다.

사설은 일반적으로 '서론-본론-결론'의 형식으로 되어 있는데, '서론-문제제기-분석 및 논의-결론', '결론-논의 및 논증-결론', '의문-해답-결론', '반대-반박-정당-결론' 등의 형식도 있다.

▥ 사설 예시

분단 70년 恨 푸는 남북 정상회담을 바란다

북한 김정은 노동당 제1비서는 1일 TV에 나와 직접 발표한 신년사를 통해 "올해 북·남 간 대화와 협상, 교류와 접촉을 활발히 해 북·남 관계에서 대전환, 대변혁을 가져와야 한다"며 "중단된 (남북) 고위급 접촉도 재개할 수 있고 부분별 회담도 할 수 있다"고 했다. 김은 특히 "분위기와 환경이 마련되는 데 따라 최고위급 회담도 못 할 이유가 없다"며 처음으로 남북 정상회담 개최 용의까지 밝혔다. 물론 김은 '한·미(韓·美) 군사 훈련 중단, 흡수 통일 시도 포기, 대북(對北) 전단 살포 중단을 조건으로 내걸었다. 그래도 올해 남북 관계 관련 발언은 전례 없이 구체적이고 직설적이다. 김은 지난 2년 신년사에서도 모두 남북 관계를 언급했지만 "분위기를 마련해야 한다"는 정도에 그쳤었다.

박근혜 대통령은 지난 29일 통일준비위를 통해 북측에 대화를 제의했고, 남북 정상회담에 대해서도 긍정적인 의사를 밝혔다. 북이 이에 호응해옴에 따라 조만간 남북대화가 재개되고 관계 개선이 급진전될 가능성이 커졌다. 북은 지금 안과 밖에 출구가 없는 상황에 놓여 있다. 오래전에 무너진 경제는 북한 정권의 통제 밖에서 움직이고, 핵·인권 문제와 대중(對中) 관계 악화로 인한 고립은 최악의 수준이다. 이런 북이 결국 남(南)으로 눈길을 돌리는 것은 시간의 문제였을 뿐이다.

북의 대남 행동은 선의(善意)가 아니라 그들 정권의 전략·전술에 따라 입안되고 실천되는 것이다. 김정은 신년사도 남으로부터 지원을 얻고 한·미·중·일을 중심으로 한 국제 제재를 흔들어보려는 계산에 따른 것일 수 있다. 그러나 북의 그런 대남 전략을 평화와 통일의 기회로 만드는 것 또한 우리의 역량이다. 남북이 모두 강조했듯 올해로 광복 70년이자 분단 70년이다. 우리 민족이 남과 북, 어느 길로 가야 할지는 이미 결정돼 있다. 북을 그 길로 조금씩 이끌어 나가 역사의 새 문을 열어야 할 과제가 우리 앞에 놓여 있다. 그런 점에서 지금은 분명 기회다.

기회이기는 하지만 한 발짝 한 발짝이 어려운 난관이기도 하다. 북이 남북대화 테이블에 나온다고 해도 모든 문제의 근원인 핵을 포기할 가능성은 거의 없다. 천안함 도발을 인정하고 연평도 포격과 금강산 관광객 사살을 사과할지도 불투명하다. 이런 상황에서 남북대화를 핵·인권에 대한 국제사회의 일치된 대북 결의와 조화시킨다는 것은 결코 쉬운 일이 아닐 것이다.

남북 문제에서 환상에 젖어서도 안 되지만 미리 체념하고 낙담할 필요도 없다. 급한 쪽은 북한이다. 원하는 것을 얻으려면 해야 할 일이 있다는 사실을 북도 모르지는 않는다. 정부는 이 기본 원칙을 분명히 하되, 유연하고도 열린 자세로 북을 상대하면서 남북 관계를 한 단계 끌어올릴 기회를 붙잡아야 한다.

북의 전략이 갑자기 바뀌지 않는다면 머지않아 남북 정상회담이 의제로 오를 가능성이 크다. 북은 김정은의 생각이 전부인 1인 체제다. 결국 박 대통령이 김을 만나 근본 문제를 논의하는 것이 남북 관계의 새 장(章)을 여는 열쇠가 될 수밖에 없다. 박 대통령은 '정치적·정략적 남북 정상회담'이란 논란에서 자유로울 수 있는 입장에 있다. 그만큼 움직일 수 있는 공간이 넓다는 얘기다. 남북 정상회담을 통해 북이 핵·인권·천안함 문제에서 전향적 자세를 보이고, 개성공단이나 나진·하산 사업과 같은 남북 경협이 확대되기를 모두가 바라고 있다. DMZ가 일부라도 평화공원으로 바뀔 수 있다면 남북 관계를 바꾸는 대(大)사건이 될 수 있다. 새해 첫날 북의 최고 지도자가 밝힌 '남북 관계 대변혁' 다짐이 결실을 맺을지, 아니면 또 한 번의 허언(虛言)으로 끝날지 7,500만 동포가 지켜보고 있다.

http://news.chosun.com(2015. 1. 2)

3) 칼럼

칼럼은 시사, 사회, 풍속 등을 촌평하는 모든 기사를 말한다. 칼럼은 크게 4가지로 나눌 수 있다. 칼럼은 외부 전문가나 내부 전문가에 의한 논설형 칼럼과 사건이나 상황에 대한 자세한 해설 등을 다룬 해설가형 기사와 같은 칼럼, 짧은 한두 마디의 말로 구성된 촌철살인형 칼럼, 독자 투고형 칼럼으로 나뉜다.

▣ 칼럼 예시

꽌시와 남북통일

중국 베이징에 있는 장강상학원(長江商學院 · CKGSB) 전임교수가 돼 중국에 생활터전을 마련한지 6개월이 지났다. 이 대학에서 중국 교수, 중국 학생들과 지내면서 책에서 읽지 못하고 한국에서 느끼지 못한 중국사회와 문화를 새로운 시각으로 배우고 있다.

중국의 TV는 지방정부 단위로 방송국이 있어서 주요 채널만 30개가 넘는다. TV드라마도 하루에 수십 개를 볼 수 있을 정도로 다양하다. 내용은 역사물이 다수다. 어느 날 저녁에는 삼국지 드라마를 같은 시간대에 세 채널에서 방영하는 경우도 봤다. 신기하게도 감독과 배우는 다르지만 각 채널의 삼국지에 등장하는 유비, 조조, 제갈량, 관우, 장비 등에 대한 인물 묘사는 거의 비슷하다. 유비는 온후인자한 지도자, 제갈량은 지혜로운 전략가, 관우는 충절을 지키는 무장으로 등장한다. 한번 형성된 역사적 인물에 대한 이미지가 중국인들 뇌리에 깊이 각인돼 있어 이들에 대한 새로운 해석이나 역사적 사실을 새로운 스토리로 재구성하는 드라마를 찾아보기 어렵다.

중국 5세대 지도부의 수장인 시진핑 국가주석은 100년 후 TV드라마에 진시황, 마오쩌둥과 함께 역사적 지도자로 등장할만한 인물이다. 그는 후세에 자신이 어떤 이미지로 비쳐지길 원할까? 필자 생각으론 시진핑은 중국을 세계 제1의 강국으로 만들고 중국인들을 부유하고 행복하게 하는 '종구워멍(中國夢)'을 실현시킨 지도자로 자리매김하기를 원할 듯 하다. 동시에 중국 사회에서 가장 중요한 꽌시(關係)의 핵심 가치인 '이(?)', 즉 의리를 지킨 인물로 역사에 남고 싶어할 것이다.

중국과 북한은 장기간에 걸쳐 우의를 유지해왔다. 일제 패망 이후 국공합작이 무너지고 내전이 시작되자 국민당에 비해 무기와 인원이 열세였던 공산당 마오쩌둥 주석은 만주에 있는 공업시설을 차지하기 위해 1946년 북한 김일성에게 지원을 요청했다. 이 때 김일성은 상승세를 타고 있던 국민당의 보복을 각오하면서 일제로부터 압수한 소총 10만정을 공산당에 제공하고 만주 조선족을 인민해방군으로 참전시켰다. 마오쩌둥은 권력을 장악한 후 김일성을 평생 친구로 예우했다. 이렇게 만들어진 중국과 북한의 돈독한 관계는 김정일에게로 이어졌고, 김정일은 미국과 일본에게는 약속을 지키지 않는 행동을 여러 차례 하면서도 중국에 대해서만은 철저하게 의리를 지켰다.

이처럼 오랜 역사를 가진 중국과 북한의 의리 관계를 이어받은 시진핑이 취할 수 있는 행동을 꽌시라는 중국의 문화적 틀로 분석해보자. 중국이 한국과의 관계에서 오는 경제적 이익이 더 크다고 해서 꽌시로 묶여있는 북한을 멀리할 수 있겠는가? 100년 후 자신이 중국 TV드라마에서 어떤 인물로 등장할 것인가를 염두에 둬야 하는 시진핑으로서 북한과의 꽌시를 스스로 깨는 행위는 감당할 수 없는 노릇이다.

그럼 시진핑이 박근혜 대통령과 함께 역사상 가장 긴밀한 한중관계를 만든 배경은 무엇인가? 2011년 말 김정일 사망 이후 김정은이 등장하면서 중국과 북한의 꽌시는 깨지기 시작했다. 그는 북한이 중국에 알리지 않은 채 핵실험을 하고, 중국의 강력한 반발에도 불구하고 중국어선을 여러 척 나포했다. 이런 행위는 이전에는 상상할 수 없었던 일이다. 김정일이었다면 자주국가로서 체면을 유지하면서도 사전 협의나 사후 협상을 통해 문제를 원만하게 풀어가면서 김일성 이래 중국과 유지해온 꽌시를 철저하게 지켰을 것이다.

중국정부에 대한 김정은의 꽌시 이탈은 시진핑으로 하여금 북한과의 관계를 청산하고 우리나라와의 관계를 돈독히 하는 계기를 마련해줬다. 60년도 더 된 중국과 북한의 꽌시를 한두 가지 사건으로 무효화 할 수는 없겠으나, 꽌시가 만들기는 어려워도 깨지기는 쉬운 '살얼음 밟기'라는 중국 문화를 이해하지 못한 김정은은 치명적인 실수를 저질렀고, 이 실수는 회복할 수 없는 상처를 중국과 북한의 꽌시에 입혔다.

남북통일에 대한 중국의 역할이 크다는 전제 하에, 중국과 북한의 꽌시가 깨진 상황에서 남북통일은 생각보다 빨리 이뤄지리라고 본다. 10년, 아니 5년 안에 일어난다고 해도 놀랄 일은 아니다. 독일의 통일과 구 소련 국가들의 경제체제 전환 경험을 우리 것으로 삼아 남북통일에 대비한 다양한 과제를 체계적이고 신속하게 수행할 때가 왔다.

조동성 서울대 명예교수 · 중국 장강상학원 교수 http://www.hankookilbo.com(한국일보, 2014. 12. 16)

4) 시사 만화

만화는 도상적(iconic) 기호와 언어적 기호를 통해 창조된 하나의 의사(擬似) 세계를 말한다. 시사 만화는 당시에 일어난 여러 가지 세상일을 해학과 풍자로 그리는 만화를 말한다.

시사 만화는 보통 4컷으로 이루어지는데 '기-승-전-결'의 구조로 되어 있다.

■ 시사 만화 예시

〈동아일보〉1958. 1. 23.[39)]

5) 광고

광고는 광고주가 청중을 설득하거나 영향력을 미치기 위해 대중매체를 이용하는 유료의 비대면적 의사전달 형태를 말한다(한국광고학회, 1994).

광고는 광고 주체(상업적 광고, 비상업적 광고), 사용 매체(인쇄 광고, 방송 광고, 옥외 광고, 기타 매체 광고), 광고 목적(상품 광고, 기업 이미지 광고, 공익 광고), 소비 대상(소비자 광고, 비즈니스 광고, 전문직 광고) 등에 따라 다양한 유형으로 나뉜다.

신문 광고는 광고 표제어(headline), 본문(body copy), 일러스트레이션으로 구성된다. 광고 표제어는 본문의 내용을 한눈에 파악할 수 있도록 그 핵심을 간단하게 표현한 것을 말하고, 본문은 광고 카피의 중심부로서 텍스트 생산자가 의도하는 내용을 상세히 설명하는 것이며, 일러스트레이션은 광고에 사용되는 그림이나 사진 등을 말한다.

■ 광고의 예

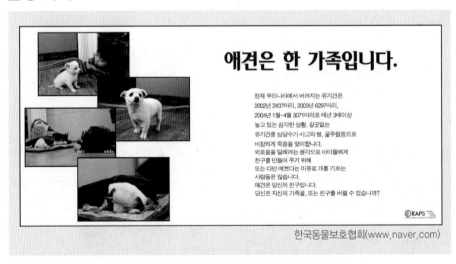

한국동물보호협회(www.naver.com)

---

39) 김성환의 <고바우 영감>은 시사만화로 1950년 ≪만화신보≫에 첫 선을 보인 후, 1955년 2월 1일부터 1980년 8월 9일까지 ≪동아일보≫에 연재를 시작하였으며, 1980년 9월 11일부터는 ≪조선일보≫, 1992년 10월부터 200년 9월 29일까지 ≪문화일보≫를 거치면서 50여년 간 총 14,139회 연재된 것으로 4컷 시사만화로서는 최장수이다. 한국만화사산책(http://terms.naver.com)

3. 신문의 특성과 기능

1) 신문의 특성

차배근(1991 : 73~74)은 신문의 특성을 다음과 같이 제시하였다.

① 신문은 전달할 수 있는 정보량이 많다.
② 신문은 대충 훑어보면서 전체 내용을 파악하기에 편리하다.
③ 신문은 반복해서 볼 수 있다.
④ 신문은 원하는 내용을 선별해서 원하는 순서대로 보기가 편하다.
⑤ 채널을 확장하기 쉽다.

김태환 외(2000)는 신문의 특성을 다음과 같이 들었다.

① 속보성 : 빠른 정보를 알 수 있다.
② 상세성 : 다른 매체보다 상세한 정보를 알 수 있다.
③ 선별성 : 정보를 빨리 선별해 낼 수 있다.
④ 기록성 : 과거의 기록을 자세히 알 수 있다.
⑤ 다양성 : 다양한 사실과 견해를 담고 있다.
⑥ 정기성 : 정기적으로 발간된다.

요컨대 신문은 속보성, 상세성, 선별성, 기록성, 다양성, 정기성, 확장성 등의 특성을 갖는다.

2) 신문의 기능

맥퀘일(D. McQuail, 1987)은 신문의 정보적 기능을 강조하면서 다음과 같이 신문의 기능을 제시하였다.

① 정보적 기능 : 세계에서 일어나는 사건, 각종 상황들에 대한 정보를 제공하는 기능

② 조정기능 : 사건, 정보의 의미를 설명, 해석, 언급하고 사회적 합의를 도출하고 사건의 경중을 가려 우선 순위를 제시하는 기능

③ 연속성 유지 기능 : 지배적 문화를 유지시키고, 문화의 발전과 유지를 도모하는 기능.

④ 오락 기능 : 즐거움, 휴식 등을 제공하는 기능

⑤ 동원 기능 : 정치, 경제, 전쟁 등에 사회 구성원이 참여하도록 하는 기능.

이 밖에도 신문은 ⑥ 논제 설정 기능(agenda setting function, 수용자가 신문에서 보도한 공공에 관한 사실적 정보를 배울 뿐 아니라, 나아가서 매체 논제의 중요도 순위까지 배우는 기능), ⑦ 정치적 기능(정치적 공론장으로서의 기능, 비판의식 창출의 기능, 다양한 관심의 촉진자로서의 기능) 등이 있다(우한용 외, 2003 : 79).

4. 신문 활용 교육의 정의와 의의

1) 신문 활용 교육의 정의

신문 활용 교육(NIE : Newspaper In Education)이란 신문을 친숙하게 하고 학습에 활용해서 교육적 효과를 높이는 프로그램이라 할 수 있다.

이는 교과 과정 내용의 제한성을 개선함으로써 현실적인 다양한 정보에 대하여 친숙하게 하고, 신문 활동을 통한 교과 학습을 할 뿐 아니라, 신문을 이용한 주제 학습을 전개함으로써 현실적인 사회성 학습과 학습자 중심의 교육 활동을 전개하기 위한 교수－학습 방법이기도 하다(최영권, 1998 : 271).

2) 신문 활용 교육의 의의

최은규(2004 : 210~215)는 신문 활용의 교육적 의의를 다음과 같이 언급하고 있다.

① 자연스러운(natural) 교육이 가능하다.
 −교실에서 직접 신문을 읽고 신문을 활용한 활동을 적절하게 제공한다.
② 한국 사회와 문화에 대한 교육을 할 수 있다.
 −신문은 동시대의 한국 사회 문화의 총체적인 모습을 생생하게 보여주는 유용한 자료이다.
③ 풍부한 정보를 담은 실제 자료를 활용할 수 있다.
 −신문은 학습자에게 지금 여기에서 일어나는 일에 대한 정보를 제공하고 흥미를 유발한다.
④ 학습자의 흥미에 기초한 내적인 동기 유발에 용이하다.
 −신문의 광범위한 주제는 신문이 독자에게 가치 있고 관심 있는 것을 포함하고 있어 학습자에게 흥미와 동기를 유발한다.
⑤ 읽기 전략을 연습할 수 있는 유용한 자료이다.
 −찾아 읽기(scanning)와 훑어 읽기(skimming)와 같은 읽기 전략을 연습할 수 있다.
⑥ 통합적인 언어 교육이 가능하다.
 −신문 수업은 읽기를 중심으로 다른 언어 기술과의 통합이 가능하다.
⑦ 주제 중심적 어휘 학습에 효과적이다.
 −신문에는 전문적인 어휘, 속담, 한자성어, 관용어, 신조어 등이 풍부하여 어휘 확장에 기여한다.

5. 신문 자료 선정과 수업 활용 시 유의점

신문을 교육 자료로 선정하기 위해서는 학습자들이 한국 사회와 문화를 이해하는 데 도움을 줄 수 있도록 해야 하지만, 이를 위해서는 학습자의 문화 능력 수준 등을 고려해야 한다. 신문 자료 선정 시 유의할 점을 들면 다음과 같다(최은규, 2004 : 216~220).

① 전체 신문을 살펴보고 기사를 선정한다.
  ─기사의 비중, 시사성 등을 고려하여 기사를 선정하는 데에 도움을 준다.
② 학습자의 언어와 지식 능력에 맞춰 기사를 선정한다.
  ─신문은 초·중·고급 단계에서 활용할 수 있기 때문에 단계에 맞게 선정
   한다.
③ 길이가 너무 길지 않은 것을 선정한다.
  ─언어 복잡성, 정보의 밀도, 주제와 내용, 수업 시간 등도 함께 고려한다.
④ 학습자의 흥미를 끌 수 있는 기사를 선정한다.
⑤ 한국 사회와 문화를 이해하는 데 도움이 되는 것을 선정한다.
  ─균형잡힌 시각을 갖도록 하며, 한국을 이해하는 데 기여할 수 있는 자료를
   선정한다.
⑥ 신문기사의 유형과 내용을 다양하게 선정한다.
  ─사설, 시론, 투고문, 만평, 사진, 광고 등과 정치, 경제, 사회, 문화, 스포
   츠, 국제 등 다양한 내용을 선정한다.
⑦ 가능하면 최근의 기사를 선정한다.
  ─시사성은 흥미와 호기심을 유발하는 효과를 갖는다.

또한 신문 자료를 수업에 활용할 때 유의할 점을 들면 다음과 같다.

① 처음에는 만화, 사진, 광고, 흥미를 느낄 수 있는 짧은 기사 등으로부터
 시작한다. 학습자에게 신문에 대한 친밀감을 느끼게 한다.
② 신문을 활용하는 목적, 교육적 가치 등에 대해 학습자가 분명하게 인식
 하도록 한다.
③ 전체 신문은 시사성과 화제의 흐름을 파악하는 정도로 훑어보고 한두
 개의 기사를 집중적으로 다루는 것이 좋다.
④ 중점적으로 다룰 기사를 학습자들에게 미리 알려주고, 새 단어 목록도
 함께 제공한다.

⑤ 새 단어는 기사에 나오는 모든 새 단어가 아니라 주제 관련성이 있는 단어를 중심으로 제시한다. 유의관계나 반의관계에 있는 단어도 함께 제시한다.

⑥ 다른 언어 기술과 통합되는 과제와 활동을 고안하여 학습자들이 의사소통 활동에 적극적으로 참여하도록 해야 한다.

⑦ 신문 기사의 유형에 따라 읽기의 방법을 달리 하도록 한다. 사설은 필자의 관점 파악, 자신의 생각과 비교하면서 읽고, 보도 기사는 육하원칙을 찾으며 읽게 한다.

6. 신문을 활용한 한국문화교육 방법

1) 교수-학습 방법1

최가연(2002 : 40~65)이 제안한 방법을 소개하면 다음과 같다.

(1) 신문기사의 활용

가. 표제어

① 표제어 완성하기 : 문장 형태를 갖추지 않은 표제어를 문장으로 완성하기

② 표제어 글자로 단어 만들기

③ 표제어에 맞는 기사 찾기

④ 표제어에 적당한 기사 쓰기

⑤ 표제어 짓기 : 기사에 맞는 표제어 짓기

⑥ 표제어에 나타난 의미 찾기 : 표제어에 숨겨진 뜻을 담은 단어나 문장 찾기

나. 사건 기사문

① 육하원칙 찾기 : 기사에서 '누가, 언제, 어디서, 무엇을, 어떻게, 왜' 찾기

② 분야별로 기사 분류하기 : 기사를 기준에 따라 분류하기

③ 순서대로 문장 배열하기 : 순서가 바뀐 기사 문장을 순서대로 배열하기

④ TV 뉴스 형태로 바꿔 말하기

⑤ 사건의 주인공과 인터뷰하기 : 사건 기사를 보고 기사의 주인공과 기자가 되어 역할극을 하기

⑥ 동일한 기사 다른 신문에서 찾기

⑦ 사건의 전개 상상하여 쓰기 : 사건 기사를 택한 후 전개 과정에 대해 상상하여 기사 작성하기

⑧ 좋은 뉴스와 나쁜 뉴스 구분하기

⑨ 부르는 단어 찾기

⑩ 문자와 기호 찾기 : 한글과 한자, 영어, 단위, 문장 부호 등 찾기

⑪ 도시 이름 찾기

⑫ 받아쓰기 : 기사문에서 문장을 선택하여 각 소집단 대표에게 읽게 한 후 받아쓰게 하기

다. 사설

① 사설에 제목 만들기

② 관련 내용 찾기 : 사설과 관련 있는 내용을 신문에서 찾기

③ 사설 관점 비교하기 : 같은 문제를 다룬 사설을 다른 신문과 비교하기

④ 찬반의견 표현하기 : 사설 주장에 찬반의견을 사설로 써보기

라. 독자투고문

① 말하고자 하는 바 파악하기

② 제기된 문제에 관해 토론하기 : 대립 가능성이 있는 화제를 골라 토론하기

③ 투고문 소재 찾기 : 투고 내용을 유형별로 분류하고 관심사나 주제에 대해 토론하기

④ 대안 찾기 : 독자가 제기한 문제점에 대하여 대안 찾기

(2) 신문 만화와 사진의 활용

가. 신문 만화

    ① 순서에 따라 배열하기

    ② 결말 완성하기

    ③ 말주머니 채우기

    ④ 기사문으로 바꾸기

    ⑤ 역할극 하기

    ⑥ 시사문제 이해하기

나. 사진

    ① 사진에 맞는 설명 찾기

    ② 사진보고 쓰기

    ③ 주제와 부합하는 사진 모으기

    ④ 알고 싶은 사람 찾기

    ⑤ 기사문 만들기

    ⑥ 의미지도 그리기

    ⑦ 어떤 사진인지 맞추기

    ⑧ 사진보고 이야기하기

    ⑨ 바로 설명하기

    ⑩ 정확히 듣고 전달하기

    ⑪ 한국에 대해 알기

    ⑫ 공통점과 차이점 찾기

    ⑬ 이야기 이어가기

(3) 신문 광고의 활용

    ① 상품 이름 짓기

    ② 가격 정하기

    ③ 상품 사고 팔기

    ④ 자주 나오는 단어 알기

⑤ 광고 만들기

⑥ 광고 카피 만들기

⑦ 이력서 쓰기

⑧ 과대 광고 찾기

⑨ 광고 비교하기

⑩ 말로 광고하기

2) 교수-학습 방법2

최은규(2004 : 224~229)가 제안한 방법을 제시하면 다음과 같다.

(1) 사건 기사

엽기 內助?	30대 주부, 남편 승진 늦은 데 앙심 사장 등 50명에 1000통 협박 편지 면도칼–백색 가루까지 동봉 덜미

남편의 승진이 늦은데 앙심을 품고 남편의 회사 간부 등에게 6년여 동안 1000여통의 협박편지를 보낸 30대 주부가 경찰에 붙잡혔다.

전남 영암경찰서는 1997년부터 최근까지 남편 회사의 사장, 이사, 부장 등 간부와 먼저 승진한 동료, 그의 자녀가 다니는 학교 교장 등 50여명에게 1000여통의 협박편지를 보낸 혐의로 A씨(36·전남 영암군 삼호읍)를 22일 긴급 체포했다.

A씨는 회사 간부들에게 보낸 협박편지 속에 수십 차례나 면도칼을 동봉했으며 미국에서 탄저균 테러 공포가 확산되던 2000년에는 편지봉투에 밀가루를 넣어 보낸 것으로 드러났다.

경찰에 따르면 A씨는 97년 5월 남편의 회사 동료이자 고교 동창인 홍모씨(36)가 남편보다 입사가 3개월 늦은 데도 먼저 작업반장으로 승진하자 이에 불만을 품고 회사 간부들에게 "홍씨는 부도덕한 사람이다. 그를 해고하지 않으면 회사건물을 폭파하겠다"는 내용의 협박편지를 보내기 시작했다.

A씨는 이어 홍씨의 자녀가 다니는 학교 교장과 유치원장 등에게도 "아이들을 당장 퇴학시켜라"는 협박편지를 보냈다.

경찰 관계자는 "A씨는 6년간 남편도 모르게 협박편지를 보냈으며 자신이 사는 삼호읍에서 4km 떨어진 목포시내로 나가 편지를 부치는 등 지능적인 수법을 썼다"고 말했다.

경찰은 회사 간부들의 신고로 그동안 A씨를 유력한 용의자로 지목해 수사를 벌였으나 물증이 없어 애로를 겪어왔다. 그러나 이달 초 회사 간부들에게 또 다시 협박편지가 배달되자 21일 A씨 집을 압수수색, 백과사전 속에서 미처 보내지 못한 협박편지 1통을 발견해 A씨를 추궁해 범행내용을 자백 받았다.

동아일보, 2003. 6. 23일자

- 등급 : 고급 단계
- 시간 : 50분
- 기술 : 읽기, 말하기
- 활동 : 모의 재판
- 준비 : 신문기사, 이름표나 라벨, 활동 안내지
- 진행 순서 :

① 범죄, 법률에 관련된 어휘(앙심을 품다, 협박하다, 혐의가 있다, 혐의자, 용의자, 체포하다, 구속하다, 물증, 심증, 자백하다)를 중심으로 새 단어를 익히게 한다.

② 기사를 읽고 사건의 개요를 파악하게 한다.

③ 기사의 주인공을 피고로 하는 모의 재판을 하기 위해, 재판에 필요한 기본적인 어휘(판사, 검사, 변호사, 피고, 증인, 증언하다, 구형하다, 심문하다, 유죄 판결)를 익히거나 확인시킨다.

④ 학생 수에 따라 재판 참석 인원을 적절하게 가감하면서 역할을 정한다. 경우에 따라서는 판사 2명, 검사 2명, 변호사 2명 등으로 정하여 공동 진행을 하게 할 수도 있다.

⑤ 역할이 정해지면 해당하는 이름표를 가슴에 붙여서 서로의 역할을 분명히 인식하면서 활동이 진행되도록 한다.

⑥ 다음의 활동 안내지를 보면서 그룹 활동으로 사건 내용을 다시 확인하고 문제점을 파악한 후 재판을 위해 입장을 정리하게 한다.

⑦ 재판정과 유사하게 좌석 배치를 하고, 활동 안내지와 같은 순서로 재판을 진행한다.

■ 활동 안내지

참석자 : 판사, 검사, 변호사, 피고, 증인(피고 측 증인, 검사 측 증인)

1. 재판 준비하기
   - 사건 내용 알기
   - 사건의 문제점
   - 입장 정리하기
2. 재판하기
   - 판사 : 재판 시작하기
   - 검사 : 사건 개요 소개하고 구형하기
   - 변호사 : 피고 변호하기
   - 증인 : 증언하기
   - 검사, 변호사 : 반대 심문하기
   - 피고 : 최후 진술하기
   - 판사 : 판결하기

(2) 사설

너도나도 '대법관 후보' 추천하나

오는 9월에 퇴임하는 한 대법관의 후임을 두고 대한변협이 2명의 법조인을 후보로 추천한 데 이어 시민단체 대표들로 구성된 '시민추천위원회'도 6명의 법조인을 후보로 추천했다. 대한변협의 후보추천은 5000여명의 회원 중 불과 391명이 참여한 여론조사로 이루어졌고, 더구나 대법관 후보를 심사할 대법관제청자문위원회의 구성원인 변협회장이 스스로 후보자를 추천했다는 점에서 앞뒤가 맞지 않는다는 느낌을 주고 있다.

'시민추천위원회'가 추천한 후보의 면면을 봐도 역시 이들 단체 성향과 맥이 닿는 인물인 것 같다. 엊그제 KBS가 '심판받지 않는 권력'으로 대법원을 지칭하는 프로그램을 방송한 것도 이런 흐름과 관계가 있는 듯하다. 이들 단체들은 대법관을 공개추천하는 것이 당연한 권리라고 주장하지만, 여기에는 상당한 오해와 인식착오가 있다.

우선 우리 대법원의 주된 역할은 법률문제에 대한 최종판단이다. 미국과 같은 영미법계 국가와 달리 대륙법계 국가인 우리나라의 대법원은 매년 엄청난 양의 사건을 처리하고 있다. 그러니만큼 우리 대법관은 특정 사회적 성향을 대변하기보다는 무엇보다 먼저 소송사건을 능률적으로 다뤄낼 탁월한 실무능력을 갖춰야 한다. 그런 점에서 주로 헌법관련 사건을 연간 100건 정도 처리하는 미국 대법원과는 비교자체가 안 되는 것이다. 또한 한동안 각종 사회정책 문제에 대해 적극적으로 간여하는 판결을 했던 미국 대법원도 1980년대 이후에는 헌법과 법률을 충실히 해석하는 역할로 돌아갔다.

너나없이 자신들과 코드가 맞는 인사를 대법관 후보로 공개추천하고, 이를 통해 대법원상(像)을 바꾸겠다는 발상은 위험하기도 하다. 그런 움직임 자체가 대법원을 정치화할 수 있기 때문이다.

조선일보, 2003. 8. 4일자

대법원은 '시민 추천' 존중해야

시민사회단체 대표 등으로 구성된 '대법관·헌법재판관 시민추천위원회'가 다음달 퇴임하는 서성 대법관과 한대현 헌법재판관 후임으로 여성·재야·재조 법조인 각 2명씩 6명의 시민추천후보 명단을 발표했다. 대한변협도 이미 변호사들에 대한 설문조사를 거쳐 추천후보 두 명을 발표한 바 있다. 이제 관심의 초점은 대법원이 시민단체와 변협의 추천을 어떻게 수용할지에 쏠리고 있다.

대법원이나 헌법재판소의 인적 구성이 비슷한 경험과 나이, 배경을 가진 인사들로만 채워져 있다는 지적은 그동안 끊임없이 제기돼 왔다. 대법관은 판사가 승진과 출세를 거듭해 마지막에 이르는 최종종착역 쯤으로 여겨져 왔다. 인적 구성이 이렇다보니 대법원은 사회의 다양한 이해관계와 가치를 충분히 반영하지 못하고 필연적으로 보수적 성향을 보여온 게 사실이다.

대법관 인사는 더 이상 이런 폐쇄회로에 갇혀 있어서는 안 된다. 다양한 식견과 경험, 가치관을 반영하는 인사들도 참여하는 열린 구조가 돼야 한다. 더욱이 최근의 새만금 사업에 대한 법원의 판결에서 보듯이 사법부가 사회의 다양한 규범적 이해관계를 조정하고 갈등과 분쟁을 해결하는 추세는 더욱 확대되고 있다. 따라서 대법원에도 보다 진보적 성향의 인사들이 참여해 이 사회의 보편타당한 가치를 함께 모색해 나가야 한다.

대법원은 시민사회단체 등의 후보추천을 사법부에 대한 간섭이나 압력 행사로 여겨서는 곤란하다. '사법부 길들이기' 쯤으로 받아들여 외면해서는 안 된다. 대법관의 충원 과정에서부터 국민여론에 귀를 기울이고 이를 적극적으로 반영할 때 사법부에 대한 국민의 신뢰와 애정은 더욱 커진다.

덧붙여 이제는 우리나라에서도 여성 대법관이나 여성 헌법재판관이 탄생될 날도 오지 않았는가 싶다. 여성과 관련된 사회적 현안이 많아지면서 여성적 시각에 기초한 법률 해석과 적용의 필요성은 더욱 커지고 있다. 사법부의 용단을 기대한다.

한겨레신문, 2003. 8. 4일자

- 등급 : 고급 단계
- 시간 : 60분
- 기술 : 읽기, 말하기, 쓰기
- 활동 : 기사 내용 비교하기, 토론하기
- 준비 : 신문기사, 활동 안내지
- 진행 순서 :

   ① 동일한 소재에 대해 서로 다른 관점을 보여주는 기사를 준비한다.

   ② 두 기사에서 공통적인 중심 어휘(대법관, 퇴임하다, 후임, 추천, 후보 등)를 익히게 한다.

   ③ 두 그룹으로 나누어서 서로 다른 기사를 읽게 한다.

④ 그룹 활동으로 다음과 같이 기사 내용을 비교하면서 정리하게 한다.

	조선일보	한겨레신문
사건 내용		
사건에 대한 입장	찬성, 반대	찬성, 반대
이유		

⑤ 다음과 같은 내용을 중심으로 그룹 토론을 하게 한다.

　　－두 신문의 입장 차이가 생기는 이유

　　－법관 시민 추천에 대한 자신의 의견

3) 교수－학습 과정의 실제

(1) 사건 기사문(최가연, 2002 : 51)

▦ 학습 목표

1. 전체 내용을 이해하여 간략한 형태로 표현할 수 있다.

2. 기사문을 육하원칙에 따라 분류할 수 있다.

3. 전체 학습자와 상호 협력하여 학습 자료 전체를 이해할 수 있다.

▦ 도입

　　－학습자들의 흥미를 유발할 수 있는 기사를 표제와 기사 전문을 나누어서 나누어주기.

　　－소집단별로 표제어에 맞는 기사문 찾기.

▦ 전개

1) 학습자 활동 1 : 육하원칙 찾기

소집단별로 사건 기사에서 육하원칙을 찾고, 설명하기

확장하기 활동으로 동일한 사건 주제에 대하여 육하원칙에 따라 써 보게 할 수 있다.

2) 학습활동 2 : 인터뷰하기

소집단별로 사건 기사를 나누어주고, 기사의 내용을 파악하여 인터뷰 기사를 만들도록 한다. 구성원들은 기사의 인물 및 기자 등으로 역할을 정하고, 사건의 내용을 소개하고, 인터뷰로서 사건에 대한 시각을 다른 집단에게 보여준다.

3) 학습활동 3 : 사건을 주제로 토론하기

주제를 선정하고 소집단별로 신문에서 관련 기사를 찾는다. 사건의 내용을 파악하고 사건에 대한 시각을 이해하도록 한다. 소집단별로 입장을 정해서 토론하게 한다. 논의한 바를 정리하여 써 보는 활동을 하게 할 수 있다.

■ 정리

학습한 단어, 문형 등을 정리하고, 배웠던 사건 내용을 요약해서 써 오게 하는 과제를 부과할 수 있다.

(2) 만화

김진복(2007 : 75~76)이 제안한 '초급학습자 대상 문화 수업 모형'을 수정하여 제시하면 다음과 같다.

■ 학습 목표

만화 내용을 이해하고 한국의 남아선호사상을 배운다.

■ 학습자료

광수 생각(1999.01.15. 조선일보)

■ 도입

그림을 보여주고 몇 사람이 있어요? 누가 있어요? 등과 같은 질의응답을 통해 흥미를 유발하기

■ 전개

① 듣고 내용 추측하기(2회 정도)
　　－들은 어휘나 문장을 이용해 추측하여 말하기
② 만화 읽기

－교사가 먼저 읽은 후 학습자가 모두 따라 읽는다.

－두 그룹으로 나누어 읽는다(2회 정도).

－학습자에게 역할을 주어 읽게 한다(발음 교정).

③ 읽은 후 내용 이해하기

－어휘 및 표현

'허억, 가족계획, 우린, 같은 건, 낳다, 낳는 게, 부끄럽다, 말썽' 등

－문법

'－ㄴ 게', '－구만'

－문화

한국의 남아선호사상과 가족계획

④ 받아쓰기

⑤ 만화 내용 이해를 위한 질의 응답

－가족은 모두 몇 명일까요?

－뽀리(주인공)의 가족 계획은 뭐예요?

－뽀리는 왜 부끄러워요?

⑥ 역할극하기

－각국의 남아선호사상에 대하여 자유롭게 이야기 가능

⑦ 확인 학습

－만화 내용을 지우고 다시 기억해서 쓰기

－만화가 의미하는 것이 무엇일까요? 여러분의 생각을 말해보세요?

■ 정리

－학습 내용을 정리하고, 본인의 미래 가족계획 세워오기 등의 과제를 부과한다.

참고 문헌

김태환 외(2000), 『세계 미디어 교육 모델』, 한국언론재단.

서정우(2002), 『현대신문학』, 나남출판.

우한용 외(2003), 『신문의 언어문화와 미디어 교육』, 서울대학교출판부.

차배근(1991), 『커뮤니케이션학 개론』, 세영사.

최가연(2002), 「외국인을 위한 한국어교육에서의 신문활용교육(NIE)에 관한 연구」, 한양대석사
　　　　　학위논문.

최영권(1998), 『수준별 교육과정과 열린교육의 만남』, 성원사.

최은규(2004), 「신문을 활용한 한국어 교육 방법 연구」, 『한국어교육』 15-1, 국제한국어교육학회.

김진복(2007), 「만화를 활용한 한국어 교육방안 연구-신문만화를 중심으로」, 선문대석사학위논문.

「신문 등의 진흥에 관한 법률」(2014)(http://www.moleg.go.kr)

제11장 토론·프로젝트를 활용한 한국문화교육

민주주의 사회에서 토론은 매우 중요한 역할을 한다. 자유롭게 자신의 의견을 갖되, 다른 의견을 조율하고 보다 나은 세계를 살기 위해서는 토론과 같은 장치들이 반드시 필요하기 때문이다.

또한 토론은 그 과정을 통하여 사회 현상이나 문제점들에 대해 이해할 수 있으며, 설득하는 힘과 표현 방법 등을 기를 수 있기 때문에 토론 교육은 매우 중요한 의미를 지닌다. 더구나 언어와 문화가 다를 경우, 거기에서 파생되는 다른 견해들은 갈등을 증폭시킬 가능성이 크다. 따라서 올바른 토론 문화가 정착될 수 있도록 토론교육이 강화되어야 한다.

프로젝트 수업은 하나의 연구 과제를 완성해 내는 작업을 통해 한국의 문화를 학습하는 것을 말한다. 프로젝트 수업은 학습자가 자신의 의도에 따라 목표를 설정하고 계획하고 문제를 해결하면서 결과물을 완성하기까지 능동적으로 학업에 참여할 수 있다는 점에서 매우 가치있는 교수-학습 방법이 된다.

이번 장에서는 토론과 프로젝트 수업의 개념과 교육적 가치, 특징, 교수-학습 방법과 실제 등을 살펴볼 것이다.

Ⅰ. 토론을 활용한 한국문화교육

1. 토론의 개념

토론은 어떤 문제에 대하여 여러 사람이 각기 의견을 말하며 논의하는 것으로 넓은 의미의 토의의 일종이다. 그러나 보통 토론이란 '어떤 논제에 대하여 찬성자와 반대자가 각기 논리적인 근거를 발표하고 상대편의 논거가 부당하다는 것을 명백하게 하는 의사소통의 한 형태'라는 좁은 의미로 쓰인다.

협의의 토의는 문제를 해결하기 위해 의견의 일치를 도모하는 협동적 과정으로 진행된다. 반면에 토론은 쟁점에 대하여 긍정 측과 부정 측으로 나뉘어 어느 한쪽이 옳은 것을 밝히기 위해서 진행된다(이응백·이주행, 1993).

토론은 참석자들의 의견이 일치되지 않을 때 발생하게 되는데, 쟁점에 대하여 긍정 측과 부정 측이 일정한 규칙에 따라 논쟁을 벌이고 승자와 패자를 가려 문제를 해결하게 된다.

토론이 토론 규칙에 따라 진행되고 목적 달성에 기여하게 될 때 바람직한 토론 문화가 형성될 수 있다. 그러나 이해 관계나 가치관, 세계관 등의 차이로 인해 토론이 파행적으로 진행됨으로써 바람직하지 못한 토론 양상을 보이기도 한다.

2. 한국의 토론 문화

박재현(2004 : 297~313)은 한국의 방송사 MBC, KBS1, KBS2의 토론프로 그램에서 '이라크 파병'을 주제로 진행한 토론을 분석하여 다음과 같은 한국의 토론 문화의 특징을 제시한 바 있다.

① 논리보다 감정에 호소

토론의 내용, 방법, 판정의 핵심은 논리에 있는데, 개인적인 감정적 반응을 표현하는 경우가 있다. 이는 사고 표현에 있어서 논리보다는 감정을 많이 사용하는 고맥락 문화의 대표적인 양상이라는 것이다. 즉 고맥락 문화에서는 상대방을 설득하는 데 논리보다는 감정이 더 효과적이라는 신념과 관련된다는 것이다.

② 타당성이 약한 논거의 사용

토론에서 주장뿐 아니라 이를 뒷받침하는 논거가 중요하다. 논거는 통계, 사례, 전문가 의견, 증언 등이 이용될 수 있는데, 이들은 타당성, 신뢰성, 정확성, 신빙성 등이 있어야 한다. 그러나 통계 자료의 시행 시기, 출처 등을 명확하게 제시하지 못하는 등의 오류를 범하고 있다는 것이다. 이는 서양의 경우 명료하고 직접적인 언어를 사용하는 경향과는 달리 한국의 경우는 모호함과 불확실성과 관련한 언행에 보다 참을성이 있는 문화와 관련되어 있다고 해석하였다.[40]

③ 개인적 권력 사용

토론에서 논리를 통한 설득보다는 연령, 성별, 지위, 학위, 경력 등 개인적

---

40) Hofstede는 이를 '모호성의 회피'로 설명하고 있다. 그는 모호성 회피가 높은 문화와 그렇지 않은 문화로 나누고 지수에 따라 순위를 정한바 있다. Geert Hofstede, 차재호 · 나은영 역(1995).

속성을 통해 설득을 시도하는 경향이 있다는 것이다. 이는 사회적 상호작용에서 연령, 성별, 세대, 지위 등의 속성에서 기인하는 권위주의적 특성과 관련된 높은 권력 거리 문화와 관련된다는 것이다.[41]

④ 내용 비판보다 사람 비난

토론에서는 주장의 내용에 대한 비판이 중요한데, 주장을 한 사람을 공격하는 경우가 있다. 주장의 내용과는 무관하게 개인의 태도나 경험 등을 문제 삼아 심리적인 제압을 시도하는 경우가 적지 않게 발견된다. 특히 말뿐 아니라 태도까지도 중요시하는 문화적 특성으로 인해 말과는 무관한 인격, 도덕적 자질을 문제 삼는 경우도 있다.

⑤ 사적 의견과 공적 견해의 혼동

토론에서 개인 의견과 공적 의견이 명확하게 구분되어야 하는데, 개인과 집단을 동일시하는 경우가 있다. 이는 개인이 토론에서 지게 되면, 그가 속한 집단이 지게 되는 것으로 여겨져 개인 의견을 피력하지 못할 뿐 아니라 상대방의 개인적 의견마저 수용하지 못하게 되는 결과를 초래한다. 이는 집단주의적 경향이 강한 문화적 특성에서 기인한다고 볼 수 있다.[42]

⑥ 토론 규칙의 경시

토론에는 시간과 순서의 준수, 사회자의 진행 및 심판 판정에 승복하는 것 등의 규칙이 있고, 이를 준수하는지의 여부가 토론의 승패를 가르는 기준이 되기도 하는데, 이를 무시하여 토론에 질서가 무너지는 경우가 있다.

---

41) Hofstede(1984)는 이를 '권력 거리'로 설명하고 있다. 권력 거리가 높은 문화와 그렇지 않은 문화가 있음을 밝히고, 권력 거리 지수에 따라 순위를 정한바 있다. Geert, Hofstede(1984), 임경순(2009 : 제3장).
42) Hofstede(1984)는 개인주의와 집단주의 문화로 설명한바 있다.

3. 토론의 교육적 가치

이미혜(2006 : 308–310)는 고급 단계 한국어 학습자를 위한 토론 수업 방안을 논의하면서 한국어 말하기 교육에서 토론 수업이 갖는 중요성에 대하여 유창성, 상호작용성, 지식과 관점 학습, 유용성 등의 측면에서 언급하고 있다.

첫째, 토론은 유창성을 기르는 말하기 활동으로, 다양한 주제를 깊이 있게 생각하고 표현하는 과정은 유창성을 기르는 데 효과적이다.

둘째, 토론은 상호작용을 극대화하는 소그룹 활동인데, 상호작용은 의사소통의 핵심이자 본질에 속한다

셋째, 토론을 통해서 새로운 내용을 알게 되고, 관점을 배운다. 또한 어휘, 표현 등도 익히게 된다.

넷째, 토론은 하나의 목적을 가진 활동이며 이 과정에서 주장, 동의, 논박, 타협 등의 활동을 포함하게 되는데, 이는 사회 생활, 학문을 하는 데 있어서 요구되는 능력이다.

4. 토론 수업 구성 원리

이미혜(2006 : 312~321)는 효율적인 토론 수업 구성 원리를 다음과 같이 제시하고 있다.

(1) 학습자 요구에 부합하는 주제 선정

학습자의 모국어, 연령, 학력 등을 고려하여 주제를 선정한다. 또한 주제 선정에 학습자를 참여시켜 학습자가 선정한 내용이나 주제를 토론에 도입한다. 그리고 교사가 주제를 제시할 때 몇 개의 소주제를 제시하고 학습자들이 선정하게 한다.

고급 단계의 토론 주제의 예(이미혜, 2006 : 314)

주제	소주제
교육	유학, 평생교육, 조기교육, 가정교육, 대안학교, 공교육·사교육의 문제점, 한국어교육
역사	건국 신화, 역사 해석, 역사적 인물, 한국의 역사, 문화 유물
대중매체	인터넷의 보급과 영향, 대중매체의 영향, 영화, 광고, 대중음악, 대중문화의 수용, 방송
건강	건강과 질병, 여가생활, 흡연, 정신건강(스트레스), 다이어트, 현대인의 스포츠, 장수
경제와 생활	취업, 창업, 경제 발전, 불황과 호황, 물가 상승
성(性)	성역할, 결혼과 이혼, 혼전관계, 남아선호사상, 독신주의, 가부장제도, 성차별
한국 문화	전통문화, 한국인의 사고방식, 음식 문화, 명절, 풍습, 한국인
환경	환경오염, 환경 보존, 쓰레기 분리수거, 도시 공해, 개발과 환경 훼손
과학	과학 기술과 사회 변화, 과학과 윤리, 미래사회, 유전자 기술, 발명, 미래 상품
사회	청소년 범죄, 성매매, 입양, 교통사고, 사회변화, 세대 차이

(2) 토론의 전략과 표현 교육

한국어 토론 수업에서는 토론의 형식과 내용을 아울러 고려해야 한다. 내용에만 중점을 두면, 언어 기능이 향상될 수 없게 되고, 반대로 언어 기능에만 중점을 두면 내용을 알 수 없게 된다.

한국어 토론 전략 및 토론 표현의 예(이미혜, 2006 : 317)

토론 전략	토론 표현의 예
주장하기	저는 -다는 입장입니다.
찬성하기, 동의하기	전적으로 동의합니다/동의하는 바입니다.
반대하기, 반박하기	의견에 상당한 차이가 있군요/동의하기 어렵습니다.
주장에 대한 근거 대기	제가 말씀드린 것은 -에 근거한 것입니다.
부연 설명하기(다시 설명하기, 이유나 예시로 설명하기 등)	좀더 자세히 말씀드리면/부연 설명을 하면
자세한 설명 요구하기	구체적으로 말씀해 주시겠어요?/예를 좀 들어 주시겠어요?
상대방의 말을 명확하게 하기 위해 질문하기	말씀하신 것을 -다고 정리해도 되겠습니까?
상대방의 말을 정리하기	그러니까 -다는 말씀이시군요.
자진하여 답하기	그것에 대해서 제가 답하고 싶은데요/제가 먼저 이야기해도 될까요?
화제 바꾸기	이제 이야기를 바꾸어서 -에 대해 생각해 볼까요?
끼어들기	말씀하시는데 죄송하지만
자신의 발화 순서를 끝까지 유지하기	제 생각을 마저 말씀드리겠습니다.
상대방의 이해 여부 확인하기	제 생각이 잘 전달되었는지 모르겠는데요.
자신의 이해여부 표현하기	무슨 말씀인지 잘 알겠습니다.

토론 전략	토론 표현의 예
요약하여 정리하기	지금까지의 내용을 정리하면/의견을 종합하면
다른 사람의 의견 받아들이기	그 점은 저도 인정합니다.
토론 진행하기	지금부터 -에 대한 토론을 진행하겠습니다/다음은 누구 차례이신가요?

(3) 적극적인 학습자 활동 유도

토론 전에 토론 내용을 이해하고, 토론에서의 역할을 정하고, 토론 규칙, 토론 방법 등을 미리 익히도록 한다.

토론을 진행하는 동안 학습자는 사회자, 토론자, 관찰자, 평가자의 역할을 수행하도록 한다.

(4) 통제자, 촉진자로서의 교사의 역할

교사는 토론의 전반적인 것을 사전에 계획해야 한다. 또한 교사는 토론 절차, 전략, 원리 등을 가르치고, 토론 진행 과정, 학습자 활동 등을 통제하고 촉진하는 역할을 수행한다.

5. 토론을 활용한 한국문화 수업

여기에서는 토론 연습 수업, 일반적인 토론 수업을 제시하고 한국어교육에서 제안하고 있는 토론 수업을 소개하고자 한다.

1) 토론 수업의 실제1 – 연습

※ 다음 토론을 잘 듣고 논제, 주장, 근거 등을 분석해 보고 반론을 해 보자.

토론자 1 : 여러분, 반갑습니다. '사형제 폐지의 정당성'이란 주제로 발표를 하게 된 이○○라고 합니다. 사형제 폐지를 먼저 언급하기 전에 사형이란 무엇인지, 사형의 역사에 대해, 또 사형제 폐지론이 등장하게 된 배경에 대해 말씀드리겠습니다. 사형이란 범죄인의 생명력을 박탈하여 그를 사회로부터 영구히 제거시키는 형벌을 말합니다. 사형은 오랜 역사를 가지고 있는 형벌이며 형벌의 역사는 사형의 역사라고 할 수 있습니다. 사형은 18세기 이래 개인의 인권을 헌법의 기초로 삼고 기본적 인권의 핵심이 생명권에 있음을 강조한 합리주의의 등장으로 논란이 되었습니다. 19세기에 이르면서 사형은 점차 제한되기 시작했고, 20세기가 되면서 사형은 폐지되는 방향으로 급진전되었지만, 아직도 여전히 전 세계의 곳곳에서는 사형의 존폐 논쟁은 계속되고 있습니다.

사형제 존치론과 폐지론이 대립하고 있는 현실에서 사형제는 폐지되어야 한다고 봅니다. 사형제가 폐지되어야 하는 이유는 다음과 같습니다.

첫째로 사형제가 있을 때의 범죄 발생률과 사형제가 없을 때의 범죄 발생률을 비교했을 때 사형제가 없을 때의 범죄 발생률이 낮다는 것입니다. 1996년 유엔의 보고서를 보면 "사형 집행이 종신형보다 살인 범죄율을 억지하는 데 더 효과적이라는 가설을 과학적으로 입증하는 데 실패했다."는 보고가 있고, 로저 후드의 『사형제도』라는 책에서도 사형 제도를 폐지하기 직전인 1975년 10만 명당 3.09명이었던 캐나다의 살인 범죄율이 사형 폐지 뒤 오히려 줄어들어 2003년에는 10만 명당 1.73명으로 떨어졌다고 언급하고 있습니다. 이러한 사실을 보면 사형제가 있을 때의 범죄 발생률이 사형제가 없을 때보다 높다는 것을 알 수 있습니다.

두 번째로는 사형제는 정치적으로 악용될 우려가 있다는 것입니다. 민주주의의 꽃이 핀 나라에서도 정치적 비리나 스캔들은 민주주의와는 관계없이 존재합니다. 정치적 권력을 놓고, 공권력을 악용할 우려가 있기 때문에 사형제는 존재해서 안 됩니다. 독재 정치를 하는 나라에서는 독재에 항거하는 사람들을 국가의 법을 어겼다는 이유로 사형 선고를 내리는 경우가 있습니다. 그러나 민주화가 진행된 후 사건을 다시 조사한 결과 죄가 없다는 사실이 드러난 경우도 있습니다. 따라서 사형제는 결코 쓰여서는 안 될 수단으로 쓰일 수 있는 가능성이 조금이라도 존재한다고 볼 수 있습니다. 이러한 악용을 막기 위해서라도 사형제는 폐지되어야 한다고 생각합니다.

세 번째로, 사형제는 형벌의 본래 목적인 인간을 교화시키는 기회를 가질 수 없게 한다는 점입니다. 형벌의 본래 목적은 인간 교화에 있는데, 범죄자에게 이러한 기회를 주지 않고, 목숨을 뺏어 대가를 치르게 한다는 것은 형벌의 본래 목적에 맞지 않는 것입니다.

여러분, 이러한 명백한 근거에도 불구하고 사형제도가 유지되어야 한다고 생각하십니까? 사형제도는 또다른 형태의 살인입니다. 물론 사회를 안전하게 유지해나가기 위해서는 법과 제도가 꼭 필요합니다. 하지만 그 법이 인간의 생명권을 억압해서는 안 된다고 생각합니다. 그러나 전체의 행복이나 안전을 위해 소수의 희생은 감수해야 한다는 논리는 매우 위험합니다. 효율성이라는 미명 하에 존엄한 인간의 생명권이 침해되고 있지는 않고 있는지 우리는 언제나 살펴봐야 합니다. 왜냐하면 사형제도가 존속하는 한 여러분과 저도 언제 어디에서 억울한 누명을 쓰고 사형을 당할지도 모르는 일이기 때문입니다.

토론자2 : 저는 선량한 민주시민의 인권을 수호하기 위해 사형제도는 반드시 존속되어야 한다고 주장합니다. 현재 우리 사회에서는 사형제도가 인간의 존엄성을 무시하는 제도라며, 사형제도가 폐지되어야 한다는 논쟁이 일고 있습니다. 또한 사형제도가 폐지되었거나 10년 이상 사형을 집행하지 않은 국가가 2001년까지 109개국에 이르고 있습니다. 하지만 흉악범죄의 발생을 막기 위해서 사형제도만큼은 존속되어야 한다는 입장이 우세합니다. 저는 다음과 같은 세 가지 이유를 들어 사형제도가 반드시 유지되어야 한다고 주장합니다.

첫째, 사형제도를 존치함으로써 중대한 범죄나 잔인하고 포악한 범죄에 대해 예방효과를 얻을 수 있으며, 국가 질서유지가 가능하다는 것입니다. 사형제는 돌이킬 수 없는 처벌입니다. 하지만 바로 그렇기 때문에 사형제에 의의가 있는 것입니다. 만약 사형제를 전격 폐지시키고 우리나라 최고형을 종신형으로 정한다면, 우리나라엔 조직적 범죄, 청부살인 등이 판을 칠 것입니다.

사형제도를 폐지해야 한다고 주장하는 이들은 사형제도가 개인의 인간 존엄성을 무시하는 제도이며 이를 폐지해야만 한다고 주장합니다. 하지만 범죄자 개인의 존엄성보다는 민주시민 전체의 생명과 존엄성이 먼저 중시되어야 하는 것 아닙니까? 한 인간으로서 범죄인의 인권과 생명이 중요하지 않다는 것이 아니라 그 범죄인으로부터 전체 국민의 인권과 생명을 우선적으로 보호하는 것이 중요하다는 것입니다.

　둘째, 사형제도 존속은 일반 국민이 갖고 있는 '응보의 관념' 또는 '정의적 신념'에 부합한다는 것입니다. 국민 대다수가 흉악범에 대한 사형을 응보라고 생각한다는 점은, 사형이 형법상의 정의관과 합치된다고 볼 수 있습니다. 또한 잔악무도한 범죄를 저지른 범죄자가 사형을 당함으로써 죄를 씻게 되는 것입니다.

　셋째, 우리나라의 헌법재판소와 대법원은 사형제도에 대해 아직 까지 존치의 입장을 취하고 있다는 것입니다. 대법원에서는 우리나라의 실정과 국민의 도덕적 감정 등을 고려하여 국가의 형사정책으로 질서유지와 공공복리를 위해서 사형은 폐지할 수 없다고 주장합니다. 또한 헌법재판소는 일단 국가의 최고법규인 헌법 110조 2항이 사형제도를 인정하고 있으며, 시대 상황이 바뀌어 사형제도가 갖고 있는 범죄예방의 필요성이 거의 없게 된다거나 국민의 법감정이 그렇다고 인식되는 시기까지는 사형제도가 존속되어야 한다는 입장을 취하고 있습니다.

　어느 방송 프로그램에서 사형제도를 다룬 적이 있습니다. 프로그램이 끝나갈 무렵 사회자가 남긴 말 한마디가 여운을 남깁니다. "사형제도의 모순은, 사형수가 인생에서 가장 선량하고 깨끗한 영혼을 가지게 되었을 때, 행해진다는 데 있다." 사형제도는 극악한 범죄인의 영혼을 구제하는 숭고한 형벌로써 인식되어져야 할 것입니다. 흉악범죄가 증가하고 있는 현대사회에서 사형제도를 폐지하는 일이 있어서는 절대로 안 되며, 아직은 시기상조라는 말씀을 드립니다.

1) 이 토론의 논제가 무엇인지 말해 보자.

2) 이 토론에서 찬성측과 반대측의 주장과 근거를 정리해 보자.

찬성측	반대측
주장 :	주장 :
근거 •사형제가 없을 때의 범죄 발생률이 낮다. • •	근거 •범죄 예방효과가 있고, 국가 질서유지가 가능하다. • •

3) 이 토론에서 자신의 입장을 정하고, 다른 쪽 주장에 대하여 반론을 해 보자.

2) 토론 수업의 실제2 – 일반적인 토론 수업 과정

※ 토론을 준비하여 토론을 하고자 한다. 다음 안내에 따라 토론 준비하기, 토론하기, 평가하기 활동을 해 보자.

■ 토론 준비

(1) 토론 문제(주제) 찾기 : 토론 문제가 될 수 있는 것들을 말해 보자.

> 토론 문제를 설정할 때는 우선 토론의 목적이 합리적인 문제 해결에 있다는 점을 고려하여 합리적인 문제 해결이 필요하다고 생각하는 문제를 선택하고 흥미와 관심을 끄는 문제를 선정하는 것이 좋다.

(2) 논제 서술하기 : 토론 문제 가운데 토론하고자 하는 주제를 택하여 논제 서술의 유의점을 참고하여 서술해 보자.

> 〈논제 서술 유의점〉
> 논제는 단 하나의 중심적인 논쟁점만을 분명히 제시해야 한다.
> 논제는 찬반 어느 한 편에 유리하게 작용하는 감정이 담긴 표현은 배제해야 한다.
> 논제는 찬반의 쟁점이 뚜렷하게 부각되어야 한다.
> 논제는 중요한 현실 문제를 반영해야 한다.
> 논제는 의미가 명료하게 드러나게 표현해야 한다.
> 논제는 찬성 측이 입증의 부담을 지는 형태로 기술되어야 한다.
> 논제는 참여자들에게 관심과 흥미가 있는 것이어야 한다.

(3) 논제 분석하기 : 논제와 관련된 쟁점을 다음 항목에 따라 분석해 보자.
- 논쟁의 배경과 원인은 무엇인가?
- 찬성측과 반대측의 핵심 주장 및 근거는 무엇인가?

    찬성측 주장 :

        근거 :

    반대측 주장 :

        근거 :

• 양측의 근거에서 의견 대립이나 불일치가 무엇인가?

• 양측의 필수 쟁점은 무엇인가?

⑷ 자료 조사하기 : 논제와 관련하여 주장이나 논거를 뒷받침해 주는 자료를 조사해 보자.

> 신문 자료, 인터넷 검색, 경험 사례, 도서관 관련 서적, 영화나 드라마, 전문가 인터뷰, 학생들 인터뷰 및 설문 조사, 관련 기관에 자료 요청

⑸ 자료 분석 정리하기 : 조사한 자료를 다음과 같이 분석 정리해 보자.

• 찬성측 혹은 반대측의 주장에 따라 자료를 정리하기

• 자료에 대하여 검증하기 : 다음 항목을 참조하여 자료에 대하여 검증해 보자.

> - 자료는 논제의 쟁점과 관련이 있는가?
> - 자료는 긍정측과 부정측 양측에 활용될 만큼 충분히 수집되었는가?
> - 자료의 범위와 대상이 분명한가?
> - 자료가 의도적으로 어느 한 쪽에 유리하게 작성된 것은 아닌가?
> - 더 최근에 나온 자료는 없는가?
> - 자료의 출처는 신뢰할 만한가?

⑹ 논증 구성하기 : 다음 항목에 따라 논증을 구성해 보자.

• 입장 선택하기

• 토론 모둠 구성하기 : 토론 유형 가운데 하나를 선택하여 모둠을 구성한다.

• 각자의 역할과 토론 규칙 숙지하기

• 논증 구성하기

주장 :

근거1 :

   2 :

   3 :

토론

(7) 토론하기 : 토론을 위해 준비한 것들을 가지고 실제로 토론을 해보자. 토론을 할 때 입론, 확인 질문, 반론, 최종 발언 등을 할 때 유의할 점을 참고하도록 한다.

> • 입론하기 : 논제에 대한 자기 주장을 명확히 밝히고 주장을 뒷받침하는 근거 제시
> • 확인 질문하기 : 상대방의 입론 중 명확치 않거나 충분치 않은 부분에 대하여 질문
> • 반론하기 : 주장 및 추론 방식, 근거, 숨겨진 전제나 개념 이해, 자료 등에 대하여 반론
> • 최종 발언하기 : 입론이 보완되고 반론에 대한 포괄적인 반박, 정서적인 여운을 남길 수 있는 발언

평가

(8) 평가하기 : 평가표에 토론을 평가하고 판정을 내리도록 한다.

〈토론 평가표〉

평가자	
토론 일시 및 장소	
논제	
사회자	
토론자	찬성측 :
	반대측 :

점수—5 : 아주 잘 함. 4 : 잘함. 3 : 보통. 2 : 부족함. 1 : 많이 부족함

평가 항목	세부 평가 항목	찬성측	반대측
주장의 명확성	주장이 명확하고 정당한가?		
논거의 다양성과 타당성	적절하고 충분한 근거가 제시되었는가?		
질문 및 반론의 치밀성	상대편의 논리적 허점이나 오류가 드러나도록 질문하였는가?		
	상대편 주장의 문제가 많음을 부각하도록 논박하였는가?		

평가 항목	세부 평가 항목	찬성측	반대측
질문 및 반론의 치밀성	자기 편 주장이 더 타당하고 문제 해결에 더 도움이 된다는 것을 설득력 있게 제시하였는가?		
표현력	상대방을 설득시키기 위하여 언어, 비언어 등 적절한 표현을 하였는가?		
태도	토론의 규칙을 지키고 상대방을 존중하며 토론에 참여하였는가?		
총점			
총평		잘된 점 잘못된 점	잘된 점 잘못된 점

7. 토론을 끝낸 후 논제와 관련된 글을 써서 신문, 교지, 인터넷 등에 투고해 보거나, TV, 인터넷, 라디오 등의 토론에 직접 참여해 보자.

3) 토론 수업의 실제3

이미혜(2006 : 328~332)가 고급 단계에서 제안한 토론 수업을 소개하면 다음과 같다.

(1) 토론 주제 제시 : 생명과학 연구와 생명 윤리

1. 1900년대 중반 이후에 세계를 놀라게 한 생명과학자의 연구는 어떤 것이 있는지 알고 있습니까? 다음을 보고 어떤 연구인지 서로 이야기해 보십시오. 그리고 미래에는 어떤 연구가 있을지 추측하여 이야기해 보십시오.

1953년 : 영국의 제임스 왓슨 등 DNA 이중나선구조 발견

1978년 : 세계 최초의 시험관 아기 탄생

1997년 : 복제양 둘리 탄생

2010년 : ?

2. 다음 글을 읽고 생명과학의 발전과 생명 윤리 문제에 대하여 생각해 보십시오.

과학의 발전과 생명 윤리

　　과학의 발달은 생활을 편리하게 하고, 전 세계의 거리를 좁혔으며, 의학의 발달을 가져왔다. 특히 의학의 발달은 인간의 수명을 연장시키고, 난치병을 치료하는 열쇠를 찾는 등 놀라운 발전을 계속해 왔다. 그러나 한편에서는 이러한 노력들이 도덕적, 윤리적으로 올바르지 않다고 지적하고 있다. 가장 대표적인 예로 동물 복제, 인간을 대상으로 한 실험을 들 수 있다.

　　1997년 영국의 이언 월머트는 6년생 양의 유전자(DNA)를 다른 양의 난자와 결합시켰다. 그리고 이로부터 복제양 '돌리'를 탄생시켰다. 복제양 '돌리'의 탄생 이후, 인간 복제의 가능성과 이를 이용한 난치병 치료에 관심이 모아졌다. 그리고 최근에는 인간 복제를 통하지 않고도 줄기세포를 이용해 장기를 복제하여 난치병을 치료할 수 있다는 가능성을 발견하게 되었다. 그리하여 줄기세포 연구가 생명과학자들의 중요한 과제가 되었다.

　　줄기세포 연구는 인간의 난치병을 치료할 수 있는 가능성을 연다는 점에서 높이 평가된다. 그러나 난자를 실험대상으로 삼는 줄기세포 연구에 대해서 생명 윤리 논의가 거세게 일고 있다. 생명 윤리 문제를 지적하는 입장에서는 줄기세포가 인간 복제로 악용될 수 있다는 점, 생명을 연구 대상으로 삼으며, 생명을 창조하려고 시도한다는 점 등이 윤리적으로 옳지 않다는 주장이다.

　　인간의 난치병을 치료하기 위한 연구는 끊임없이 계속되어 놀라운 발전을 보이고 있다. 그리고 한편에서는 이와 관련된 생명 윤리 문제가 지속적으로 논란의 대상이 되고 있다.

(2) 개념 정리

　　인간 복제, 줄기세포 연구 등

(3) 토론 방식 및 역할 결정

　　토론 방식 : 생명과학 연구에 대한 찬반 토론
　　역할 : 사회자, 찬성측, 반대측

(4) 사전 준비활동, 토론 계획서 작성

1. 인터넷에서 생명 윤리 문제 논쟁을 일으킨 예 찾기
2. 생명 윤리 보호를 위한 방법 알아보기
3. 생명과학자의 연구에 대한 찬성 또는 반대하는 일반인들의 생각 알아보기
4. 조사를 바탕으로 생각 정리하기
    1) 생명과학자의 연구 혹은 생명 윤리론자의 입장 중 어느 곳에 찬성하는지 입장 정하기
    2) 주장과 근거를 토대로 토론 계획서 작성하기

(5) 토론 전략과 표현 연습

1. 동의하기, 반박하기, 근거 대기에 필요한 표현 익히기
2. 자신의 주장에 대해 근거를 대는 표현을 사용하여 자신의 주장을 이야기하기

(6) 토론하기

생명 과학자의 연구에 대한 찬반 토론하기

(7) 토론 내용 정리 및 확장 활동

• 토론 내용을 요약 정리하고 의견을 글로 써 보기

(8) 평가서 작성

평가 항목으로 토론의 성공 정도, 주제 선정, 토론 전략 및 표현의 사용, 학습자 간의 상호작용, 토론의 진행 과정, 학습자의 적극적인 참여, 사회자의 역할, 진행 등을 제시하고 매우 우수하다부터 우수하다, 보통이다, 부족하다, 매우 부족하다에 이르는 5단계 평가를 할 수 있도록 하였다.

Ⅱ. 프로젝트를 활용한 한국문화교육

1. 프로젝트 학습의 개념

Fried-Booth(2002)는 '프로젝트 수업이란 실제적이고 맥락적인 문제를 해결하기 위해 학습자들이 질문과 토론을 하고 자신의 아이디어를 다른 학습자들과 공유함으로써 학습자들이 자율적으로 문제 해결의 틀을 찾는 학습 방법'이라 하였다. 또한 Laffey 외(1998)는 '프로젝트 수업이란 학습자들이 과제를 해결하기 위해 스스로 문제를 발견하고, 발견한 문제의 해결 틀을 구성하도록 하는 데 주안점을 두는 학습 형태'라 하였다(김현진, 2007 : 82~83).

즉 프로젝트 학습은 실제적이고 맥락적인 문제를 해결하기 위한 목적으로 팀을 구성하여 질문과 토론과 아이디어의 공유를 통해서 자율적으로 문제해결의 틀을 찾는 학습방법이다.

프로젝트 학습은 타인의 다양한 관점을 공유하는 인식의 과정, 문제해결을 위한 협동과 도구의 조작과정을 통해 논리적이며 상황적인 사고를 가능하게 한다(유숙영, 2002 : 163).

2. 프로젝트 학습의 특징

유숙영(2002 : 163~167)에 따르면 프로젝트 학습의 특징으로 다음과 같은 것을 들 수 있다.

(1) 맥락 속의 학습(learning in context)

프로젝트 활동은 탐구활동과 표현활동으로 이루어지는데, 이러한 활동들은 실제적인 맥락 속에서 개인의 경험과 의견을 토대로 진행된다.

(2) 실제로 해보기를 통한 학습(learning by doing)

프로젝트 학습은 각자의 능력, 경험, 흥미 등에 따라 역할을 맡아서 실제로 수행하는 과정을 통해 학습이 이루어진다.

(3) 학습자 중심 학습(learner-centerd learning)

프로젝트 학습의 주체는 학습자로서 학습의 출발이 학습자의 흥미를 반영할 뿐아니라, 학습자들은 학습 과정을 스스로 점검 조정할 수 있다.

(4) 다학문적 통합 학습(multidisciplinary integrated learning)

언어는 지식, 정보, 문화 등을 담는 도구이기 때문에 언어 자체만으로는 언어를 제대로 이해할 수 없다. 따라서 문학, 역사, 지리, 정치, 경제 등 다양한 학문 영역들과 연결지어 학습하는 것이 필요한데, 프로젝트 학습은 이러한 필요성에 부합한다.

(5) 협력 학습(collaborative learning)

프로젝트 학습은 공동작업 활동이기 때문에 학습자들이 공동의 목표를 위해 협력해야 하며, 이런 과정을 통해 협동 능력과 사회적 경험을 높일 수 있다.

(6) 기술 활용 학습(technology assisted learning)

프로젝트 학습은 정보와 자료를 얻기 위해 다양한 매체와 컴퓨터 활용, 멀티미디어 활용이 필요하다.

3. 프로젝트 수업의 단계

프로젝트 수업 단계에 대하여 여러 연구자들이 제안하고 있는데 여기에서는 몇 가지를 소개하고자 한다.

1) Fried-Booth(1986)

(1) 교실에서의 계획 단계 : 프로젝트 학습 활동 계획-학습 활동의 내용과 범위, 자료 수집 방법 토의, 필요한 목표 언어 학습
(2) 프로젝트 수행 단계 : 계획된 프로젝트 실행. 자료 수집-인터뷰, 관찰
(3) 작업 재검토 및 모니터링 단계 : 결과에 대해 평가, 분석, 토의하여 피드백

2) Eyring(1991)

(1) 자극단계 : 프로젝트에 대한 아이디어를 토의하는 단계
(2) 프로젝트 정의 단계 : 구체적인 프로젝트 내용에 대해 토의, 결정 단계
(3) 언어 기술(skill) 연습 단계 : 자료 수집을 위한 언어학습 단계
(4) 자료 수집을 위한 설계 단계 : 자료 수집을 위해 설문지, 인터뷰 용지, 조사 용지 등을 제작하는 단계
(5) 자료 수합 검토 단계 : 자료를 수합하여 점검, 토의하는 단계
(6) 조직 단계 : 결과물의 유형과 조직에 대해서 토의하고 협상하는 단계
(7) 발표 단계 : 보고서, 안내지, 소책자, 비디오, 구두 발표 등을 포함한 발표 단계

3) 이해영(2000 : 424~427)

(1) 주제 도입 단계 : 주제와 관련된 비디오, 사진, 간단한 글 읽기 및 관련 경험담 나누기, 토의하기 등의 활동을 하면서 관련 대주제를 도입
(2) 프로젝트 준비 단계 : 학습 활동의 내용과 범위 결정, 자료 수집 방법을 토의하는 등 소집단 별로 계획을 세우는 단계
(3) 프로젝트 실행 단계 : 자료를 수집, 분석, 조직
(4) 프로젝트 완성 단계 : 결과물 구두 발표, 보고서 작성, 역할극
(5) 마무리 단계 : 문화 학습 활동을 평가하고 피드백을 얻는 단계

4) 김현진(2006 : 107~128)

(1) 준비 및 계획 단계

- 준비 : 수업 방식 소개, 기존 결과물 검토, 주제와 활동에 대한 의견 교환, 가능한 프로젝트 내용 검색, 주제 선정 토의 및 결정
- 계획 : 수업 계획, 과제에 대한 역할 분담

(2) 수행 단계

- 탐구 활동 : 주제나 탐구 활동에 필요한 언어 학습 후 프로젝트 제작에 필요한 정보나 자료 수집, 파악
- 자료 종합 및 분석 : 자료 분석, 종합하여 결과물에 반영 여부 결정
- 결과물 제작 : 프로젝트 결과물 제작, 피드백, 수정

(3) 발표 및 평가 단계

- 결과물 시연, 발표, 전시회 등을 통해 소개하고 평가받기

4. 프로젝트를 활용한 한국문화 수업

프로젝트를 활용한 한국문화 수업의 예시로 이해영(2000), 김현진(2007), 박선희(2006) 등이 제안한 방법을 소개한다.

1) 수업의 실제1(이해영, 2000 : 426~428)

(1) 초급반의 문화 학습 계획안 : 일상 생활 관련 문화 학습의 경우

- 학습 목표 : 한국에서의 주생활에 대해 알게 된다.
- 단원의 주제 : 주생활
- 준비물 : 비디오, 사진 등의 시각자료, 자가 점검 평가지

- 가능한 프로젝트의 최종 결과물 : 구두 발표 요지, 보고서, 안내지 등
- 가능한 평가 방법 : 최종 결과물(역할극, 보고서), 학습자가 제작한 설문지, 정
  리 노트, 상호간 피드백, 자기 점검 평가 등
- 수업 전개
  제1단계 : 주제 도입
      비디오 보기, 경험담 나누기 등
  제2단계 : 프로젝트 준비
      소주제 선택하기, 학습 활동 선택하기, 관련 어휘 및 표현 학습하기 등
  제3단계 : 프로젝트 실행
      인터뷰하기, 인터넷 자료 조사하기, 관찰하기 등
  제4단계 : 프로젝트의 완성
      결과물 생성하기, 발표하기
  제5단계 : 마무리
      평가 및 피드백

2) 수업의 실제2(김현진, 2007 : 92~95)[43]

프로젝트 활동 내용 : 은희경의 단편소설 「연미와 유미」를 읽고 소설의 주
제, 인물, 성격 등을 분석하고, 작가를 만나 좌담회를 가진 후 외국인을 대상
으로 「연미와 유미」 안내 소책자를 만드는 프로젝트(총 10주)

(1) 준비 및 계획 단계(1-2주)

- 기존 프로젝트 결과물 검토, 주제 관련 자료 검색 및 선정
- 전체적인 계획 세우기
  소설 읽으면서 단어장 만들기 → 인물 분석, 작품 분석 → 서평 작성 → 작가 좌
  담회 → 결과물 완성
- 소설 관련 자료 검색

---

43) 김현진, 앞의 글, 이 수업안은 2002년 겨울학기 이화여대 집중 5단계 수업을 기초로 작성되었다.

(2) 수행 단계(3-9주)

- 소설 읽기 : 주제 파악, 단어장, 줄거리 정리
- 작가 탐구하기1 : 은희경의 작품 세계 알아보기, '연미와 유미' 비교하기
- 음악 감상하기 : 소설에 등장하는 모차르트 바이올린 5번 협주곡 감상
- 영화 감상하기 : 소설에 등장하는 '엘비라 마디건' 감상하기
- 서평 쓰기 : 소설 결말 의견 교환하기, 서평 쓰고 발표하기
- 인물 분석하기 : 연미와 유미의 성격 토의하고 글쓰기
- 주제 토의하기 : 서른 살의 의미에 대해 의견 나누기
- 작가 탐구하기2 : 은희경 출연 'TV 책을 말한다' 보기, 작품에 대한 작가의 생각 알아보기, 작가와 인터뷰하고 정리하기
- 프로젝트 마무리하기 : 결과물 완성하기, 안내 책자 이름 정하기, 발표회 준비하기

(3) 발표 및 평가 단계(10주)

- 발표회 준비하기 : 발표회 순서, 형식 정하기, 연습하기
- 결과물 수정하기 : 피드백 후 수정하고 최종 결과물 완성하기, 활동 반성하기, 동료평가와 자기평가하기

3) 수업의 실제3

(1) 공동 영화평 프로젝트(소요시간 : 26시간)(박선희, 2006 : 196~197)

(ㄱ) 프로젝트 전 준비 작업 단계
- 프로젝트 작업에 대한 소개
- 프로젝트 작업 유형 결정-공동 영화평 작업
- 작업 계획과 세부 일정

(ㄴ) 프로젝트 본 작업 단계
- 영화 검색 후 대상 영화 선정
- 영화 관람-예매, 영화 분석 목록과 작성, 영화 관람
- 영화 분석 틀 마련-기존 영화평 분석, 영화평을 위한 영화 분석 목록 작성

- 영화 분석—대상 영화에 대한 의견 교환, 대상 영화 추가 정보 검색, 영화 분석
- 영화평 초안 쓰기—개별 작업으로 분담, 개별 작업, 개별 작업물 연결
- 수정 보완—1차(내용 수정), 2차(언어적 오류 수정)
- 영화평 완성(글의 오류 수정)

  (ㄷ) 프로젝트 후 작업
- 발표
- 평가

(2) 영화 가이드북 프로젝트(소요 시간 : 24시간)(박선희, 2006 : 199)

  (ㄱ) 프로젝트 전 준비 작업 단계
- 프로젝트 작업에 대한 소개
- 프로젝트 작업 유형 결정—영화 가이드북 제작
- 작업 계획과 세부 일정

  (ㄴ) 프로젝트 본 작업 단계
- 영화 가이드북의 틀 마련—기존 가이드 북 분석, 가이드 북의 세부 구성 마련
- 영화 분석—영화 선정, 대상 영화에 대한 의견 교환, 대상 영화 추가 정보 검색, 가이드 북 틀에 맞춰서 영화 분석
- 선정한 영화에 대한 발표—소개 준비 작업과 글쓰기, 발표
- 수정 보완
- 가이드 북 완성(서식 손질)

  (ㄷ) 프로젝트 후 작업
- 발표
- 평가

참고 문헌

김현진(2007), 「단편 소설을 활용한 한국어 고급반 수업 지도 방안 – 프로젝트 수업을 적용하여」, 『이중언어학』 34호, 이중언어학회.

김현진(2006), 「프로젝트 수업의 구성 방안 연구」, 『한국어교육』 17-1, 한국어교육학회.

박선희(2006), 「영화를 활용한 한국어 고급반 프로젝트 수업」, 『이중언어학』 30, 이중언어학회.

박재현(2004), 「한국의 토론 문화와 토론 교육」, 『국어교육학연구』 제19집, 국어교육학회.

유숙영(2002), 「단기 한국어 연수 과정의 프로젝트 중심 수업 방안 연구」, 『한국어교육』, 13-1, 한국어교육학회.

이미혜(2006), 「고급 단계 한국어 학습자를 위한 토론 수업 방안」, 『이중언어학』 30호, 이중언어학회.

이미혜(2001), 「프로젝트 작업을 통한 고급 과정 수업 모형」, 『한국어교육』 12-2, 한국어교육학회.

이해영(2000), 「프로젝트 활동을 활용한 한국 문화 학습」, 『Foreign Languages Education』 7(2), 한국외국어교육학회.

Hofstede, Geert(1984), 차재호 · 나은영 역(1995), 『세계의 문화와 조직』, 학지사.

제12장 │ 속담·어휘를 활용한 한국문화교육

모국어 화자들은 음운의 영역에서는 100%, 형태와 구문의 영역에서는 99% 이상을 능숙하게 구사하지만, 어휘의 경우에는 자국어 전체 어휘의 50% 이상을 알고 있는 사람은 극히 드물다고 한다. 또한 일반적으로 사용 어휘의 양은 이해어휘의 3분의 1정도이다.

모국어 화자가 이러하다면 외국어 학습자의 경우에는 어휘 학습의 범위는 더욱 축소될 것이다.

그런데 음운, 통사 부분이 언어의 형식을 구성하는 것이라면 어휘는 언어의 내용을 구성하는 것으로 어휘 없이 한 언어와 문화를 배운다는 것은 불가능하다. 어휘의 의미와 용법을 정확히 이해하고 그 언어로 말을 하거나 글을 쓸 때에 올바른 어휘를 선택한다는 것은 매우 중요하다. 또한 어휘라는 것은 그 말을 사용하는 사람들의 문화를 반영하기 마련이라는 점에서 어휘 이해와 사용은 문화를 이해하는 데도 중요한 역할을 한다.

이번 장에서는 속담과 어휘의 개념, 교육적 가치, 특징, 교수-학습 방법 등을 살펴볼 것이다.

Ⅰ. 속담을 활용한 한국문화교육

1. 속담의 개념과 특징

1) 속담의 개념

속담이란 사전적으로 '예부터 내려오는 민간의 격언으로 교훈, 풍자, 경험, 유희 등의 뜻이 담긴 짧은 말'(이희승, 『국어대사전』, 1994), '본질적으로 민중의 것으로 민족 사회의 경험과 지혜를 단적으로 표현하는 생활의 문학'(이기문, 『속담사전』, 1997) 등을 일컫는다.

속담은 민중 속에서 생성된 관용적 표현으로서, 보편적 의미를 강조하기 위하여 쓰여지는 일정한 기능을 갖는 세련된 말이다(장덕순 외, 1983).

속담은 예부터 전래하는 민간의 격언으로 속설(俗說), 속언(俗諺), 이어(俚語), 이언(俚諺), 세언(世諺) 등으로 불리는 관용어구들을 통칭하는 말이기도 하다. 각각의 의미가 미세하게 차이가 있기는 하지만 통속성이나 민중성을 나타내는 속(俗) 혹은 이(俚)라는 말과 이야기 혹은 말을 나타내는 담(談), 설(說), 언(諺)이 결합된 말이다.

결국 속담은 '옛적부터 전해 오는(관습성, 전통성), 민간의(통속성, 대중성), 격언(교훈성, 진리성)' 등을 지닌 말임을 알 수 있다(김종택, 1994 : 27).

2) 속담의 특징

속담의 특징으로는 ① 속담은 사회적 소산이다, ② 속담에는 민중의 생활철학이 반영되어 있다, ③ 속담은 향토성을 반영한다, ④ 속담은 시대상을 반영한다, ⑤ 속담의 형식은 간결한 것이 특징이다, ⑥ 속담은 언어생활을 윤택하게 한다 등을 들 수 있다(장덕순 외, 1983).

2. 한국 속담의 문화적 특징

한국 속담의 문화적 특징을 들면 다음과 같다(박상옥, 2002).

1) 배고픔의 한

- 수염이 대 자라도 먹어야 양반(배가 불러야 체면도 차릴 수 있다는 뜻으로, 먹는 것이 중요함을 비유적으로 이르는 말≒나룻이 석 자라도 먹어야 샌님).
- 목구멍이 포도청(먹고살기 위하여, 해서는 안 될 짓까지 하지 않을 수 없음을 이르는 말≒입이 포도청).
- 가난 구제는 나라(나라님/임금)도 못한다(어렵다)(남의 가난한 살림을 도와주기란 끝이 없는 일이어서, 개인은 물론 나라의 힘으로도 구제하지 못한다는 말. ≒가난은 나라(님)도 못 당한다).

2) 소극적 태도

- 바람부는대로 물결치는대로(바람이 부는 형세에 따라 돛을 단다는 뜻으로, 세상 형편 돌아가는 대로 따르고 있는 모양을 비유적으로 이르는 말=바람 부는 대로 돛을 단다).
- 맞는 놈은 펴고 자고 때린 놈은 오그리고 잔다(=때린 놈은 다릴 못 뻗고 자도

맞은 놈은 다릴 뻗고 잔다).

3) 비관적 태도

- 자빠져도 코가 깨진다(일이 안 되려면 하는 모든 일이 잘 안 풀리고 뜻밖의 큰 불행도 생긴다는 말=엎어져도 코가 깨지고 자빠져도 코가 깨진다).
- 엎친 데 덮친다(관용구 : 어렵거나 나쁜 일이 겹치어 일어나다=엎치고 덮치다).

4) 부정적 고부관계

- 며느리 자라 시어미 되니 시어미 티 더 한다(=며느리 늙어 시어미 된다. 과거에 남의 아래에서 겪던 고생은 생각지도 않고 도리어 아랫사람에게 심하게 대함을 비꼬는 말).
- 때리는 시어머니보다 말리는 시누이가 더 밉다(겉으로는 위하여 주는 체하면서 속으로는 해하고 헐뜯는 사람이 더 밉다는 말=때리는 사람보다 말리는 놈이 더 밉다).

5) 여성비하

- 집과 계집은 가꾸기 탓(집은 손질하기에 달렸고 아내는 가르치기에 달렸다는 말).
- 장작불과 계집은 들쑤시면 탈난다.(잘 타고 있는 장작불을 들쑤셔 놓으면 잘 타지 않듯이 가만히 있는 여자를 옆에서 들쑤시고 꾀면 바람이 나게 됨을 이르는 말).

6) 인간관계(정) 중시

- 이웃이 사촌보다 낫다(가까이 사는 이웃이 먼 곳에 사는 친족보다 좋다는 뜻으로, 자주 보는 사람이 정도 많이 들고 따라서 도움을 주고받기도 쉬움을 이

르는 말).

7) 겸손의 미덕

- 물은 깊을수록 소리가 없다(안 난다)(생각이 깊거나 지식이 많은 사람일수록 잘난척을 안한다).
- 벼 이삭은 익을수록 고개를 숙인다(교양이 있고 수양을 쌓은 사람일수록 겸손하고 남 앞에서 자기를 내세우려 하지 않는다는 것을 비유적으로 이르는 말≒곡식 이삭은 익을수록[잘될수록] 고개를 숙인다·낟알은 익을수록 고개를 숙인다·병에 찬 물은 저어도 소리가 나지 않는다).

8) 눈치 문화

- 눈치 코치('눈치'를 강조하여 속되게 이르는 말) 없다.
- 눈치가 빠르면 절에 가서도 새우젓(젓갈/조개젓)을 얻어 먹는다(눈치가 있으면 어디를 가도 군색한 일이 없다는 말).

3. 속담의 문화교육적 가치와 선정 기준

1) 속담의 문화교육적 가치

속담은 중요한 민속자료이며, 보편적인 이치와 한국 특유의 가치가 담겨 있다. 또한 속담에는 우리 조상들의 삶의 지혜와 사고 방식이 담겨 있을 뿐만 아니라, 속담은 효과적 의사소통에 유용하게 쓰이는 등의 문화교육적인 가치를 지닌다.

2) 속담 선정 기준

속담 선정 기준에 대하여 이효정(2007 : 57~59)은 사용 빈도가 높은 속담, 사용 상황을 쉽게 접할 수 있는 속담, 학습자 발달 단계에 따른 적절한 속담 등을 제안하고 있다.

조현용(2007)은 한국어교육 기관의 교재 분석과 한국어능력시험에 출제된 속담을 1차 자료로 하여 한국어교육 전문가 7인 가운데 과반수 이상으로부터 교육용 속담으로 적합 판정을 받은 속담을 학습자들이 이해만 하면 되는 속담과 표현까지 하도록 가르쳐야 하는 속담으로 제시하였다.

■ 한국어 표현용 속담 목록(조현용, 2007 : 446~448)

1. 가는 말이 고와야 오는 말도 곱다.
2. 갈수록 태산이다.
3. 개구리 올챙이 적 생각 못한다.
4. 겉 다르고 속 다르다.
5. 그림의 떡
6. 금강산도 식후경
7. 꿩 먹고 알 먹고
8. 누워서 떡 먹기
9. 누워서 침 뱉기
10. 뛰는 놈 위에 나는 놈 있다.
11. 발등에 불이 떨어진다.
12. 배보다 배꼽이 더 크다.
13. 산 넘어 산
14. 세 살 버릇 여든까지 간다.
15. 수박 겉 핥기
16. 시작이 반이다.
17. 식은 죽 먹기
18. 우물 안의 개구리
19. 제 눈에 안경
20. 천리 길도 한걸음부터
21. 하늘의 별 따기

22. 고래 싸움에 새우등 터진다.

23. 고생 끝에 낙이 온다.

24. 공든 탑이 무너지랴?

25. 꿀 먹은 벙어리

26. 남의 떡이 더 커 보인다.

27. 낮말은 새가 듣고 밤말은 쥐가 듣는다.

28. 도토리 키 재기

29. 등잔 밑이 어둡다.

30. 땅 짚고 헤엄치기

31. 믿는 도끼에 발등을 찍힌다.

32. 병 주고 약 준다.

33. 엎지러진 물이다.

34. 옥에도 티가 있다.

35. 옷깃만 스쳐도 인연

36. 웃으면 복이 온다.

37. 윗물이 맑아야 아랫물이 맑다.

38. 티끌 모아 태산

39. 팔은 안으로 굽는다.

40. 하늘이 무너져도 솟아날 구멍은 있다.

41. 해가 서쪽에서 뜨겠다.

42. 형만한 아우 없다.

43. 호랑이도 제 말하면 온다.

44. 걱정도 팔자다.

45. 귀에 걸면 귀걸이, 코에 걸면 코걸이

46. 꿩 대신 닭

47. 둘이 먹다가 하나 죽어도 모를 정도

48. 밑 빠진 독에 물 붓기

49. 백지장도 맞들면 낫다.

50. 벼는 익을수록 고개를 숙인다.

51. 부부싸움은 칼로 물 베기

52. 세월이 약이다.

53. 소 잃고 외양간 고친다.

54. 시간이 약이다.

55. 십년이면 강산도 변한다.

56. 안성맞춤이다.

57. 열 번 찍어 안 넘어가는 나무 없다.

58. 옷이 날개다.

59. 웃는 얼굴에 침 못 뱉는다.

60. 원숭이도 나무에서 떨어질 때가 있다.

61. 이웃사촌

62. 젊어서 고생은 사서도 한다.

63. 짚신도 짝이 있다.

64. 콩 심은 데 콩 나고 팥 심은 데 팥 난다.

65. 피는 물보다 진하다.

66. 하나만 알고 둘은 모른다.

67. 한 귀로 듣고 한 귀로 흘린다.

68. 가재는 게 편이다.

69. 같은 값이면 다홍치마

70. 개천에서 용 난다.

71. 계란으로 바위치기

72. 그 스승에 그 제자/그 아버지에 그 아들

73. 꼬리가 길면 밟히기 마련이다.

74. 꼬리에 꼬리를 물다.

75. 꿈보다 해몽이 좋다.

76. 낫 놓고 기역자도 모른다.

77. 누이 좋고 매부 좋고

78. 도둑이 제 발 저린다.

79. 돌다리도 두들겨 보고 건너라.

80. 말 속에 뼈가 있다.

81. 말 한 마리로 천 냥 빚을 갚는다.

82. 말이 씨가 되다.

83. 모르는 게 약이다.

84. 미운 아이 떡 하나 더 준다.

85. 미운 정 고운 정 다 들다.

86. 발 없는 말이 천 리 간다.

87. 사공이 많으면 배가 산으로 간다.

88. 새 발의 피

89. 설마가 사람 잡는다.

90. 세월이 쏜살같다.

91. 아는 게 병이다.

92. 엎친 데 덮친 격

93. 울며 겨자 먹기

94. 입에 쓴 약이 몸에 좋다.

95. 지성이면 감천이다.

96. 콩 한쪽이라도 나눠 먹어라.

97. 하나를 보면 열을 안다.

98. 하늘은 스스로 돕는 자를 돕는다.

99. 호랑이에게 물려가도 정신만 차리면 산다.

위의 표현용 속담 목록 가운데 판정수를 보면 1~21은 7, 22~43은 6, 44~ 67은 5, 68~99는 4이다.

■ 이해용 속담 목록(2007 : 449~452)

1. 똥 묻은 개가 겨 묻은 개 나무란다.

2. 빈 수레가 더 요란하다.

3. 자라 보고 놀란 가슴 솥뚜껑 보고 놀란다.

4. 나 먹자니 싫고 남 주자니 아깝다.

5. 달면 삼키고 쓰면 뱉는다.

6. 비 온 뒤에 땅이 굳어진다.

7. 사람 위에 사람 없고, 사람 밑에 사람 없다.

8. 소문난 잔치에 먹을 것 없다.

9. 앞길이 구만리 같다.

10. 얌전한 고양이가 부뚜막에 먼저 올라간다.

11. 열 손가락을 깨물어도 안 아픈 손가락이 없다.

12. 우물을 파도 한 우물을 파라.

13. 재수가 없으면 뒤로 넘어져도 코가 깨진다.

14. 쥐도 막다른 곳에 몰리면 고양이를 문다.

15. 호랑이 담재 피울 때 이야기

16. 고양이 목에 방울 달기

17. 굿이나 보고 떡이나 먹자.

18. 길이 아니면 가지 말고 말이 아니면 듣지 말라.

19. 눈치코치가 없다.

20. 닭 쫓던 개 지붕 쳐다보기

21. 멀리 있는 사촌보다 가까운 이웃이 낫다.

22. 못된 송아지 엉덩이에 뿔난다.

23. 무소식이 희소식이다.

24. 배움에 나이 없다.

25. 뱁새가 황새 따라가면 가랑이가 찢어진다.

26. 사람은 죽으면 이름을 남기고 호랑이는 죽으면 가죽을 남긴다.

27. 산에 가야 범을 잡는다.

28. 산전수전 다 겪다.

29. 선무당이 사람 잡는다.

30. 소귀에 경 읽기

31. 스승의 그림자도 밟지 않는다.

32. 은혜를 원수로 갚다.

33. 이왕이면 다홍치마

34. 하룻강아지 범 무서운 줄 모른다.

35. 한 번 엎지른 물은 다시 주워 담지 못한다.

36. 호랑이 굴에 들어가야 호랑이를 잡는다.

37. 혹 떼러 갔다가 혹 붙이고 온다.

38. 흥정은 붙이고 싸움은 말려라.

39. 가지 많은 나무에 바람 잘 날 없다.

40. 게 눈 감추듯이

41. 고슴도치도 제 새끼는 귀여워한다.

42. 구르는 돌에는 이끼가 끼지 않는다.

43. 긴 병에 효자 없다.

44. 까마귀 날자 배 떨어진다.

45. 나이 이길 장사 없다.

46. 남의 말 하기는 식은 죽 먹기

47. 내리 사랑은 있어도 치사랑은 없다.

48. 눈에서 멀어지면 마음마저 멀어지기 마련이다.

49. 다 된 밥에 재를 뿌리다.

50. 닭 잡아 먹고 오리발이다.

51. 더도 말고 덜도 말고 한가위만 같아라.

52. 될성부른 나무는 떡잎부터 알아본다.

53. 듣기 좋은 노래도 한두 번이다.

54. 떡 본 김에 제사 지낸다.

55. 떡 줄 사람은 생각도 않는데 김칫국부터 마신다.

56. 뚝배기보다 장맛

57. 말을 잘하면 자다가도 떡이 생긴다.

58. 모로 가도 서울만 가면 된다.

59. 물에 빠진 생쥐 같다.

60. 미주알 고주알

61. 바늘 가는 데 실 간다.

62. 방귀 뀐 놈이 성 낸다.

63. 백번 듣는 것이 한번 보는 것만 못하다.

64. 버리자니 아깝고 남 주기엔 더 아깝다.

65. 벼룩 잡으려다 초가삼간 다 태우다.

66. 보기 좋은 떡이 먹기에도 좋다.

67. 부뚜막의 소금도 집어넣어야 짜다.

68. 비 맞은 생쥐 꼴이다.

69. 쇠뿔은 단김에 빼라.

70. 쏟아 놓은 쌀은 주워 담을 수 있어도 쏟아 놓은 말은 주워 담을 수 없다.

71. 아 다르고 어 다르다.

72. 아니 땐 굴뚝에 연기 나랴?

73. 업은 아이 삼년 찾는다.

74. 열 사람이 지켜도 도둑 하나를 못 막는다.

75. 오십보 백보다.

76. 원수는 외나무다리에서 만난다.

77. 음식이 코로 들어갔는지 입으로 들어갔는지 모른다.

78. 종로에서 뺨 맞고 한강에 가서 화풀이한다.

79. 쥐구멍에도 볕 들 날이 있다.

80. 찬 물도 위아래가 있다.

81. 찬 밥 더운 밥 따지다.

82. 친구 따라 강남 간다.

83. 콩으로 메주를 쑨다.

84. 큰 물고기는 깊은 물에 있다.

85. 피는 못 속인다.

86. 핑계 없는 무덤 없다.

87. 호랑이를 잡으려면 호랑이 굴에 들어가야 한다.

88. 개밥의 도토리

89. 되로 주고 말로 받는다.

90. 바늘 도둑이 소 도둑 된다.

91. 빛 좋은 개살구

92. 서당 개 삼 년이면 풍월을 읊는다.

93. 싼 게 비지떡

94. 열 길 물 속은 알아도 한 길 사람 속은 모른다.

95. 우물에 가서 숭늉 찾는다.

96. 첫술에 배부르랴?

97. 사돈 남 말 한다.

98. 구슬이 서 말이라도 꿰어야 보배.

99. 가다 말면 안 가느니만 못하다.

100. 꿩 구워 먹은 소식

101. 두 마리 토끼를 잡으려다 한 마리도 못 잡는다.

102. 산 입에 거미줄 치랴?

103. 술과 친구는 오래될수록 좋다.

104. 시간은 흐르는 물과 같다.

105. 시장이 반찬이다.

106. 가랑비에 옷 젖는 줄 모른다.

107. 남녀칠세부동석

108. 구관이 명관이다.

109. 늦게 배운 도둑질 밤 새는 줄 모른다.

110. 단 말은 병이 되고 쓴 말은 약이 된다.

111. 평안감사도 제가 싫으면 그만

위의 이해용 속담 목록의 판정수를 보면 1~3은 7, 4~15는 6, 16~38은 5, 39~87는 4이다. 다만 88~111은 이해와 표현 둘의 합이 4 이상이 되는 속담으로 추가된 속담들이다.

4. 속담을 활용한 한국문화 수업 방법

조현용(2007 : 452~455)은 속담을 독립적으로 교육하기보다는 교수요목과 연계지어 교육해야 한다고 보았다. 속담을 따로 교육한다면 단순한 문화 소개 차원에서 벗어나지 못할 가능성이 있다는 것이다. 속담은 의사소통 상황에서 적절하게 사용된다면 효과적이기 때문에 학습자들에게 상황에 맞는 기능과 함께 사용할 수 있도록 가르쳐야 한다는 것이다. 그는 제7차 외국어 영역 의사소통 기능과 예시문 기준을 한국어에 적용시켜 친교 활동, 사실적 정보 교환, 지적 태도 표현, 감정 표현, 도덕적 태도 표현, 설득과 권고, 문제 해결 등에 따른 기능에 적절한 속담을 제시하고 있다.[44]

또한 그는 각국의 속담을 비교하는 것도 속담 교육에서 중요한 방안이 될 수 있다고 보았다. 각 언어 문화권별 속담의 유사한 점과 차이점을 들어 설명한다면 언어를 포함한 문화 교육에 도움을 줄 수 있을 것이다. 가령 양지선(2007 : 36)을 인용하면서 '낮말은 새가 듣고 밤말은 쥐가 듣는다'는 속담은 태국에서는 '벽에는 귀가 있고 문에는 틈(눈)이 있다', 베트남과 인도네시아에서는 '벽에 귀가 있다.'는 속담과 같은 의미를 지니는데 이는 지리적, 문화적 조

---

44) 기능과 연계된 속담 목록은 조현용(2007 : 452~453) 참조.

건으로 문화적으로 비슷하게 나타나는 특징을 지닌다는 것이다.

이효정(2007 : 68~76)은 중급용 속담 수업 방법을 제안하고 있는데, 쇠귀에 경 읽기 속담을 대상으로 1. 속담에 나타난 사회, 문화적 특성을 알 수 있다. 2. 속담에 나타난 조상들의 가치관을 알 수 있다 등을 학습목표로 설정한다.

교수-학습 단계로 대화 상황으로 속담을 제시하는 제시 단계, 의미를 설명하는 의미 설명 단계, 만화로 속담 내용을 확인하고 상황에 맞는 속담을 골라보는 연습 단계, 문장을 만들거나 만화로 표현해 보는 활용단계, 한국 문화와 관련지어 보는 보충·심화 단계를 설정하고 있다.

II. 어휘를 활용한 한국문화교육

1. 어휘와 문화 어휘의 개념

'어휘'는 '어(語, 말)와 휘(彙, 집합하다, 모이다)'가 결합한 말로, '일정한 범위 안에서 사용되는 단어의 집합'을 뜻한다. 즉 일정한 범위 안에서 쓰이는 낱말들의 총체를 가리킨다(김광해, 1993).

'문화 어휘'란 사회, 문화 제도 등 광의의 문화를 반영하는 단어(박갑수, 1998), 한국어교육에 반영하여야 할 문화적 요소를 담고 있는 어휘나, 문화적 배경을 담고 있는 어휘(강현화, 2002)를 말한다. 한편 문화 어휘라는 말 대신에 '문화 어구'를 쓴 민현식(1998)은 '문화 어구'란 국어 문화 요소로 간주되는 각종 어휘, 어구를 가리키는 것이라 하였다.

2. 한국어 어휘의 특성과 문화 어휘의 종류

1) 한국어 어휘의 특성

이충우(1994)에 따르면 한국어 어휘 특성은 ① 유의어가 많다, ② 동음이의어가 많다, ③ 대우를 나타내는 어휘가 발달하였다, ④ 개념어로는 한자어가 많이 쓰인다, ⑤ 기초 어휘에는 고유어 체계가 전문 어휘에는 한자어가 발달하였다, ⑥ 2, 3, 4 음절어가 발달하였다, ⑦ 체언이 격에 따라 형식이 달라지지 않는다 등으로 요약된다.

2) 문화 어휘의 종류

문화 어휘의 종류에 대하여 박영순(1989), 박갑수(1994), 이도영(1996), 민현식(1996) 등이 제안한바 있다.

■ 박영순(1989)이 제안한 문화적 기초 어휘

가. 의·식·주 생활에서 그 문화를 나타내는 가장 기본적이고도 전통적이며 상징적인 것

나. 문학·음악·미술 등 예술분야의 개념, 대표적인 작가, 작품 또는 주인공 이름과 같은 고유명사 또는 이 문화의 독특한 양식이나 주제 등

다. 그 문화에만 있는 독특한 풍습과 놀이를 나타내는 어휘

라. 대표적인 관용어와 속담

마. 언어 예절에 관한 것

바. 어느 시대의 정치·사회 현상을 풍자하거나 상징하는 신어나 유행어 등

■ 박갑수(1994)가 제시하고 있는 문화적 기초 어휘

① 의·식·주에 관한 기본적이고 전통적인 어휘

② 대표적인 문학 예술 작품과 관련된 어휘

③ 전통 문화, 제도, 풍습, 민속에 관한 어휘

④ 언어 예절과 관련되는 표현

⑤ 대표적인 관용적인 표현

⑥ 대표적인 속담

⑦ 대표적인 신어와 유행어

■ 이도영(1996)이 제시한 문화 교육에 필요한 어휘

① 사람 : 인체(신체기관, 생리, 질병), 정신, 사람 일반, 친척, 직업

② 의식주 : 의생활, 식생활, 주생활, 생필품

③ 사회 생활 : 사회 조직, 제도, 관습, 교통, 통신, 공공시설, 경제분야(경제 일반, 농업, 어업, 상업, 공업)

④ 교육 및 예체능 : 교육 일반, 언어, 문학, 체육, 오락, 음악, 미술

⑤ 자연계 : 천체, 지리·지형, 자연 현상, 동물, 식물, 광물

⑥ 감각 및 인식 : 일반 부류, 공간, 시간, 수량, 수량 단위, 추상

⑦ 동작

⑧ 상태

⑨ 기타 : 유행어, 신어, 속어, 관용어, 속담, 수수께끼, 경어법

■ 민현식(1996)이 제안한 문화 어구

(1) 어휘 차원의 문화 어구

① 어원어 : 역사어원어(국명, 시조명, 수도명의 어원, 역사적 문화어구), 민속 어원어(세시풍속 관련어), 일반 어원어(계절명 등)

② 분류어 : 의성어, 의태어, 색채어, 유의어

③ 종교어 : 불교어, 유교어, 기독교어

④ 유행어, 신조어

⑤ 외래어 : 차용어 변천사

(2) 구절, 문장 차원의 문화 어구

① 속담 : 교훈담, 비유담, 길흉담

② 수수께끼

③ 인사말

④ 고사성어

⑤ 숙어 : 전통 관용어, 서구 관용어, 욕설

3. 어휘력의 의의와 어휘 선정 기준

1) 어휘력의 의의

김광해(1997)에 따르면 어휘력의 의의는 ① 어휘의 학습은 일생 계속된다, ②

어휘는 문화 자산이다, ③ 어휘는 지식이다, ④ 어휘력은 사고 능력이다, ⑤ 어휘가 표현의 수준을 결정한다, ⑥ 어휘는 신개념의 공급원이다, ⑦ 어휘는 문화 유산이다 등에서 찾을 수 있다.

2) 어휘 선정 기준

이충우(1992)는 한국어의 특성을 바탕으로 어휘 선정 기준을 다음과 같이 제시하였다.

> ① 사용 빈도가 높아야 한다.
> ② 사용 범위가 넓은 어휘여야 한다.
> ③ 교육에 기초적인 어휘여야 한다.
> ④ 조어력이 높은 어휘여야 한다.
> ⑤ 학습자의 발달 단계에 맞는 어휘여야 한다.
> ⑥ 적용성이 큰 어휘여야 한다.
> ⑦ 시대가 요구하는 어휘여야 한다.
> ⑧ 고유명사, 계급명, 의성어, 의태어, 은어, 비속어, 유행어, 방언 등은 한정된 범위에서 선정해야 한다.

4. 어휘 지도의 원리

Goldstein(1986)은 효과적인 어휘 지도의 원리를 다음과 같이 제안하였다.

> ① 단어의 사전적 정의와 문맥적 의미를 동시에 가르쳐야 한다.
> ② 단어가 심층적으로 이해되도록 학생들의 선행 지식과 새로운 것을 관계 짓는 연상하기, 이해하기, 일반화하기 등의 학습 활동을 해야 한다.
> ③ 어휘가 학습자에게 노출되는 횟수와 다양성은 단어 습득에 영향을 미치므로

반복해 가르치되 여러 가지 문맥과 난도를 조정하여 제공해야 한다.

④ 학습자가 새 어휘를 학습할 때 그들의 사전 지식을 활용하도록 해야 한다.

⑤ 새 어휘를 학습할 때 학습자에게 능동적인 참여 기회를 주어야 한다.

⑥ 새 단어를 스스로 익힐 수 있는 학습과 전략이 개발되도록 지도해야 한다.

또한 배두본(1997)은 어휘 지도할 때 고려할 점을 다음과 같이 제시하였다.

① 학생들에게 어휘를 지도할 때 정상적인 말(normal speech utterance)로 어휘를 제시한다.

② 이미 알고 있는 구문을 이용해 새로운 어휘를 도입한다. 입문 단계 학생들에게는 구나 발화 단위로 새로운 어휘를 도입.

③ 어휘는 주제 중심으로 제시한다. 신체, 음식, 의복 등 어휘를 단원별로 나눠 제시.

④ 학생들이 친숙하게 알고 있는 단어가 새로운 상황에서 다시 나오면 반복하여 가르치고 연습시킨다.

⑤ 어휘를 가르칠 때 다른 언어 기능을 교육시키는 것과 같은 방법을 사용해야 한다. 시청각 자료, 놀이, 게임 등 이용.

⑥ 문화적으로 다른 의미를 갖는 어휘를 가르칠 때는 문화적 특성과 차이점을 설명해 준다.

5. 어휘를 활용한 한국문화교육 방법

어휘 지도에 대하여 곽지영(1997), 박영준(2000), 김해옥(2005) 등이 제안한 방법을 소개하고자 한다.

곽지영(1997 : 147~157)은 어휘 연습 방법을 제시한다. 첫째, 주어진 두 보기 중 맞는 것 선택하기로서 조사, 피동형, 사동형 등 문법적인 사항이 포함되는 어휘 연습을 하는 활동을 한다. 둘째, 두 개의 집합에서 서로 어울리는 각각의 구성원끼리 연결시키기 활동으로 반대말, 비슷한 말, 연관성 있는 어휘 연습 등을 한다. 셋째, 단어의 정의를 보고 그 단어가 무엇인지 알아맞히기 활동으로 단어의 정확한 의미를 이해하게 하는 연습을 한다. 넷째, 문장이나 대화의 빈 칸 채우기 활동, 다섯째, 비슷한 어휘나 적당한 설명 고르기 활동, 여섯째, 잘못 사용된 어휘 고르기 활동, 일곱째, 그림을 이용한 어휘 연습 , 여덟째, 제시된 어휘를 설명, 정의하거나 그 어휘로 단문 또는 글을 짓기 등을 제안한다

박영준(2000 : 96~107)은 문화적 어휘 지도 방법으로 제안하고 있는데, 구체적인 활동으로 (1) 일반적 유래를 밝혀주기(예, 시집가다), (2) 어원 밝혀주기(예, 김치), (3) 차용 관계 밝혀주기(예, 구라파(歐羅巴)), (4) 조어법 밝혀주기(예, 한강), (5) 사용 의미 밝혀주기(예, 할아버지), (6) 사용 맥락 밝혀주기(예, 용안(龍顔), 수라, 옥쇄(玉碎)), (7) 관점의 차이 밝혀주기(예, 안사람, 바깥양반) 등의 활동을 들고 있다..

김해옥(2005 : 290~291)은 문학 작품「아내의 상자」와「산협」에 나타난 어휘를 활용하여 문화 수업을 단계별로 제시하고 있다.

초급반에서는 한국의 현대/전통 주거 생활 문화와 관련 어휘 학습 등을 학습 목표로 제시하고, 교수-학습 단계로 제1단계 : 작품 설명 및 어휘 목록 검토, 보조적인 자료로 그림 이미지를 활용, 제2단계 : 어휘 학습으로 어휘장을 활용한 어휘 학습, 연어를 활용한 어휘 학습 등을 제안한다.

중급반에서는 문학 작품 감상, 이해, 평가하기와 역할극을 통한 서사 줄거리 이해하기, 작중 인물을 통한 현대, 전통 문화 속의 여성과 남성의 역할에 대한 토론, 문학을 통해 본 한국의 주거 문화 등을 제시한다.

고급반에서는 문학 작품의 배경으로서 가족주의와 관련된 주거 문화에 나타난 한국 문화의 가치관, 유교적 집단주의 가부장제와 같은 전통 문화와 부부중심의 현대 가족주의와 같은 현대 문화의 비교, 주거 문화에 나타난 현대 문화와 전통 문화의 특징, 학습자의 모문화와 목표문화의 비교 등을 제안하고 있다.

참고 문헌

곽지영(1997), 「외국인을 위한 한국어 어휘 교육」, 『외국어로서의 한국어교육』 22-1, 연세대한국어학당.

김광해(1997), 「어휘력과 어휘력의 평가」, 『선청어문』 25, 서울대사범대국어교육과.

김광해(1993), 『국어 어휘론 개설』, 집문당.

김종택(1994), 「속담의 기능과 구조」, 『새국어생활』 4-2, 국립국어연구원.

김해옥(2005), 「문학 작품의 어휘를 통한 한국 언어·문화 교육 방법 연구」, 『한국언어문화』 27, 한국언어문화학회.

민현식(1996), 「국제 한국어 교육을 위한 국어 문화론의 내용 구성 연구」, 『한국어교육』 7, 국제한국어교육학회.

박갑수(1994), 「이중 언어 교육의 과제」, 『교육월보』 2월호, 교육부.

박상옥(2002), 「속담에 나타난 문화차이 연구」, 『교육연구논총』 19, 홍익대학교.

박영순(1989), 「제2언어 교육으로서의 문화교육」, 『이중언어학회지』 5, 이중언어학회.

박영준(2000), 「한국어 숙달도 배양을 위한 문화적 어휘·표현의 교육」, 『한국어교육』, 11-2, 국제한국어교육학회.

이기문(1997), 『속담사전』, 일조각.

이도영(1996), 「문화 교육으로서의 국어교육」, 『선청어문』 24, 서울대국어교육과.

이효정(2007), 「속담을 활용한 한국어 문화 교육 방안」, 한국외대석사논문.

장덕순 외(1999), 『구비문학개설』, 일조각.

조현용(2007), 「한국어속담교육연구」, 『한국어교육』 18-2, 국제한국어교육학회.

제13장 | 현장학습을 활용한 한국문화교육

　최근 한국어교육에서 문화교육의 중요성이 부각되면서 문화 교육에 대한 이론과 방법에 대한 연구가 활발하게 진행되고 있다. 문화센터, 어학당 등에서 운영하는 한국어교실에서는 거의 반드시 현장학습을 실시하고 있다. 현장학습은 한국어를 배우면서 자연스럽게 한국문화에 친숙해질 수 있는 계기가 된다는 점에서 의의가 있다. 그러나 대부분의 교육기관에서 실시하는 현장학습은 단발성으로 이루어진 견학이나 관람 위주의 학습인 경우가 대부분이다.

　현장학습은 학습자들에게 목표 언어와 문화에 대한 학습 동기를 높이고, 교사와 학습자 간, 학습자 간, 학습자와 지역사회 간의 유대감을 형성해줌으로써 언어와 문화 학습에 긍정적인 영향을 줄 수 있다. 또한 교실에서 이루어진 언어와 문화 학습을 총체적으로 연습할 수 있는 장을 제공하고, 한국의 문화 유산과 한국인의 삶을 체험할 수 있는 좋은 학습 방법이기도 하다.

　이번 장에서는 현장학습의 개념, 의의, 현황, 운영 원칙, 교수-학습 방법 등을 살펴볼 것이다.

1. 현장학습의 개념

현장학습은 현장견학, 체험학습 등과 함께 여러 연구자들이 사용하고 있는 개념으로 윤상철(2004 : 16~17)은 다음과 같이 그 개념을 정리하면서 이들을 포괄하는 상위개념으로 현지학습을 제시하고 있다. 그에 따르면 현장견학이란 "박물관, 민속마을, 산업단지와 같은 특별한 문화적 함의를 갖는 곳을 방문하는 것"을 말하며, 체험학습이란 "전통 음식 만들기, 도자기 제작, 한국 가정 전통 문화 체험하기 등과 같이 문화 요소를 포함하고 있는 현장을 방문하여 학습자의 눈으로 직접 듣고 보면서 경험해 보는 것"을 말한다. 그리고 현장학습이란 "문화적 함의를 포함하고 있는 곳을 직접 방문하여 문화 요소를 직접 체험하되, 학습자들이 교실에서 지식 차원으로 학습하였던 내용을 경험하고, 문화적 의사소통 연습을 할 기회를 제공받는 것"을 말한다.

2. 현장학습의 의의와 현황

1) 현장학습의 의의

안윤정(2002 : 27)에 제시한 것을 소개하면 다음과 같다. 현장학습은 학습자가 실제 의사소통을 접하면서 언어항목이 분리되지 않고 자연스러운 문맥에서 학습할 수 있다는 점, 학습자가 다양한 언어 기능을 분리하지 않고 실제 상황 속에서 통합해서 사용할 수 있다는 점, 학습자는 학습 환경이 교실에만 국한되지 않기 때문에 교실에서 배운 언어 항목과 내용을 현장학습을 통해 사용하고 확인할 수 있으며, 다양한 변이형과 몸짓언어 등을 접하면서 살아 있는 언어를 배울 수 있다는 점, 책에서만 보던 실재 장소나 대상물을 접할 수 있어 생생한 현지 문화를 경험을 통해 이해할 수 있다는 점, 현장학습 중 학습자간 협력 과제가 실시될 수 있으며, 이것은 학습자간, 학습자와 지역사회간 통합을 높일 수 있다는 점, 교사-학습자, 학습자-학습자, 학습자-지역사회가 교실 밖에서 유대감을 형성할 수 있다는 점, 현장학습에서는 학습자를 중심으로 위에 제시한 모든 가능성이 상호작용하면서 일어날 수 있다는 점 등을 들 수 있다.

2) 현장학습 현황

안윤정(2002), 윤상철(2004) 등이 서울 소재 대학 5곳과 사설교육기관 1곳, 비영리 단체 교육기관 1곳을 대상으로 조사한 바에 따르면 현장학습은 평균 1학기에 1회 정도 실시하는 것으로 나타났다. 이는 의무적으로 참가하는 것이 원칙이었다. 때에 따라서는 교사의 재량에 의해 별도로 현장학습을 실시하는 경우도 있다.

현장학습을 실시하는 장소는 다음과 같다.

> 박물관(8 : 국악박물관, 농업박물관, 불교박물관 등 포함)
> 놀이동산(6)
> 고궁(5)
> 한옥마을(5)
> 도자기 마을(4)
> 동대문 시장(3)
> 인사동(2), 서울타워(2), 수목원(2)
> 강화도(1), 국회의사당, 규장각, 맥주공장, 뮤지컬, 서대문 형무소, 설악산, 월드컵 경기장, 음식 만들기, 인사동, 전시회, 전쟁기념관, 전통 공연 관람, 정동극장, 청와대, 콘서트 관람, 태권도 배우기, 통일전망대, 판문점

이상에서 박물관을 가장 많이 찾고, 놀이동산, 고궁, 한옥마을, 도자기 마을,

동대문 시장 등을 많이 찾는 것으로 나타났다.

또한 현장학습 방법으로 관람과 간단한 과제 수행이 대부분이었다. 현장 학습에 대하여 조사한 결과에 따르면 ① 현장학습은 커리큘럼에 필수적으로 정착되어 있다. 즉 횟수는 적으나 의무적으로 참여하게 되어 있는 경우가 대부분이다. ② 현장학습은 대체로 문화적 함의가 많은 장소를 방문하는 목적으로 실시되고 있다. 문화교육의 일환으로 현장학습 실시한다. ③ 현장학습은 일회성으로 끝나는 경우가 많다. 특정한 날에 실시되는 독립적인 수업으로 전체 교육과정과의 연계성이 부족하다. ④ 현장학습은 학습자의 적극적인 학습이 아니라 수동적인 경험인 경우가 많다. 이는 학습과정에서 학습자보다는 교사의 역할이 크다는 점을 말해 준다(안윤정, 2002 : 35-36).

3. 체험 중심 문화 교육과 현장학습 운영 원칙

여경선(2001 : 20~28)에 따르면 체험 중심의 문화교육은 ① 학습자 중심, ② 과제 활동 중심, ③ 다양한 자료의 활용-담화 자료, 비담화 자료(사진, 엽서, 영화, 비디오, 오디오, 인터넷 등), ④ 소그룹 활동, ⑤ 언어 기능의 통합 교육-인터뷰, 물건사기, 인터넷 등을 이용 정보 읽기, ⑥ 독립된 문화 과목 개설 필요-수업 일정에 쫓겨 심층적이고 체계적인 수업이 어렵고 학습자들의 요구를 충족시키기 위해 독립된 문화 과목 개설 필요 등에 주안점을 두어야 한다.

이 같은 체험 중심의 문화교육으로서의 현장 학습은 다음과 같은 방향에서 운영되는 것을 원칙으로 제시할 수 있다(윤상철, 2004 : 39~42).

① 교육과정에 기초한 현장학습이 되어야 한다. 교육기관에서 이루어지는
　　교육이 교육과정과 현장학습이 유기적으로 연결되지 못하여 실시되고
　　있다. 따라서 교육 목표, 언어와 문화 교육 내용, 교수-학습 등과 연결

시켜 현장학습이 이루어져야 한다.

② 학습자 요구 중심의 현장학습이 되어야 한다. 학습자들의 지적 호기심을 충족시켜주고 학습 동기를 유발할 수 있도록 학습자들이 관심을 갖고 흥미를 느낄 수 있는 현장학습이 되도록 해야 한다.

③ 체험을 통한 현장학습이 되어야 한다. 체험학습을 극대화하기 위해서는 눈으로 보는 것에 그치는 것이 아니라 직접 체험하는 학습이 될 수 있도록 한다. 예를 들어 김치와 관련된 현장학습을 할 때 단지 눈으로만 볼 수 있는 김치박물관보다는 실제로 김치를 만들어 볼 수 있는 서울시농업기술센터와 같은 곳을 찾는 것도 좋다.

4. 현장학습 교육의 방법

1) 교수-학습 모형과 실제1

윤상철(2004 : 52~58)은 교수-학습 단계를 5단계로 설계하고 있는데 1단계는 단원 목표를 제시하는 제시단계, 2단계는 사전 조사, 사전 정보 제공, 조 편성 등이 이루어지는 설계 단계, 3단계는 현장 과제 수행이 이루어지는 관찰, 조사 단계, 4단계는 교실 수행이 이루어지는 발표 단계, 5단계는 정리 및 마무리가 이루어지는 마무리 단계 등으로 구성된다.

그리고 한국어 중급1에 해당하는 날씨와 생활 단원에서 학습 목표로 안내 방송을 듣고 메모할 수 있다, 한국의 주요 세시풍속을 이해한다, 간접의문문을 사용하여 정보를 전달할 수 있다 등을 제시하고, 문화 항목으로 절기와 세시풍속, 의사소통 기능으로 안내 방송 이해하기, 과제 등을 제시한다.

설계 단계에서의 활동 과제 예로서 현장학습 장소에 대한 사전 정보 조사하기, 한국의 주요 세시풍속에 대해 조사하기 등을 제시하고 있는데, 그 중 후자의 과제를 예시하면 다음과 같다.

과제2. 한국의 주요 세시풍속에 대해 조사하기

일시	0000년, 00월, 00일. 13:00-17:30
이름	1조 ○○○, ○○○, ○○○, ○○○
문화 항목	절기와 세시풍속
과제	1월부터 4월까지는 설날, 정월대보름, 한식, 사월초파일 등의 주요 절기가 있습니다. 이러한 주요 절기에 대해서 조사하여 조별로 도표를 완성한 후 수업시간에 발표하세요.
세부 문항	1. 설날은 언제인가요? 2. 설날에는 무엇을 하나요? 3. 설날에 먹는 음식은 어떤 것이 있나요? 4. 설날의 어원에 대해서 설명하세요. 5. 설날은 언제부터 있었나요? 설날의 유래에 대해서 설명하세요.

2) 교수−학습 모형과 실제2

안윤정(2002 : 55~70)은 교수−학습의 단계를 3단계로 제안한다. 1단계는 계획과 준비, 2단계는 수행, 3단계는 평가에 해당한다. 1단계 계획에서는 일시와 장소를 정하고, 준비에서는 언어 숙달도, 관심, 흥미 등을 고려하여 현장에서의 활동 유형과 내용을 결정한다. 2단계 수행에서는 분위기를 조성하고, 안내문을 읽고 대상물 찾기, 인터뷰를 통해 질문에 대답하기 등과 같은 다양한 언어 활동을 시도하고, 교실에서 학습한 사전지식을 토대로 현장에서 적극적으로 활용할 수 있도록 하고, 학습자들이 협력을 통해서 과제를 수행할 수 있게 한다. 3단계 평가에서는 자기평가, 학습 동료 평가, 교사의 관찰일지, 포트폴리오(Portfolio) 등을 활용한다.

그리고 중급 수준 교양 및 여가 선용을 목적으로 하는 단기 집중과정 일본인을 대상으로 창덕궁을 장소로 현장 학습을 제안한다.

학습 목표로 '한국의 대표적인 고궁인 창덕궁을 방문하여 한국의 역사를 이해하고 한국 중세 건축물의 형태를 감상할 수 있다, 현장학습에서 보고 듣고 느낀 내용과 선수 학습한 한국어를 바탕으로 창덕궁에 대한 안내 광고문을 제작할 수 있다' 등을 설정하고 구체적인 교수-학습 과정으로 가. 계획과 준비(120분), 나. 수행(120분), 다. 평가(50분) 등을 제안한다.

가. 계획과 준비 단계에서는 현장학습 1일전에 수업 중 '관광'을 주제로 언어 표현을 학습하고 정보를 교류하고, 관광지에 대한 광고문 텍스트를 읽으면서 광고문 형식을 학습하고, 현장 학습에 대한 간단한 사전 교육(교통, 준비물, 주의사항 등)을 실시한다. 나. 수행 단계에서는 가이드의 설명에 따라 관광하면서 광고할만한 가치와 특징을 찾고, 관광이 끝난 후 학습자들은 광고 안내문 양식에 따라 광고문을 제작한다. 다. 평가 단계에서는 현장학습 실시 후에 제작한 광고문을 발표하고 이에 대해 자유롭게 이야기하면서 피드백을 주고받는다. 그리고 결과물을 게시하여 공유하도록 한다.

3) 교수-학습 모형과 실제3

여경선(2001 : 68)은 체험 중심 문화 교육을 '교실에서의 준비 단계, 교실 밖 체험 단계, 교실에서의 토론과 정리 단계'로 제안한다. 이 가운데 교실에서의 준비 단계와 토론 및 정리 단계에서 할 수 있는 활동으로 '한 주간의 생활에 대한 이야기, 관용표현 소개하기, 과제 활동에 대한 발표 및 토의, 과제 수행에 대한 평가, 다음 과제 제시와 사전 준비' 등을 들고 있다.

문화 수업에서 체험을 통한 과제 활동을 중시하고 있는데, 초중급 단계에서는 학습자 간의 친밀감 형성에도 비중을 두지만, 고급 이상의 학습자에게는 쓰기와 높은 수준의 읽기 학습도 고려하는 교수-학습의 과정안을 제안하고 있다(여경선, 2001 : 65~90). 박물관 조사, 참여 관찰, 설문 조사, 의견 나누기, 명소 탐방, 요리 체험, 설문과 실제 자료 조사 등을 교수 활동 요목으로 제시하고 있다.

　박물관 조사에서는 중급과 고급 학습자를 대상으로 고려 청자를 주제로 하여 학습 방법으로 1. 선행 과제 : 인터넷 조사, 2. 본과제 : 박물관 견학, 3. 정리 단계 : 보고서 작성과 발표 등을 제시한다. 학습 목표로는 한국의 문화재에 대한 학습, 인터넷 조사를 통한 독해 연습, 보고서 작성을 통한 쓰기 연습, 발표를 통한 말하기 연습 등을 제안하고 가. 준비에서는 과제 제시와 그룹별로 방문일정 정하기, 위치, 가는 방법 등의 활동을 하고, 나. 체험에서는 박물관 방문 조사, 박물관 방문 보고서 작성하기 등을 활동하고, 다. 토론 및 평가에서는 과제 수행 결과 발표하기와 평가하기 등의 활동을 하도록 한다.

　참여관찰 수업에서는 중급과 고급 학생들을 대상으로 한국의 결혼식을 주제로 하여, 학습 방법으로 결혼식과 폐백 참관(비디오 시청으로 대체 가능), 수업 시간에 교사의 설명과 토론 등을 제시한다. 학습 목표로 결혼식에 반영된 한국인의 의식을 학습, 한국의 전통적 결혼에 대한 이해 등을 제안하고 가. 준비에서는 혼인 당사자에게 양해 구하기, 참관자에게 유의사항 주지시키기 등의 활동을 하고, 나. 체험에서는 결혼식 참여와 관찰, 결혼식 참관 보고서 작성 등의 활동을 한다. 그리고 다. 토론 및 평가에서는 학습자 나라의 문화와 비교하면서 한국의 결혼문화에 대하여 토론하기와 평가하기 등의 활동을 한다.

　명소 탐방 수업에서는 초급과 중급 학습자를 대상으로 주제가 있는 기행을 주제로 하여, 그룹 단위로 두세 곳의 장소를 하나의 주제로 묶어 다녀온 후 감상문을 적는 학습 방법을 제시한다. 학습 목표로 자신이 살고 있는 도시의 특색 있는 곳을 직접 가서 봄으로써 친숙감과 흥미를 느낀다, 학습자들이 소그룹 단위로 함께 하는 야회 활동을 통해 학습자간에도 친밀한 관계를 형성할 수 있다 등을 제시하고, 가. 준비에서는 그룹으로 나누어 답사 날짜와 일정을 계획하기, 여행 장소와 제목 정하기 등의 활동을 한다. 나. 체험에서는 일정에 따라 기행하기, 일정 기행 후 기행문 작성하기 활동을 하고, 다. 발표 및 평가에서는 기행문을 토대로 보고 느낀 점을 발표하고 평가하기 활동을 한다.

참고 문헌

안윤정(2002), 「총체적 한국어 교육을 위한 현장학습 방안」, 이화여대석사논문.

여경선(2001), 「한국어 학습자를 위한 문화 교육 연구—체험을 통한 문화 교육을 중심으로」, 경희대석사논문.

윤상철(2004), 「현장학습을 통한 한국어 문화 교육 방법 연구—중급 단계를 중심으로」, 경희대석사논문.

제14장 | 웹(Web)을 활용한 한국문화교육

구술 문화 시대, 문자 문화를 지나 오늘날에는 전자 문화 시대에 살고 있다. 전자 미디어의 급속한 발전으로 가상 공간에서의 의사소통은 이제 우리 삶의 한 부분으로 자리 잡았다. 컴퓨터와 인터넷의 발명과 확산은 새로운 의사소통 방식을 낳았을 뿐 아니라, 우리의 삶의 모습을 변화시키고 있다.

인터넷은 정보와 지식의 개념, 이를 취하는 방식에 일대 변화를 가져왔다. 그동안 인터넷이 지닌 특성을 교육에 활용하고자 하는 노력이 꾸준히 진행되어 왔다. 언어와 문화교육에서도 기존 방식과는 다른 교육 방법이 매우 활발하게 연구, 적용되고 있다.

특히 웹의 교육적 활용에 대한 연구에 힘입어 대학기관, 사설 단체, 개인 등에 의해 한국어 학습용 사이트 개발이 한창이다.

이번 장에서는 웹 기반 수업의 정의, 웹을 활용한 문화 교육의 효용성, 웹 활용 교수-학습 활동의 유형, 그리고 웹을 활용한 언어와 문화교육의 실제를 살펴볼 것이다.

1. 웹(Web)과 웹 기반 수업(WBI)의 정의

1) 웹(Web)의 정의

웹(Web)은 월드 와이드 웹(World Wide Web, WWW)을 줄여 표현한 용어로, 인터넷 상에 산재해 있는 각종 데이터베이스를 이용할 수 있는 프로그램을 뜻한다.

윈도즈의 그래픽 사용자 인터 페이스(GUI)를 이용하여 정보를 하이퍼텍스트 (hypertext) 형태로 찾아주므로 문자, 그림, 소리, 동화상 등 자료를 이용할 수 있다.

2) 웹 기반 수업(WBI)의 정의

WBI 즉 웹 기반 수업(Web Based Instruction)이란 웹의 특성을 이용하여 의도된 학습 목표를 도달하기 위한 교수-학습 프로그램을 말한다. 즉 WBI는 특정한 미리 계획된 방법으로 학습자의 지식이나 능력을 육성하기 위한 의도적인 상호작용을 웹을 통해 전달하는 활동을 의미하기도 한다.

2. 웹의 특성과 웹 자료의 종류

일반적인 웹의 특성으로 ① 자유롭고 자발적인 접근과 항해가 가능하다는 점, ② 상호 작용이 가능하다는 점, ③ 시공간의 제약을 해결해 준다는 점, ④ 복합 미디어로 구성되어 있다는 점, ⑤ 풍부하고 다양한 실제 자료의 사용이 가능하다는 점 등을 들 수 있다.

웹 자료의 종류로는 ① 문자 텍스트 자료-신문, 블로그 등 웹에 등록된 문자 텍스트, ② 사진, 그림, 그래픽 등 자료-사진, 그림, 만화, 차트, 도표, 그래픽 등, ③ 오디오(음성) 자료-전통음악, 현대음악, 대중가요, 오디오문학 등, ④ 동영상 자료-영화, 비디오, 애니메이션, 다큐멘터리, 드라마 등이 있다.

3. 웹을 활용한 교육적 가치와 문화 교육의 효용성

웹을 활용한 교육적 가치로는 ① 한국어 교육에서 전자 미디어를 활용하는 것은 구성주의적 교육 관점에 부합하는 측면이 강하다는 점, ② 학습자의 참여도를 높인다는 점, ③ 상호작용성이 강화된 교육을 이룰 수 있다는 점, ④ 실제적인 교육이 이루어질 수 있다는 점, ⑤ 학습자의 흥미를 고취시킬 수 있다는 점, ⑥ 새로운 문화를 경험할 수 있다는 점 등을 들 수 있다(김영만, 2005 : 193~196).

웹을 활용한 문화 교육의 효용성으로는 다음과 같은 점들을 들 수 있다(이소영, 2001 : 53~56 ; 김재영, 2003 : 44).

① 웹은 풍부한 문화교육 내용을 다양한 형태의 자료로 제공한다. 웹은 기존 교육 매체의 장점을 잘 구현할 수 있는 효과적인 교육 매체이다. 웹은 문자, 그림, 그래픽, 소리, 동영상 등을 제공하고 학습자가 원하는 문화정보를 자유롭게 연결해준다.

② 웹은 학습자간, 학습자—교사간, 학습자—원어민간 등의 다양한 상호 작용을 통한 문화 교육을 가능하게 한다. 이메일, 게시판, 토론방, 채팅 등을 통해 학습자들은 한국문화, 자국문화에 대한 정보를 교실 내외에서 소통할 수 있다. 이를 통해 한국인의 사고, 태도를 알 수 있고, 한국문화에 대한 체험을 확대해 나가고, 이해를 도모할 수 있다.

③ 웹을 활용한 한국문화 교육은 학습자중심의 자율적 학습과 개별화 학습을 통해 자기 주도적 학습이 가능하다. 기존 한국문화교육은 문자 중심의 소극적인 학습이 이루어졌다면, 웹을 활용한 한국문화교육은 보다 적극적이고 능동적인 자기 주도적 학습이 이루어진다.

④ 웹을 활용한 한국문화 교육은 시간과 공간의 제약이 없다.

⑤ 웹을 활용한 한국문화 교육은 언어에 대한 두려움에서 벗어나 활동의 중심에 설 수 있다.

⑥ 웹을 활용한 한국문화 교육은 실제 자료를 통해 호기심과 학습 동기를 유발시킨다.

4. 웹사이트 선정 시 고려 사항과 웹 활용 수업 유형

한국문화교육을 위하여 웹사이트를 선정할 때는 ① 웹사이트의 문화자료가 설정된 한국문화교육 목표에 부합되는가?, ② 웹사이트의 문화자료들이 한국 문화 학습자에게 적합한가?, ③ 웹사이트 상의 문화 정보와 조직 등이 안정적이고 체계적인가?, ④ 웹사이트의 접속과 자료의 접근이 용이한가?, ⑤ 웹사이트의 문화 자료가 실제적인가?, ⑥ 웹사이트의 자료가 다양한가?, ⑦ 웹사이트가 다양한 상호작용기회를 제공하는가?, ⑧ 웹사이트가 문화 자료를 유기적으로 링크하고 있는가?, ⑨ 웹사이트 제공자가 혹은 작성자가 신뢰할 만한가?, ⑩ 웹사이트가 학습자의 흥미와 동기를 유발하기에 충분한가? 등을 고려할 필요가 있다(이소영, 2003 : 68).

웹을 활용한 수업 유형은 웹 기능, 학습자 집단 구성, 교수 학습 유형 등에 따라 나눌 수 있다. 웹 기능에 따라서는 정보교환(의사소통), 정보탐색, 정보생성 및 공유 등으로 나눌 수 있다. 학습자 집단 구성에 따라서는 개별 학습과 협동 학습으로, 교수 학습 유형에 따라서는 문제 해결, 토의, 탐구 등으로 수업 유형을 나눌 수 있다.

각각의 수업 유형은 다음과 같은 수업 형태로 이루어진다. 정보교환(의사소통)은 학습자간, 학습자와 외부 전문가 간에 의사소통과 정보 교환을 통해 학습하는 방법을 말하고, 정보탐색은 웹에서 교사나 학습자가 원하는 정보를 검색하여 학습 자료나 생활지도에 활용하는 방법을 말하며, 정보 생성 및 공유는 수업이나 정보 공유의 목적으로 웹 상에서 필요한 교육 정보나 자료를 직접 개발하는 방을 말한다.

개별 학습은 학습자가 개별적으로 학습목표를 달성하기 위한 과제를 수행하는 학습 형태를 말하고, 협동 학습은 집단 구성원이 상호작용을 통해 집단에 부여된 학습 목표를 공동으로 달성하며 구성원간 의사 소통, 정보 검색, 정보 생성 등을 위해 웹을 활용하는 방법을 말한다.

문제 해결은 주어진 문제 해결 학습 상황에서 새로운 문제에 대한 해결책을 찾는데 웹을 활용하는 것을 말하고, 토의는 문제 해결을 위해 토의하는 과정에서 학습자들 간의 상호 작용을 촉진하는 수단으로 웹을 활용하는 방법을 말하며, 탐구는 학습자들이 지식 획득과정에서 주체적으로 참여하여 탐구 능력을 체험하고 적극적인 탐구 태도를 형성하게 하기 위한 매체로서 활용하는 방법을 말한다.

또한 웹 활용 수업 유형은 문제 해결 활동, 그룹별 찬반토론과 의사 교환 활동, 정보 수집활동, 전자 우편을 통한 작문과 오류지도, 조별 활동을 통한 프로젝트 완성 등으로 나누기도 한다(이해영, 2000).

그리고 정보 수집과 분석 활동—한국의 결혼문화를 알아 볼 경우 한국의 전통 결혼이나 현대 결혼 문화에 대한 사진, 동영상, 글을 통해 한국의 결혼 관습, 가치관 등을 분석할 수 있다, 대인 간 의사소통 활동(Interpersonal Exchange)—웹에서 얻은 문화 정보에 대하여 이메일, 게시판, 토론방 등을 통해 교사나 다른 학습자들과 정보, 의견을 교환할 수 있다, 문제 해결 활동(Problem Solving)—수집한 한국 문화 정보를 이용해 주어진 과제를 수행하는 활동이다. 이러한 활동은 문화학습을 교실 활동에서 벗어나 실생활과 연결시켜준다 등으로 분류하기도 한다(이소영, 2001 : 65~67).

5. 한국어 교육 사이트에서 제공하는 문화 교육

국내외에서 한국어와 문화 관련 학습 내용을 제공하는 곳은 꾸준히 증가하고 있다.

교육부 산하 국립국제교육원이 운영하는 **KOSNET**에서는 한국어뿐 아니라 한국의 문화를 비롯하여 창작 동화, 전래 동화 등 다양한 내용을 한국어, 영어, 중국어, 일본어, 스페인어 등으로 제공한다. e-book 형식으로 한국문화 및 역사 교재를 제공한다. 『한국의 문화』는 제일편 민속과 예절 1. 대한민국, 2.

민간신앙과 종교생활, 3. 세시풍속과 의례, 4. 가족제도와 가정 의례, 제이편 예술과 생활 1. 우리의 소리, 2. 한국의 미술, 3. 한국의 춤, 4. 한국의 무예, 5. 의식주 생활 등을 다룬다. 이 밖에 재외동포용으로 제작된 『한국인의 생활 Ⅰ』에서는 윤리·민속·예절편과 『한국인의 생활 Ⅱ』에서는 지리·정치·경제·사회 문화 편을 다루고 있다. 또한 『한국의 역사』, 『한국사』 등도 제공한다. 동영상 강의로 한국의 문화에서 소고, 장구, 전래동요와 놀이, 국악 체조, 민속 놀이, 전통 춤 등을 제공한다.

Teen Korean(재외동포재단)에서는 한국의 과거와 현재로 나누어서 소개하고 있다. Before에서는 흥부 놀부, 청개구리, 한국의 집, 김치, 불고기, 비빔밥, 세종대왕 등 총 14편, Now에서는 2002 FIFA 한일 월드컵, 아기공룡 둘리, 엽기토끼 마시마로 등 총 18편을 제공하고 있다.

또한 문화체육관광부에서는 전세계에 27개의 한국문화원(http://www.mct.go.kr)을 운영하면서 한국문화를 소개하고 한국어와 문화 강좌를 개설 운영하고 있다.

국립국어원(http://www.korean.go.kr)에서는 한국어교수학습샘터에 두근두근 한국어를 운영하고 있다. 두근두근 한국어는 영어 자막을 제공하고 있다. 두근두근1, 2는 '한국 대중문화에 대한 전 세계인들의 관심에 맞춰 KBS의 방송 콘텐츠와 K-POP을 주요 학습 소재로 활용하여 보다 쉽고 친근하게 한국어와 한국 문화를 배울 수 있도록 구성'하였으며, 두근두근3은 '전 세계인이 주목하는 한국의 대중문화를 한국어 학습 소재로 활용하여, 학습자가 한국어를 재미있게 배우고 한국 문화를 친근하게 느끼도록 구성'하였다. 여기에는 한국방송공사(KBS) 드라마 <드림하이> 1편과 2편이 활용되었다.

한국관광공사 운영하는 http://english.visitkorea.or.kr에서는 Culture 코너에 한국어와 문화를 배울 수 있는 Learn Korean을 제공한다. 초급자용에서는 발음과 문법을 배울 수 있고, 중급자용에서는 한국 문화에 대하여 배울 수 있다.

세종학당(http://www.sejonghakdang.org/)에서는 세종한국어 1-6 강의, 생활회화, 문법 발음 어휘뿐 아니라 한국문화 등도 학습할 수 있도록 하였다.

사이버 한국학교(http://www.korean-edu.com)인 Learning Korean는 외국인과 해외동포들을 대상으로 하는 한국어교육 웹사이트이다. 자모음, 초급 회화, 한국어 능력시험 및 SATⅡ 한국어시험의 기출문제, 한국문화 등을 제공한다.

KBS(http://rki.kbs.co.kr)에서는 learn_korean을 운영하면서 한국어 학습 콘텐츠를 제공한다.

Korean Tutor(www.koreantutor.com)는 서울대 국어교육연구소가 개발한 SATⅡ 한국어 교육 및 제2 외국어로서 한국어 습득을 위한 웹사이트이다. 한국어에 대한 기초가 없이도 영어를 통해 공부할 수 있으며 초보단계에서부터 고급단계까지 체계적으로 학습이 가능하다. 텍스트와 영상, 음성 등 다양한 멀티미디어 효과를 이용해 만들어진 것도 장점이다.

6. 웹을 활용한 한국문화교육의 방법

여기에서는 이소영(2001), 이해영(2000), 김영만(2005) 등이 제시한 교수-학습 방법을 소개한다.[45]

1) 교수-학습의 실제1

이소영(2001)에서는 언어에 나타난 한국 문화(가치관) 이해를 목적으로 삼고, 학습 목표로는 떡과 관련된 속담 등을 통한 한국인의 사고 이해하기로 설정하였다. 떡과 관련된 속담을 주제로 Internet Explorer, 사진 자료 등을 활용하여 수업을 전개한다.

도입 단계에서는 '한국에서 10세까지 생일에 붉은 색 수수 경단을 먹는 풍속 소개'와 '한국에서 명절이나 절기에 떡을 먹어 본 경험 말해 보기' 등을 활

---

45) 멀티미디어를 활용한 한국문화교육의 실제에 대하여는 강승혜 외(2010) 제11장을 참고할 것. 여기에는 멀티미디어 문화 자료의 개발, 온라인 문화 교육에 대한 소개가 실려 있다.

동한다.

제시 단계에서는 어휘 학습(통과의례, 절기, 떡 이름)과 한국의 떡과 관련된 사이트 소개 등을 한다.

연습 단계에서는 관심있는 명절이나 절기 별로 소그룹 구성하고 선택한 명절이나 절기와 관련된 떡 문화에 대한 자료 검색하고 정리하도록 하고, 조사한 내용을 발표하도록 한다.

활용 단계에서는 소그룹 별로 떡과 관련된 한국 속담을 찾고 그 의미를 정리하고, 자기 나라의 비슷한 속담을 이야기하기, 음식과 관련된 풍속에 대해 소그룹별로 이야기하기 등을 한다.

마무리 단계에서는 학습 내용을 정리하고, 한국의 음식과 관련된 민담이나 전설 찾아보는 활동을 한다.

2) 교수-학습의 실제2

이해영(2000 : 279~282)은 한국의 여행 정보 수집, 한국문화에 대한 이해 활동을 웹 사이트를 활용하여 교수-학습하는 방안을 제시한다.

한국의 여행 정보 수집을 목적으로 하고, 여행 관련 정보 수집과 토의를 통한 읽기 및 말하기 능력의 함양을 목표로 설정하고, 여행을 주제로 한 수업을 진행한다. 이 수업에는 Internet Explorer, AOL 등의 메신저, 전자우편, Real Player, Quick Time 4, Beam projector 등을 사용하여 여행 정보 구하기, 여행할 만한 곳 소개하기 등의 과제를 수행한다.

도입 단계에서는 경험담 이야기를 통한 주제 도입과 주제 관련 어휘 학습을 하고, 제시 단계에서는 인터넷을 사용하여 정보 수집 준비를 하고, 연습 단계에서는 여행 관련 정보를 수집하면서 메모를 한다. 활용 단계에서는 여행지 선정하기, 여행을 위해 수집해야 할 정보 목록 만들기, 필요한 여행 정보 수집, 메모하기, 여행지 특징 소개하기, 여행 제안하기 등의 활동을 한다. 마무리 단계에서는 과제 달성 여부의 확인하고, 여행지를 소개하는 글쓰기 과제를 부과한다.

한국 문화에 대한 이해를 목적으로 하는 수업에서는 문화 관련 정보 수집과 토의를 통한 읽기, 말하기, 쓰기 능력의 함양을 목표로 설정하고, 한국을 대표하는 상징을 주제로 하여 한국을 대표하는 상징 찾아 보기, 문서 작성하기, 발표하기, 자기 나라의 상징 소개하기 등의 과제를 수행한다.

도입 단계에서는 문화 체험 경험담 이야기를 통한 주제 도입과 주제 관련 어휘 학습 활동을 한다. 제시 단계에서는 정보 수집 준비를 하고, 연습 단계에서는 한국 문화 소개 관련 정보 수집하고 메모를 한다. 활용 단계에서는 인터넷 등을 사용하여 한국을 대표하는 상징을 선정하고 발표하는 활동을 한다. 마무리 단계에서는 과제 달성 여부를 확인하고 글쓰기 과제를 부과한다.

3) 교수–학습의 실제3

김영만(2005 : 198~213)은 이메일, 개인 홈페이지, 전자 게시판을 이용한 활동을 제안한다.

이메일을 활용한 수업에서는 학습 목표로 '일반 편지와 이메일의 표현 및 형식의 차이에 대해 알 수 있다.'와 '일반 편지와 이메일의 표현상 차이점에 대한 이해를 바탕으로 이메일을 써서 보낼 수 있다.'를 설정한 후, 도입 단계에서는 이메일 사용 여부, 이메일의 용도, 이메일 자료 제시 활동을 한다. 활동 단계에서는 일반 편지와 이메일의 형식과 표현상의 차이점을 이해하는 활동을 하고, 이메일을 보내는 활동을 해본다. 이때 이메일 작성 시 유의점을 숙지할 수 있도록 가르친다. 이메일을 읽고 좋은 글을 선정해 본다. 마무리 단계에서는 일반 편지와 이메일 표현의 특성 및 차이를 정리하고, 표현 매체에 따른 효과적인 표현을 활용하도록 설명해 준다.

개인 홈페이지를 활용한 수업에서는 학습 목표로 '개인 홈페이지에 올리는 일기와 일기장에 쓰는 일기가 형식과 표현에서 어떤 차이가 있는지 알 수 있다.'와 '일반 일기와 개인 홈페이지 일기의 표현상 차이점에 대한 이해를 바탕으로 개인 홈페이지에 일기를 써서 올릴 수 있다.' 등을 설정한다. 도입 단계에서는 개인 홈페이지에 일기를 써본 경험이 있는지 확인하고, 개인 홈페이지에 있는 일기를 보여준다. 활동 단계에서는 개인 홈페이지에 일기를 쓰는 경우와 일반 일기의 표현상의 차이점을 이해할 수 있게 한다. 또한 웹에 직접 일기를 작성하여 올리도록 하고, 친구의 일기에 답글을 남기는 활동을 한다. 일기 가운데 효과적이고 좋은 표현이 이루어진 글을 선정한다. 마무리 단계에서는 일반 일기와 개인 홈페이지 일기 표현의 특성 및 차이를 정리하고, 매체에 따른 효과적인 표현을 활용하도록 설명해 준다.

전자 게시판을 활용한 수업에서는 학습 목표로 '전자 게시판에 게재된 글을 읽고 필자의 의견이나 주장을 이해할 수 있다.', '전자 게시판에 게재된 글에 대한 이해를 바탕으로 학습자 자신의 의견을 개진할 수 있다.', '자신이 개진한 의견을 종합하여 전자 게시판에 글을 올릴 수 있다.' 등의 목표를 설정한다.

도입 단계에서는 전자 게시판을 이용해 본 경험을 확인하고, 전자 게시판 자료를 제시한다. 활동 단계에서는 전자 게시판에 게재된 글을 읽고 그 내용에 관련된 기사나 정보를 찾아보도록 하고, 거기에 대한 자신의 견해를 정리한 후 토론을 하도록 한다. 그리고 그 결과를 종합 정리하고 글로 써보도록 한다. 마무리 단계에서는 배운 내용에 대하여 정리를 하고, 게시판에 글을 올릴 때의 예절에 대해 설명을 해준다.

참고 문헌

강승혜 외(2010), 『한국문화교육론』, 형설출판사.

김영만(2005), 『한국어 교육의 이론과 실제』, 역락.

김재영(2003), 「의사소통 향상을 위한 한국어 교육 방안 : 매체를 활용한 문화 통합 교육」, 동국대석사논문.

박건숙(2003), 「국내 웹 기반의 한국어 교육 사이트에 대한 비교·분석 연구」, 『한국어교육』 14-3, 국제한국어교육학회.

이소영(2001), 「한국어 교재의 문화 요소 분석 및 한국어 문화 통합 교수 방안 : 웹 활용 방안을 중심으로」, 이화여대석사논문.

이해영(2000), 「인터넷의 활용과 한국어 개별화 수업의 설계」, 『Multimedia-Assisted Language Learning』 3-1, 한국멀티미디어언어교육학회. 외국어로서의 한국어교육을 위한 한국문화교육론.

찾아보기